人文教育普及丛书

第二版

魏向东　黄泰　主编

世界著名旅游景点赏析

苏州大学出版社
Soochow University Press

图书在版编目(CIP)数据

世界著名旅游景点赏析/魏向东,黄泰主编. -- 2版. -- 苏州：苏州大学出版社,2023.9
(人文教育普及丛书)
ISBN 978-7-5672-4361-3

Ⅰ.①世… Ⅱ.①魏…②黄… Ⅲ.①旅游点-介绍-世界 Ⅳ.①K917

中国国家版本馆CIP数据核字(2023)第121608号

世界著名旅游景点赏析(第二版)
SHIJIE ZHUMING LÜYOU JINGDIAN SHANGXI(DI-ER BAN)
魏向东 黄 泰 主编
责任编辑 刘 冉
助理编辑 朱雪斐

苏州大学出版社出版发行
(地址：苏州市十梓街1号 邮编:215006)
苏州市深广印刷有限公司印装
(地址：苏州市高新区浒关工业园青花路6号2号厂房 邮编:215151)

开本 700 mm×1 000 mm 1/16 印张 16.5 字数 238 千
2023年9月第2版 2023年9月第1次印刷
ISBN 978-7-5672-4361-3 定价：72.00元

图书若有印装错误,本社负责调换
苏州大学出版社营销部 电话：0512-67481020
苏州大学出版社网址 http://www.sudapress.com
苏州大学出版社邮箱 sdcbs@suda.edu.cn

"人文教育普及丛书"编委会

以姓氏笔画为序

王安列　王苏光　方建勋　冯　芸
朱　旗　刘　峰　汤哲声　杨　谔
杨和平　邱德华　胡　莹　黄　泰
董志国　戴云亮　魏向东

《世界著名旅游景点赏析》编委会

主　编　魏向东　黄　泰

编　委　以姓氏笔画为序

王　丽　王翊安　吕晓玲
伍　静　孙剑冰　吴　捷
吴　瑞　倪玉屏　黄　利
黄　泰　魏向东

再版序

《世界著名旅游景点赏析》一书自2012年初版,至今已十年了。该书出版之后受到了欢迎,继正版之后,又出版了简装本,为更多的读者提供了了解世界文化的一扇小小的窗口。

回想十年之前,我已担任苏州大学社会学院旅游系主任一职十五年了。经过艰难的学科建设之后,苏州大学旅游专业的各项工作逐步走向正轨,展现出良好的发展势头,但标准化的培养方案难以体现专业建设的特色,只有通过厚积博识的教学设计,培养出具有宽广眼界与高远见识的学生,才能不负大学教育的本意。根据苏州大学所处城市的地理位置与经济文化优势,综合考量苏州旅游业国际化的成就与本系师资的国际化背景,在深思熟虑之后,我决定对本专业的教学体系作全面的改进,除保留教育部规定的核心课程之外,对选修课程重新设计,以国别和地区的旅游发展历程构成选修课程体系,从全球旅游业发展的高度,跳出固有的地方局限,给学生展现全球旅游业的发展进程与成功经验,培养学生的国际化视野与全球化格局,从而使学生更好地肩负起传播中华优秀文明的历史重任。

就在这个时候,苏州大学出版社正好计划出版一套开阔学生胸襟、提升学生素质的系列教材,其中的选题之一就是《世界著名旅游景点赏析》。我们接受了这本书的写作任务,组织了写作班子。在完成写作任务的同时,我将本书作为苏州大学旅游专业教学改革的起点,把同名课程列为旅游专业的选修课程。在此基础上,逐年替换课程,先后开设了中国古代旅游、中国近现代旅游、日本旅游、韩国旅游、港澳台旅游、东南亚旅游、欧洲旅游、美洲旅游、大洋洲旅游、国际旅游学术研究综论等课程，每门课程内容涵盖各国或各地区旅游业发展进程、演变特点、管理体制、政策变迁、主要吸引物、主要旅游企业、其他相关旅游要素及未来发展动向等，要求任课老师在全面讲解各国旅游业发展历程的同时，根据自己的研究所长，对所授课程的某一领域作深入浅出的介绍，使学生既能学习世界旅游业迅速发展的成功经验，了解全球旅游业的发展动向与发展趋势，又能深化自己对专业知识的领悟，成为既有眼界又有专长的国际化旅游人才。

2019年，苏州大学旅游系的选修课程调整完毕，我卸任旅游系主任一职，由本书的另一编者黄泰教授继任。由于学科建设工作较多，经与黄泰教授商定，本书的再版修订由我来承担。这次的修编，保留了原书的基本构架，对一些略显陈旧的内容与表述不精确的地方进行了更新，对一些累赘的文字与表述的逻辑进行了优化，使之更为严谨与可读。正如我在初版序中所言："希望本书能给读者提供一些帮助，通过学习，了解世界；通过行动，认识世界；学习加行动，则拥有世界。"当然，由于我们能力所限，书中定然存在不少不足，敬请读者朋友批评指正。

魏向东

2022年11月4日于苏州紫石斋

序 言

2011年11月,我正在瑞士参加中瑞项目"行动学习法"的管理培训。行动学习的要旨就是从实践中学习,在合作中学习,在学习中行动,又在行动中学习。所以,瑞方安排的课程丰富多彩,不仅有课堂上教授的讲述,还有实战专家领着到旅游开发比较成功的景点参观。我们看到了卢塞恩清澈的城市河道,见识了伯尔尼的文化遗产保护,登上了阿尔卑斯山的雪峰,参观了历尽沧桑的古罗马时代的古城遗迹,也体验了瑞士高质量、有秩序的小城生活和卓有成效的质量管理体系。古人说"读万卷书,行万里路",在书本上学到的知识,不经过亲身的体验,往往难以化为自己的财富。旅游正是这样一种有益于人生的活动。

旅游景点是激发旅游者出游欲望的核心吸引物,也是旅游者消费体验的主体对象。世界范围内的旅游景点丰富多样、种类繁多、分布广泛,是地球母亲46亿年演变史和6 000年人类文明史共同创造的结果,通常具有较高的自然生态价值、历史文化价值、科学考察价值和旅游观赏价值。不同的旅游景点,蕴含的旅游价值各不相同,如果匆匆一过,也就无法从中获得收益,因而学会赏析各类景点,是有思想的旅游者都必须做的功课。

当今中国,出境旅游发展迅速,越来越多的中国人走出国门,在领略世界奇景的同时陶冶了自己的身心,开阔了眼界。人们对国门之外的自然景观与人文胜迹有着迫切的了解欲望,游遍全球是很多人的梦想。本书系统地介绍了世界范围内的著名旅游景点,通过阅读本书,可以熟悉世界著名旅游景点的类型、分布、资源特色及主要游览体验活动,掌握各种不同类型旅游景点的主要赏析方法，可以提升对世界著名旅游景点的认识水平和赏析能力。

本书内容主要包括三大部分，第一大部分系统介绍了世界旅游景点的概念、作用及主要特征，并重点阐述了旅游景点赏析的方法与思路：一方面是赏析的内容或视角，包括旅游景点的地理位置、形成过程、资源特色、景观构成、美学价值、游赏活动、可持续性等；另一方面是赏析的知识技巧准备，包括选择好赏析位置、把握好赏析时机、安排好赏析节奏、调整好赏析心情等。第二大部分是世界著名旅游景点的实例赏析，也是本书的主体，具体赏析评价了名山秀岳、地质公园、水域风光、生物景观、文明古迹、建筑奇观、城市风情、主题公园、度假天堂等9种景点类型，42个世界著名旅游景点。第三大部分对旅游景点的可持续消费进行了分析，主张旅游景点可持续消费伦理观，以期科学引导人们的景点消费行为。总体来说，本书从世界著名旅游景点的介绍和赏析方法论入手，以具体景点的实例赏析为主体和重点，最后对游客的景点赏析、消费行为给予科学的引导，体系完整，结构清晰，重点突出。

旅游能够丰富人们的精神文化生活，满足人们寻求新异、休闲度假、康乐健身、增长见识等多种精神需求。随着社会经济的不断发展，旅游正逐渐演变为人们的一种基本生活方式，旅游景点赏析也成为每个人必备的一门生活知识。希望本书能给读者提供一些帮助，通过学习，了解世界；通过行动，认识世界；学习加行动，则拥有世界。

最后，需要说明的是，本书在编写过程中，引用了一些文献和图片资料，限于篇幅只列出部分，谨向各位作者深表谢意！

主　编

2011年12月

目 录

绪 论 ……………………………………………………… (001)
    一、世界旅游景点及其特征 ……………………………… (001)
    二、世界旅游景点赏析方法 ……………………………… (004)

名山秀岳 ………………………………………………… (012)
    概　述 …………………………………………………… (012)
    一、日本富士山（Fujiyama） …………………………… (015)
    二、坦桑尼亚乞力马扎罗山国家公园（Kilimanjaro National Park）
    ………………………………………………………… (019)
    三、加拿大落基山脉国家公园群（Rocky Mountain Parks） … (021)
    四、美国大雾山国家公园（Great Smoky Mountains National Park）
    ………………………………………………………… (025)
    五、新西兰库克山国家公园（Mount Cook National Park） …… (029)

地质公园 ………………………………………………… (032)
    概　述 …………………………………………………… (032)
    一、美国黄石国家公园（Yellowstone National Park） ………… (035)
    二、马来西亚兰卡威岛地质公园（Langkawi Island Geopark）
    ………………………………………………………… (042)
    三、美国科罗拉多大峡谷国家公园（Grand Canyon National Park）
    ………………………………………………………… (046)
    四、阿根廷冰川国家公园（Los Glaciares National Park） …… (052)

五、澳大利亚乌卢鲁-卡塔丘塔国家公园（Uluru-Kata Tjuta National Park） …………………………………………… (057)

六、中国云南石林世界地质公园（Yunnan Shilin Karst Geopark） ………………………………………………………… (062)

水域风光 ………………………………………………… (068)

概　述 ……………………………………………………… (068)

一、俄罗斯贝加尔湖（Lake Baikal） ………………… (072)

二、尼亚加拉大瀑布（Niagara Falls） ……………… (077)

三、伊瓜苏瀑布（Iguaçu Falls） ……………………… (080)

四、冰岛蓝湖温泉（Blue Lagoon） …………………… (084)

生物景观 ………………………………………………… (088)

概　述 ……………………………………………………… (088)

一、南非克鲁格国家公园（Kruger National Park） ……… (095)

二、澳大利亚大堡礁（the Great Barrier Reef） ………… (100)

三、哥伦比亚洛斯卡蒂奥斯国家公园（Los Katios National Park） ………………………………………………………… (107)

四、美国红杉树国家公园（Redwood National Park） ……… (111)

五、英国皇家植物园-邱园（Royal Botanic Gardens, Kew） ………………………………………………………… (115)

文明古迹 ………………………………………………… (120)

概　述 ……………………………………………………… (120)

一、中国秦始皇陵（Mausoleum of the First Qin Emperor） …… (123)

二、意大利庞贝古城遗迹（Pompeii City Remains） ……… (127)

三、希腊雅典卫城（Athen Acropolis） ……………… (131)

四、墨西哥玛雅古迹（Chichén Itzá） ………………… (136)

建筑奇观 ………………………………………………… (140)

概　述 ……………………………………………………… (140)

一、埃及金字塔(Egyptian Pyramids) …………………… (147)
二、意大利罗马大斗兽场(Colosseum of Rome) ………… (152)
三、印度泰姬陵(Tāj Mahal) ……………………………… (157)
四、美国帝国大厦(the Empire State Building) …………… (161)
五、澳大利亚悉尼歌剧院(Sydney Opera House) ………… (165)

城市风情 …………………………………………………… (171)
概　述 …………………………………………………… (171)
一、美国纽约(New York) ………………………………… (174)
二、法国巴黎(Paris) ……………………………………… (178)
三、奥地利维也纳(Vienna) ……………………………… (182)
四、俄罗斯莫斯科(Moscow) …………………………… (184)
五、埃及开罗(Cairo) ……………………………………… (187)

主题公园 …………………………………………………… (189)
概　述 …………………………………………………… (189)
一、美国迪士尼乐园(Disneyland,USA) ………………… (193)
二、瑞典里瑟本游乐园(Liseberg Amusement Park) …… (199)
三、英国奥尔顿塔(Alton Towers) ……………………… (202)

度假天堂 …………………………………………………… (206)
概　述 …………………………………………………… (206)
一、爱琴海(Aegean Sea) ………………………………… (211)
二、美国夏威夷(Hawaii) ………………………………… (217)
三、印度尼西亚巴厘岛(Bali Island) …………………… (223)
四、突尼斯(Tunisia) ……………………………………… (228)
五、墨西哥坎昆(Cancun) ………………………………… (232)

可持续旅游消费 …………………………………………… (236)
一、可持续旅游消费内涵 ………………………………… (236)
二、可持续旅游消费伦理观 ……………………………… (241)

参考文献 …………………………………………………… (249)

绪 论

旅游,离开日常生活的地方,去异地寻求非惯常环境下的愉悦精神体验,已经成为当代人们的一种重要生活方式。在我们居住的地球上,广泛分布着神奇优美的自然景观和令人叹为观止的人文景观,世人络绎不绝地去游历、体验和欣赏它们。然而,每个人的审美角度不同、对景观的认识深度不同,所获得的旅游体验和感受也不尽相同。罗丹有句名言:"美是到处都有的。对于我们的眼睛,不是缺少美,而是缺少发现。"如何去发现旅游景点的美?如何真正领略和体验旅游景点的魅力?学习和掌握旅游景点赏析的基本方法和技能,就可以提升我们发现美的能力。

一、世界旅游景点及其特征

1. 世界旅游景点的概念与范畴

旅游景点即旅游吸引物,是以旅游及其相关活动为主要功能或主要功能之一的区域场所,能够满足游客参观游览、休闲度假、康乐健身等旅游需求,包括风景区、文博院馆、旅游度假区、自然保护区、主

平地竖千峰

题公园、森林公园、地质公园、游乐园、动物园、植物园及工业、农业、经贸、科教、军事、体育、文化、艺术等各类旅游功能的集聚区。

世界旅游景点是指分布在世界各地的旅游景点的总和。这些景点是地球母亲46亿年演变史和6 000年人类文明史共同创造的结果。我们的世界是文化多元的世界,很多国家或地区拥有各自不同的信仰、民俗、文化、语言,拥有不同的自然风貌和发展历史,形成了各自引以为豪、魅力独具的旅游景点。世界旅游景点是一个整体的概念,涵盖了全球所有的旅游景点。

2. 世界旅游景点的作用和地位

世界旅游景点在旅游活动开展、旅游经济效益提升、旅游可持续发展等方面发挥着重要作用。从旅游活动来看,旅游景点通常是具有高度观赏价值、文化价值的自然或文化集聚分布区。它既是旅游活动开展的空间载体,又是旅游活动(观赏体验)的主要对象。

世界旅游景点是旅游经济发展的基本依托,是旅游产业中的主体产品,是旅游产业链的中心环节,决定着旅游目的地的核心竞争力。旅游发展的最终目的是促进旅游目的地社会、文化、经济、环境的可持续发展。旅游景点的合理开发与保护是实现旅游可持续发展的关键所在。首先,旅游景点是自然文化资源的集聚区,自然也成为重点保护的对象。世界遗产名录正是联合国为促进世界遗产保护而做的重要努力。其次,旅游景点是旅游活动开展的密集区,通常面临着较大的环境压力,也是需要加强游客管理、宣传环保知识、加强环境保护的重点区域。最后,旅游景点是外来游客、当地居民、旅游从业人员等交流频繁的地区,外来文化对当地社会文化的影响与冲击不容忽视,如何合理应对这种社会文化影响,也成为旅游景点可持续发展的重要任务。

3. 世界旅游景点的主要特征

(1) 分布广泛与地域多样性

差异性和新奇感是旅游的原动力。几乎在地球的每一个角落,都有让人们心灵震撼的旅游景观。从低温严寒的南极冰盖,到广袤狂野的热带雨林,都留下了旅游者的足迹。世界旅游景点丰富多样,分布广泛。

不同的大洲、不同的国家或地区、不同的经纬度，通常拥有不同的地形、气候、植被、温度、降水，不同的民风民俗、历史文化、宗教信仰，综合地域条件差异为分布在各地的旅游景点烙下了鲜明的地域印记。地域多样性和地域差异性是旅游景点的基本属性，也是旅游景点的重要魅力所在。

民俗——泼水节

（2）文化多元与民族多样性

文化是指人在改造客观世界、协调群体关系、调节自身情感的过程中表现出来的时代特征、地域风格和民族样式。我们通常把文化细分为东方文化、西方文化，物质文化、精神文化，原始文化、现代文化等。世界旅游景点无论从时代特征、地域风格、民族样式，还是从东西方差

高山雪峰

异、历史时代差异、物质精神差异来看，都具有多元特性，即分布在不同地区的旅游景点，都是以上各种属性的独特组合品。马克思主义认为，民族是"人们在历史上形成的一个有共同语言、共同地域、共同经济生活以及表现于共同文化上的共同心理素质的稳定的共同体"。可见，民族具有独特性，不同民族之间存在差异性，也具有旅游的吸引性，每个民族的旅游景点通常都具有鲜明的民族特色。目前，全世界有大小民族2 000多个，可见民族多样性已成为世界旅游景点的重要特征。

（3）时代特征鲜明与季节变化性

任何旅游景点都是特定地理空间场所的产物。地理空间场所都具有特定的自然特征和历史发展轨迹，具有自然的四季变化特征和历史时代特征。世界旅游景点的时代特征，一方面是指任何旅游景点都是在一定的时代背景下形成的，具有时代的烙印；另一方面，旅游景点的发展演变会随着时代的变迁而变化。这也警示我们，尊重旅游景点发展的生命周期，保护其时代特征和文化脉络，是旅游景点保护的重要任务。季节性通常是指旅游景点会随着一年四季的变化而变化，这一特征在自然类旅游景点中尤为突出，比如黄山的春夏秋冬四季景致各不相同，却都独具魅力，季节性使它的景色更加丰富多样。人文景观同样也受到自然环境的四季影响，体现出综合景致的季节性变化，比如中国的万里长城，春夏秋冬的旅游体验各不相同。

二、世界旅游景点赏析方法

赞比亚—津巴布韦接壤处的维多利亚瀑布

旅游景点的审美是复杂的，赏析旅游景点离不开一些基本方法。一方面，要厘清赏析的逻辑思路和内容体系，即要搞清楚旅游景点的赏析应该从哪些方面开展；另一方面，作为一名欣赏景点的游客，要充分领略旅游景点的美，要获得美好的旅游体验，就需要懂得如何赏析，即要知道做好哪些赏析准备,熟悉景点赏析的注意事项。

1. 从哪些方面进行赏析

旅游景点的赏析,通常需要回答以下几方面的问题,即旅游景点在哪里,如何形成,有何特色,景观构成,美在哪里,适合哪些旅游活动,是否和谐、永续。

(1) 景点位置

任何旅游景点都是一种客观的空间存在,有具体的地理位置。景点位置在很大程度上决定着景点特色,也是旅游景点赏析的重要切入点。主要表现为三点:其一,某一特定的地理位置,拥有特定的气温、降水、土壤、地貌、植被等综合自然地理条件,有助于我们了解旅游景点的自然景观特色;拥有特定的语言、风俗、宗教、饮食等综合社会文化特征,有助于梳理旅游景点的文化特色。其二,地理位置有助于我们了解旅游景点的活动特色,比如,海滨具有3S(阳光、海水、沙滩)休闲度假的优势,山区则适合观光、康体疗养活动的开展等。其三,地理位置也是旅游景点自然美和人文美的重要映射面。总而言之,地理位置是标注着旅游景点时空意义的空间坐标,任何旅游景点的赏析都离不开对空间意义的解读,离不开"在哪里"这个基本问题。

(2) 形成过程

旅游景点是有生命周期的,任何旅游景点都有其起步、发展、成熟、更新或消亡的过程,有其特定的发展轨迹和生命历程。回答好旅游景点是如何形成的,有助于从时间序列上解读旅游景点的魅力,有助于梳理旅游景点的文化脉络。

南非大圣卢西亚沼泽公园的鳄鱼

比如,对山岳景点进行赏析,我们需要了解山岳的地质成因、开发的时间、主要的发展历程等;对大堡礁等生物景点的赏析,离不开对珊瑚成因的了解;同样,万里长城、巴黎凯旋门等历史文化景点,离开了对其历史的了解,便无法全面了解旅游景点的意义。总而言之,时间是旅游景点的生命脉络,也是旅游景点赏析的重要内容,它和空间位置相结合,构成了旅游景点赏析的时空逻辑。

(3) 资源特色

特色是美,是魅力,是价值,是旅游景点的基本生命线。进行旅游景点赏析的最关键任务就是要发现旅游景点的特色。通过将某一旅游景点与其他同类旅游景点进行比较,有助于发现其特色和不同之处。特色通常是凸显的,比如西藏布达拉宫的建筑特色和庄严、肃穆的氛围;吴江同里古镇的三桥凸显出与其他江南古镇的不同之处;苏州水陆并行的水城与水上威尼斯各具特色。任何一个旅游景点与同类旅游景点相比都有独特之处,比如山岳景点比峻峰秀谷,地质公园比地质科考差异,水域景点比水质生态,生物景点比特色生物,建筑景点比建筑风格、布局结构,度假景点比气候特色、活动体验,等等。人无我有是特色,人有我优也是特色。总体而言,旅游景点特色的比较和发掘是多方面的,是旅游景点赏析的重点和难点。

(4) 景观构成

旅游景观是旅游产品的核心,也是旅游吸引力的核心。它包括物质景观和非物质景观两个方面。旅游景点的美是由景观元素经合理配置而形成的。要对旅游景点进行赏析,需要搞清楚旅游景点有哪些景观要素,以及各种景观要素之间的组合关系。中国苏州拙政园是江南古典园林的杰出代表。作为私家园林,拙政园远远没有北京故宫面积大,然而恰恰是这面积一般的私家园林,通过精妙的造园手法,巧妙配置相应的景观元素,达到了造园艺术的最高

中国古典园林建筑

境界。各类旅游景点都有其独特的构景元素,比如海滨有沙滩、阳光、海水、游艇等;山岳有峡谷、山峰、岩石、山泉、瀑布等;当代景观建筑或历史古建筑则有建筑材料、建筑布局、外观及内部构造等。解读旅游景点的景观构成,有助于系统地审视旅游景点的美。另外,非物质景观是一种非常重要的景观类别,它本身可能没有客观具体的固定形式,但"看景不如听景",一些看似平淡无奇的景致,正是因为有了人文的因素而声名远播。历史典故、民间传说、戏曲文艺等会给旅游景点增添更多美丽的色彩。

(5) 美学价值

美学价值是旅游景点的突出价值之一。无论是自然景点还是人文景点,都有某些美的东西吸引着旅游者。旅游景点的美可以体现在形态美、色彩美、声音美、嗅觉美、动态美、结构美、质感美等多个方面。比如,山水有美的形态,具体可包括雄、奇、险、秀、幽、旷、野等多种

赛马

形态美感。姹紫嫣红的鲜花树木、晶莹光洁的冰雪雾凇、七彩斑斓的霓虹灯光等色彩美往往能激发游客丰富的想象力,流水潺潺、幽谷莺啼、夜幕钟声等美妙声音往往能激发游客对大自然的热爱之情,芬芳的鲜花、清新的空气、青草的气息给人以沁人心脾的嗅觉美,奔腾的江水、戏水的鸳鸯、盘旋的候鸟给人以精神振奋的动态美,对称的宫殿、弯曲的小路、精巧的园林给人以不同样式的结构美,柔和的月光、清澈的泉水、峻拔的山峰传达出不同的质感美。另外,除了物美、景美,还有人美、文化美,只要我们学会用美好的心态、综合的眼光去发现多维的美,便能从观赏的景点中获取更多的美感享受。

(6) 游赏活动

对于游客而言,旅游景点的核心意义在于其开展的旅游活动或旅游项目。旅游活动是游客切实参与和体验旅游景点的具体方式,其本身就是一个景点赏析过程。首先,搞清楚某一旅游景点适合开展哪些性质或类别的旅游活动,适合开展的旅游活动的内容丰富与否等,能使我们形成对旅游景点赏析的一个宏观把握。有些景点的相关旅游活动本身就是很重要的吸引力要素,如旅游节庆、民俗活动等。旅游者通过这些活动能更深入地体验当地的风俗和文化。其次,针对其开展的主要旅游活动项目,赏析其旅游价值、美学价值、科考价值、历史文化价值等。比如,有些山岳风光旅游景点适合开展观光活动,我们便可从山体美、生态美的角度去赏析其主要的观光特色;有些山岳景点适合开展科考活动,我们便可从科考的角度去发掘美;有些山岳适合开展疗养度假,我们可以从山岳的气温、水分、空气负离子等去发现其突出之处;有些山岳适合探险攀岩,我们则需从探险的角度去发现其特色价值。不难看出,景点的旅游活动本身就是旅游体验过程,也是旅游景点赏析的基本出发点。

(7) 具有和谐、永续的可持续性

中国长江三峡

从一定意义上来讲,和谐本身就是美,永续则是天、地、人和谐统一的延续,反映了健康积极的审美哲学。天人合一是中国古代人倡导的重要世界观,强调了人与自然的和谐相处、天地人的和谐统一,也成为现代审美的重要视角。旅游景点的和谐永续主要体现在:其一,旅游景点的景观配置是否反映了人地和谐相处的规律性法则,在很大程度上影响着旅游景点的审美。很多旅游景点是诸多景观要素和谐统一的结果,一旦这种和谐的景观配置被打破,旅游景点也就会失去美学价值。例如,根据中国古代风水理念设计的古典建筑,在很大程度上体现了人、地的和谐统一,表现出高度的艺术美感。其二,旅游景点在当代的开发是否和谐,旅游景点的自然生态是否被破坏,旅游景点的游客与旅游从业人员、当地居民是否和谐相处等,都影响着对景点的审美体验。可以说,和谐、永续已经成为我们评判旅游景点是否美的一种基础哲学。

2. 如何开展旅游景点赏析

(1) 做好赏析前的准备

旅游景点赏析离不开对景点的了解。对于某一景点,我们可能之前对其一无所知,也可能听说过,看过照片、视频,甚至去那里玩过。通常来讲,我们对某一景点的了解越多、越具体,对其赏析就越深刻、越客观。因此,对旅游景点进行赏析之前,通过书籍、电视、网络等多种渠道去了解它,获取相关的感知印象,是非常必要的。我们了解当地的自然条件和社会文化背景,了解当地的民风民情,可以选择的旅游线路、宿营美食等,就可以根据自己的兴趣爱好,有目的地开展旅游景点赏析。

(2) 选择好赏析位置

同样的景观,观赏角度不同,就会产生不同的美感,即所谓"横看成岭侧成峰,远近高低各不同",有些景观适宜高空俯视,有些适合远观或平视,而有些更适合近距离接触。可见,方位是影响旅游景点赏析的重要因素。在旅游景点的开发设计过程中,旅游规划师通常会考虑到并设计好具体景点的最佳观赏位置。游客可以琢磨设计师的设计意图,结合需要选择观赏位置。比如,在中国古典私家园林中,景区面积不大,但景观要素经过巧妙配置,步移景异的效果突出,抑景、借景、框景、透景、对景、夹景、漏景、障景等多种造景手法均突出了观赏位置的重要性。许多自然景观在不同的观赏位置,由于距离、角度、俯仰的变化造成了透视关系、纵深层次、视野范围的差别,所产生的美感是不同的。比如,高大雄伟的山体,应该采取远眺的方式,对于峡谷、溶洞、一线天三类景观,要置身其中近观方知其妙,瀑布适合在适当位置仰视,江河湖海可选择在亭台楼阁上俯视或远眺,小的湖泽、池塘则可以临水泛舟,秀美峡谷可以乘竹筏漂流而下等。这些都是一些赏析位置的选择技巧。尽管不同的游客有不同的审美偏好,但只要把握好位置对旅游景点赏析的影响效果,便可以引导游客根据自己的审美需要选择合适的欣赏位置,从而获得满意的赏析效果。

(3) 把握好赏析时机

候鸟

时间因素对景点自身和游客产生着或多或少、或强或弱的影响。游客对旅游景点的欣赏感受会随着昼夜、四季、岁月的变化而变化。同样,景点也会随着昼夜、四季、岁月的变化而产生不同的景观效果。比如一座古城,白天的古城和夜晚的古城,其美感是有差别的;傣族泼水节、西方万圣节等节庆活动有特定的观赏时间;春夏秋冬的黄山景观会给人以截然不同的美感体验;一年一轮回的规律性钱塘江观潮、加拿大红枫景观,可遇不可求的非规律性海市蜃楼、铁树开花、日月同辉等,这些都显示出把握赏析时机的重要性。整体来看,同样的景观在不同的季节有不同的景致;同一景致,由于旅游者本身的原因,也会产生不同的审美感觉。综合考虑景点的时间变化和自身的审美偏好,可以引导旅游者正确选择适合自己的景点观赏时间。

(4) 安排好赏析节奏

旅游景点的景观构成通常不是单一的,而是多元的,是包含一定的组织秩序、遵循一定的配置原则的景观要素组合。在这些景观要素组合中,既有核心精华景观,也有组合背景景观。在旅游景点的设计中,应重点打造其标志景点,同时重视配套景点,兼顾景区的进口印象、游线设计和出口印象。旅游景点不可能全部是精华标志性景点,游客的感官也不可能持续亢奋。在景点欣赏中,应该考虑游客欣赏的节奏性习惯,安排好旅游线路、活动项目和观赏速度,做到有张有弛,形成序幕、发展、高潮、结束的韵律,以获取最佳的观赏效果。

(5)调整好赏析心情

心情对景点赏析的重要性不言而喻。其一,要调动所有感官、情绪积极地去观赏。不仅要通过视觉观赏,还应通过听觉、嗅觉、味觉、触觉等综合感受。许多景区都建有听泉亭、松涛亭等,就是便于游人感受大自然的声音美。温泉被称为黄山风景的一绝。游人游山归来,于温泉中沐浴解乏,才会有"五岳若与黄山并,犹欠灵砂一道泉"的感慨。呼吸芬芳清新的空气,渴饮甘泉,扶石倚松等,都能从不同的侧面体会自然美。其二,发挥积极的想象力。景观的美,如山的雄、奇、险、秀等都是抽象的概念,需要通过想象才能感知。在观赏象形石、聆听传说典故时离不开想象力。其三,寓情于景,情景交融。情感能引起心灵振奋或产生共鸣,只有用心去观赏景物,神思游于景观之间,心随景化,情景交融,才能切实体味到可意会不可言传的独特精神体验。例如,"大江东去,浪淘尽,千古风流人物",是畅旷景观与思接千载的情感相融而产生的审美境界。其四,求真求质,升华情感。赏析景点的最高境界是获取认知上的突破,实现精神上的升华,形成高尚的人格、坚强的意志,净化心灵,实现天人合一。当然,如果情绪低落、心情不好,通常无法用心体验旅游景点的美,也达不到理想的旅游效果。总而言之,好心情有助于获取好体验,赏析景点有助于游客获得丰富多彩的精神体验。

名山秀岳

概　　述

　　山岳是一种典型的地表地貌类型,也是一种重要的旅游景观资源。人们对山岳景观的喜爱和崇拜由来已久。自古以来,多少文人墨客撰写诗词歌赋赞美名山,多少画家丹青爱好者描摹名山,多少旅行家记载颂扬名山。同样,世界上很多民族都崇拜山岳。人类社会早期崇拜山岳的主要原因有两点:一是山岳的自然条件。很多山岳高大雄伟、深山险阻,又有奇禽异兽栖息于内,具有人难以接近的神秘性。这样的山峰常被古人看作具有神力或是神灵的居所,或是通往上天的通路而受到崇拜。二是由山峰奇特的形状和山中特殊的物产等自然条件引发人们对山岳的联想,幻想山岳是某种神灵的化身,或者有某种神灵在守护、管理着山中的奇珍异宝。总体而言,山岳本身奇特的自然条件吸引着古人对山岳产生崇拜,进而祭祀山岳。当今,人们对山岳的崇拜心理已经逐渐淡化,而对山岳秀丽优越的自然条件和悠久的历史文化积淀的钟爱却一直没有改变,离开喧嚣的市井回归自然山水、求真求知、康体疗养的需求越来越旺盛。游山玩水几乎成了旅游的代名词,也是一种主流的观光旅游方式。

　　1. 山岳景观的美学价值
　　（1）山体形象的感染力
　　山岳具有"雄、奇、险、幽、旷"的形态美。山岳之"雄"是指具有高大形象的山体景观,往往使旅游者产生赞叹、激动、崇敬和愉悦的心理感受;而"奇"是指那些经过地球外力作用和人类开发改造而形成的特殊景观,通过奇特的山岳风格给旅游者带来美感享受;"险"则是自然风景中和"奇"一样能以特殊的夸张形式打破某种平淡而引起人们强烈的兴趣,带来特殊的美感享受的

中国道教名山武当山

特点;"幽",主要局限于空间范围较小的欣赏,往往是在一些丛山深谷中,由于道路曲折,植被茂密,视线常常被遮挡,透光量较小,产生幽深静谧之美感;"旷"的特点与"幽"刚好相反,视野开阔、平展而坦荡,极目远眺,一望无际,能令人"一览众山小",产生心胸开阔之感。

  山岳随着大自然季节的更替呈现出不同的自然景观,使人感受到不同的季节美感。春季山中百花竞开,充满活力;夏季茂密的树林郁郁葱葱;秋季气候温和,变黄的树叶在风中飘舞;冬季雪花纷飞。不同的季节,山岳往往展现出不同的魅力。这些季节特征吸引着旅游者登山观景,令人产生不同的情怀,获得多种美感。

  山水风景中的自然声响具有很高的欣赏价值。溪流山涧、鸟鸣丛林、泉滴碧池、瀑布深潭,以及风声、雨声、松涛声,这些声响的音质、韵味等都给人以美感享受。山岳的色彩也是审美体验不可忽视的一个重要方面。一般来说,游客最常见的是山岳相对稳定的混合色、调和色。近山绿、远山黛,云雾常常给山岳敷上调和色,使山岳的色泽变得柔和、淡雅。此外,若山体积雪,则山岳呈现为壮丽的冰雪世界,以红色砂砾岩为主体的山岳则呈现出绚丽的色彩。峨眉山的"佛光"、乞力马扎罗山被白雪覆盖的山体、黄山苍松的秋色等,都以大自然最绚丽的色彩吸引着游客,并给游客带来无尽的美感享受。

（2）登山活动带来的动态体验

试剑石

山岳是地球内、外动力地质作用的综合产物，是大自然的杰作。山岳既是科学考察的对象，也是探险和健身的理想场所。人们通过艰险的攀岩登山，获得独特的自我实现和审美体验。亚洲的喜马拉雅山和富士山、欧洲的阿尔卑斯山、非洲的乞力马扎罗山等世界名山，每年都会吸引众多的登山运动员或爱好者前往。不同的地貌条件还使很多山岳成为开展体育活动的场所：陡峭的悬崖可以进行野外攀岩比赛；相对复杂的地形可以进行野外定向越野活动；具有一定起伏的山岳地形，可以开展赛车体育活动；而一些具有特殊地形条件的山岳，也可以成为高尔夫球场或山地滑雪的场地。此外，山岳往往远离城市或工业发达的地区，一般具有优质的生态环境。这里空气清新、森林茂密、花草丛生。根据科学研究，山地，尤其是长有树木的山地，会散发出具有杀菌作用的化学物质和大量的负离子，对人体有众多益处。游客在这里感受自然，能够得到身心享受。

（3）人文景观的美学体验

山岳的人文景观往往能使人们体验或认知蕴含在这些特殊风物内的历史知识、艺术价值和文化内涵。山岳大多包含着令人流连忘返的名胜古迹、民间传说、风土人情、习俗礼仪等人文景观。这些凝聚着人类智慧和文化的精神景观，与山岳的自然风光交相辉映，具有特殊的审美价值。例如，山岳景观中的碑刻、书画题记等，对风景区起点睛、润色和表达意境的作用，使游客不仅领略到山岳的风景美和文化艺术美，还能获得历史知识。而附会于山岳景观的神话故事或传说，既可以增添游客的游览情趣,也可以给游客带来更深入的美学感受。一般来说,这些故事或传说往往与当地的自然地理状况和人文地理状况有关。例如,沿节理面断裂的巨石大多有"试剑石"的美称;在形态上特殊的岩石、植物,往往被赋予人物或动物的名号。

2. 山岳景观的类型和分布

山岳类型众多,景观内容丰富,构成了自然风光的主体。按其高度可分为极高山、高山、中山、低山、丘陵等级别。中山、低山和丘陵往往因其环境宜人、风景秀丽而吸引游人,高山和部分极高山则是科学研究和登山旅游的理想

马格里布阿特拉斯山脉风景

场所。壮丽的自然风光、独特的山岳旅游活动吸引着众多的旅游者。从山石构景基础来看,山岳景观以花岗岩、砂岩、石灰岩、变质岩居多。花岗岩质地坚硬,其景观特点是主峰明显,群峰簇拥,峭拔危立,雄伟险峻。石柱或孤峰、峰林、"一线天"等景观在花岗岩山岳中比较常见。黄山等众多世界名山都属于花岗岩名山。砂岩山岳景观的主要特点是具有明显的层理构造,以水平岩层居多,有的受断裂的构造运动影响,产生倾斜岩层,成单斜山,形成一峰多姿的景观。石灰岩山岳景观的主要特点是山地高度不大,石峰林立或孤峰突起,造型丰富。景区内溶洞遍布,洞内常有地下湖或地下暗河,以及由石灰岩溶解沉淀而形成的洞穴景观。石灰岩岩溶地貌山体构造挺拔秀丽,山石玲珑剔透,是一种景色秀丽的山岳旅游资源,其平面造型丰富,极具观赏价值。

一、日本富士山(Fujiyama)

1. 地理概况

富士山是日本第一高峰,屹立在本州中南部,被日本人民誉为"圣

岳"，是日本民族的象征。它横跨静冈和山梨两县，距离东京约80千米，主峰海拔3 776米。富士山是典型的成层火山，从形状上来说，属于标准的锥状火山，具有独特的优美轮廓。自公元781年有文字记载以来，富士山共喷发了18次，最后一次是公元1707年，当时火山灰散落到了80千米之外的东京。富士山喷出的大量岩浆将附近两座比较古老的火山给淹没了，同时也形成了今天的锥形巨峰。目前，富士山虽处于休眠状态，地质学家仍然把它列入活火山之列。富士山山顶上有大小两个火山口，大火山口直径约800米、深200米。富士山四周有剑峰、白山岳、久须志岳、大日岳、伊豆岳、成就岳、驹岳和三岳这"富士八峰"。

2. 景色特点

富士山是日本自然美景的最重要象征。在距离富士山100千米左右的范围内，人们就可以远远地看见它独具魅力的锥形轮廓，犹如美丽的女神高高地屹立在天地之间，显得异常神圣。山峰高耸入云，山顶白雪皑皑。整个山体呈圆锥状，一眼望去，又恰似一把

日本富士山景色(1)

悬空的扇子，日本诗人曾用"玉扇倒悬东海天""富士白雪映朝阳"的诗句赞美它。

由于火山口的喷发，富士山在山麓处形成无数山洞，千姿百态，十分迷人。有的山洞还有喷气现象。最美的富岳风穴内的洞壁上结满钟乳石似的冰柱，终年不化，被视为罕见的奇观。富士山自海拔2 300米至山顶一带，均为火山熔岩、火山沙所覆盖，既无丛林又无泉水，登山道也不明显，在沙砾中仅有弯弯曲曲的小道。在海拔2 000米以下至山脚一带，是富士山风景最为秀丽的一段。这一带有广阔的湖泊、瀑布、丛林，湖光

山色,风景极为秀丽。每年三四月间,漫山遍野的樱花盛开,如同给富士山披上了艳丽的外衣。到了冬季,白雪盖住了山体,又形成了天然的滑雪场。

3. 周边景点

由于火山活动,富士山北麓形成了五个湖,被称为"富士五湖"。这五个湖从东向西呈弧形排列着,分别为山中湖、河口湖、精进湖、本栖湖和西湖。山中湖面积最大,为6.75平方千米。湖畔有许多运动设施,可以打网球、滑水、垂钓、露营和划船等。湖东南的忍野村有涌池、镜池等8个池塘,总称"忍野八海"。河口湖是五湖中开发最早的,这里交通十分便利,已成为五湖观光的中心。湖中的鹈岛是五湖中唯一的岛屿。岛上有一专门保佑孕妇安产的神社。河口湖中所映的富士山倒影被称为富士山奇景之一。精进湖是富士五湖中最小的一个湖,其风格却最为独特,

日本富士山景色(2)

湖岸有许多高耸的悬崖,地势复杂。本栖湖水最深,最深处达126米。湖面终年不结冰,呈深蓝色,透着深不可测的神秘色彩。西湖是五湖中环境最安静的一个湖。据传,西湖与精进湖原本是相连的,后因富士山喷发而分成两个湖,但这两个湖底至今仍是相通的。岸边有红叶台、青木原树海、鸣泽冰穴、足和田山等风景区。

富士山的南麓是一片辽阔的高原地带,绿草如茵,为牛羊成群的观光牧场。山的西南麓有著名的白系瀑布和音止瀑布。白系瀑布落差26米,从岩壁上分成10多条细流,形成一个宽130多米的雨帘,颇为壮观。

日本富士山景色(3)

在静冈县裾野市的富士山麓,还辟有富士游猎公园,面积74万平方米,豢养着40种1 000多头野生动物,仅狮子就有30多头。游人可驾驶汽车,在公园内观赏放养的各种动物。

此外,富士山区还设有幻想旅行馆、昆虫博物馆、自然科学厅、奇石博物馆、富士博物馆、大型科学馆、植物园、野鸟园、野猴公园和各种体育、游艺场所等。

4. 旅游活动

除了游览富士山周边景点外,坐落在顶峰上的圣庙——久须志神社和浅间神社也是游人常到之地。每年夏季到山顶神社观光的国内外游客数以千计。天气晴朗时,在山顶看日出、观云海,是世界各国游客来日本必不可少的游览项目。此外,每年的夏季是登临富士山的最好季节,从每年的7月1日开山到8月31日封山的2个月期间,只要做好适当的准备,从小孩儿到老年人都可以享受登富士山的乐趣。游客可以选择从静冈县开车到达海拔2 400米的富士宫入口;如果选择从御殿场入口进山的话,就会走过松软的沙滩,看到巨大的喷火口;从巴士终点站出发的话,广受欢迎并且最靠近山顶入山口的则是须走口。

日本富士山景色(4)

二、坦桑尼亚乞力马扎罗山国家公园（Kilimanjaro National Park）

1. 地理概况

乞力马扎罗山坐落于东非中部坦桑尼亚东北部边界处，是坦桑尼亚和肯尼亚两国的分水岭。乞力马扎罗山海拔5 895米，是非洲第一高峰，也是世界上最高的孤峰（其他海拔更高的山峰都是山脉的组成部分）。它也是地球上最大的火山之一。这座火山现处于休眠中，基底宽度为80千米。它有三个火山口，西部的希拉、东部的马温西和中部的基博。乞力马扎罗山本身就是由火山喷发后的大量熔岩堆积而成的。基博峰峰顶上

乞力马扎罗山景色(1)

巨大的盆状火山口的直径大约有2 400米，近300米深。如果向这个大"盆"的里面看，可以看到"盆"壁的四周布满了厚厚的冰层，"盆"底也耸立着巨大的冰柱，"堵"住了这个昔日喷射出炽热火山灰和岩浆的洞口。

2. 气候生态

乞力马扎罗山距离赤道很近，只有300千米。所以它山脚下的气温很高，有时高达59℃，而峰顶的气温却

乞力马扎罗山景色(2)

乞力马扎罗山景色(3)

常在零下。山顶寒冷,终年积雪,却坐落在炎热的平原上,故有"赤道雪峰"之称。根据气候的山地垂直分布规律,乞力马扎罗山由山脚向上至山顶,是热带雨林气候至冰原气候。乞力马扎罗山具有顺序相继的几个植被带:山脚周围是高原的半干旱的灌木丛、南坡水源充足的农田、茂密的云林、开阔的沼地、苔藓和地衣共生的高山荒漠。靠近山顶的高山荒漠上只有少量的纤细小草和耐寒的开花植物。在山体两侧,树木成林,郁郁葱葱,林内百花盛开,活跃着各种鸟类和猴子。再往上,就是草地和圆形的火山顶。山上的沼地有许多有趣的植物和灌木,如非洲山龙眼(帝王花)、半边莲和雏菊似的花朵。这里偶尔会有一两只大羚羊悠闲踱步。若再往上走,就看不见大型动物了,而较为常见的是红簇花蜜鸟和白颈渡鸦。

乞力马扎罗山山坡上的年降水量平均为1 780毫米。乞力马扎罗山的山脚下有一个摩西小镇,终年享有赤道性气候,旅游业繁荣发达。雨季时节,镇上会有大规模降雨,满是沙土的街道在几分钟内会被雨水淹没。这个地区的降雨非常奇特:地势低洼处降雨较少,而山上海拔较高处的降雨可达每年180厘米;中部区域的降雨会在南坡和东坡形成一些径流,流向山下的潘加尼河、察沃河和吉佩湖,而北坡上的水流则供给安博塞利湖和察沃河。

3. 景色特点

海明威在《乞力马扎罗山的雪》中写道:"在阳光中显得那么高耸、宏大,而且白得令人不可置信,那是乞力马扎罗山的方形山巅。"正如海明威所描述的景象,乞力马扎罗山的最美之处不在于它的山坡、森林、野生动植物或山顶的视野,而在于其自身在辽阔平原上闪闪发光的山体。山脚下绿草如茵,山顶上白雪皑皑。山体轮廓非常鲜明,缓缓上升的山体斜坡引向长长而扁平的山顶。从肯尼亚的察沃河或安博塞利湖地区望去,乞力马扎罗山静静地躺在明媚温暖的阳光下,一望无际,在绿草地的衬托下格外耀眼。这种"赤道雪峰"所特有的山岳景观,有趣而迷人。正是这无与伦比的美景激发了海明威及无数后来者的灵感,用富有激情的笔墨和手法描绘了这座世界上绝美的山峰。

4. 旅游活动

乞力马扎罗山是世界各地登山爱好者云集的地方,常有各种肤色的登山爱好者在这里一显身手。乞力马扎罗山有两条登山线路,一条是"旅游登山"线路,游客在导游和挑夫的协助下,分3天时间登上山顶;另一条是"登山运动员"线路,沿途悬崖峭壁,十分艰险。当然,无论从哪一条线路登上山顶,对异国他乡之人来说,都是终生难忘的幸事。

三、加拿大落基山脉国家公园群(Rocky Mountain Parks)

1. 地理概况

落基山脉是北美洲最长的山脉,它起源于阿拉斯加,"途经"加拿大,到美国新墨西哥州,延绵4 500多千米。落基山脉由许多小山脉组成,它们的平均海拔高度为2 000～3 000米,有的超过4 000米。落基山脉还是北美洲东西部最大的分水岭,山脉西部的河流都注入了

落基山脉国家公园群(1)

太平洋,而山脉东部的河流则注入了墨西哥湾。美国的许多大河,如密西西比河、阿肯色河、密苏里河以及科罗拉多河,都发源于落基山脉。

落基山脉的形成是一个漫长的过程,经历了长达1亿年的时间。起初,这里是一片巨大的地槽地,直到白垩纪初期,还是一片波光粼粼的浅海,海里生活着各种生物。后来,由于地壳变迁,不断上升,最终由海洋变成了陆地。紧接着,发生了大规模的造山运动,火热的岩浆冲出地面,地壳也随之发生了褶曲和压缩,山脉开始逐渐向上隆起,形成了巨大的花岗岩山系。之后,冰川开始上场了,它们肆无忌惮地侵蚀着群山,留下了陡峭的角峰、冰斗以及槽谷。经过漫长时间多种因素的交织影响,落基山脉终于形成了今天的面貌。

落基山脉国家公园群(2)

落基山脉国家公园群位于加拿大西南部的艾伯塔省和不列颠哥伦比亚省,面积2.3万平方千米,包括贾斯珀、班夫、约霍、库特奈等国家公园,以及汉帕、罗布森、阿西尼伯因等省立公园,是落基山脉中最美丽的地区,也是世界上面积最大的国家公园。

落基山脉国家公园群(3)

2. 气候生态

落基山脉国家公园群南北延伸甚远,气候多样,南端为热带北缘气候,北端为北极气候,但南部因山脉为大陆性,海拔高,纬度变化造成的影响往往减弱。有两个垂直气候带贯穿山脉的大部分地区。较低的一个气候带为寒温带,冬冷夏凉。在南方,海拔2 133～3 048米的山脉部分属此气候带,纬度越高,此上限和下限相应越低。较高的一个气候带为高山气候,属冻原类型。落基山脉国家公园群属于高原气候,年平均气温为6℃,7月份温度最高,平均为28℃,1月份平均温度为零下14℃。落基山区夏季温暖干燥,冬季寒冷湿润。在南方,最高的山峰积雪可保持到8月;在北方,许多高海拔山谷仍有永久性冰川。降水一般北多南少,北方约为南方的3倍。

3. 各个国家公园

贾斯珀国家公园:坐落于阿尔伯塔省的加拿大贾斯珀国家公园位于落基山脉最北边,是加拿大最大的高山国家公园,占地

贾斯珀国家公园

10 878平方千米。发源于哥伦比亚冰原的阿萨巴斯卡河流经这里,河水流入风光旖旎的大奴湖、马里奴湖。贾斯珀国家公园内还有水温54度的梅耶特温泉。在贾斯珀国家公园,黑熊是这里的常住居民,还有其他野生动物,如北美红鹿、小鹿、山羊和大角羊等。贾斯珀镇小巧迷人,有精致的小商店,爽口的美食。贾斯珀缆车是加拿大最长的缆车。贾斯珀国家公园内有佩投湖、弓湖、巫药湖、派翠西亚湖、金字塔山、玛琳湖及玛琳峡谷,鬼斧神工,美丽如画。

班夫国家公园:加拿大第一个国家公园,避暑胜地。位于阿尔伯塔省西南部,与不列颠哥伦比亚省交界的落基山东麓。1885年建立,面积6 666平方千米。内有一系列冰峰、冰河、冰原、冰川湖和高山草原、温泉等景观,其奇峰秀水,居北美大陆之冠。公园中部的路易斯湖风景尤佳,湖水随光线深浅,由蓝变绿,漫湖碧透。沿落基山脉有多处这类冰川湖

班夫国家公园

泊,它们犹如一串串珍珠,把静静的群山点缀得生气勃勃。园内植被主要有山地针叶林、亚高山针叶林和花旗松、白云杉、云杉等。另外还有500多种显花植物。主要动物有棕熊、美洲黑熊、鹿、驼鹿、野羊和珍稀的山地狮、美洲豹、大霍恩山绵羊、箭猪、猞猁等。公园建有现代化旅馆、汽车旅馆和林中野营地。

约霍国家公园:位于不列颠哥伦比亚省,中心是约霍溪谷,溪谷位于冰雪覆盖的群山之间,海拔3 000米。"约霍"在当地原住民语言中就是"壮观"的意思。约霍河上的塔克克乌瀑布落差达348米。

库特奈国家公园:库特奈国家公园也位于不列颠哥伦比亚省,公园中有冰川、冰川谷和冰川湖等。斯蒂温山的巴鸠斯页岩化石层有保存得非常好的寒武纪化石,其中甚至有保存完好的古生物的软体部位,非常珍贵。据推断,这些化石的年龄已经有5.3亿岁。

罗布森省立公园:罗布森省立公园内的罗布森山海拔3 954米,是落基山脉最高峰。罗布森高原上的穆斯湖,因为湖畔常有赫拉鹿出现,所以又叫"赫拉鹿湖"。

4. 景色特点

落基山脉国家公园群的各个国家公园都位于落基山脉中最美丽的地区。逶迤相连的班夫、贾斯珀、库特奈和约霍国家公园,以及罗布森山、阿西尼博因山和汉帕公园构成了一道亮丽的高山风景线。这里可以领略到峡谷、森林、冰川、瀑布、湖泊、石灰石洞穴等大自然的奇观。落基山脉国家公园群不仅雄伟壮观、风光独特,还有着丰富的动植物资源。白杨、松、枞和云杉密密地围绕着谷中波光粼粼的湖水,清澈的湖水倒映出巍峨的雪山。随着海拔的升高,阔叶林变成针叶林,再往上,冰雪和岩石逐渐成了山巅的主角。夏季,山间长满了风信子和扫帚树,野草莓和蓝莓点缀着草地,黄色的冰川百合也从融雪中冒出头来。这里,野生动物的品种也很多,有200多种鸟类,小到蜂鸟,大到鹫鹰;还有几十种哺乳动物,其中最有名的当数灰熊和黑熊。

5. 旅游活动

壮丽的加拿大落基山脉是世界上最负盛名的旅游胜地之一,这里是各类户外活动、风光摄影、旅游度假的胜地。它以美丽的自然景观吸引着来自世界各地的游客和滑雪爱好者。这里可以开展越野滑雪、跳台滑雪、冰壶等冬季户外运动。景区内有温泉、高尔夫球场等度假区。在一些偏僻的地区还有攀岩、露营等活动。此外,公园附近还设有一些文化机构,如建立在班夫镇的怀特博物馆、水牛民族卢克斯顿博物馆,这些历史古迹以及艺术博物馆成为公园附近文化活动的中心。

四、美国大雾山国家公园(Great Smoky Mountains National Park)

1. 地理概况

大雾山国家公园,也称大烟山国家公园,位于美国田纳西州与北卡罗来纳州交界处,每年大约有1 000万游客,是美国游人最多的国家公园。在大雾山国家公园,可以沿着山岭上长达480千米的蓝岭公路一直开到弗吉尼亚州的山那都国家公园。大雾山国家公园历经许多磨难后于1926年初步建成,公园占地2 000多平方千米。

大雾山国家公园景色(1)

公园内保存着世界上最完好的温带落叶林,森林覆盖率为95%。山顶区域生长着高大的冷杉和云杉,下行到山坡则变成了阔叶林。在山麓地带,树木的种类也多了起来,栎树、铁杉和松树混生在一起,这里也是最适合看秋叶的地方。由于土壤肥沃、降水丰富,这里拥有1 520多种花卉、130多种树木、50多种哺乳动物和27种蜥蜴。公园内多山溪水流,其中生活着70多种本地鱼类。水陆交界面上的两栖动物更是种类繁多,仅蝾螈就有27种,是世界上蝾螈种类最多的区域。这种古代的物种常带着一身鲜艳的体色在湿润的土地上爬来爬去。其中的赤面蝾螈是仅存于大雾山国家公园的特产。由于这里的许多物种在世界上绝无仅有,为保护这些物种,这里被划为永不开发的区域。这里的植物与在太平洋对岸发现的植物具有某种联系,证明了地质历史时期树木和花卉通过大陆桥从亚洲向美洲的迁移。大雾山也代表了大约300万年前地球历史上一个重要的时期,当时大陆碰撞导致地壳隆升,形成连绵起伏的山脉,此后在侵蚀作用下这些山脉被风化削平。这里的地貌特征、生物演化和物种多样性都使大雾山国家公园成为最好的自然保护区。

大雾山国家公园景色(2)

2. 历史变迁

自18世纪晚期以来,大雾山很多山坳和峡谷就一直有人居住,直到20世纪伐木工人开始采伐原始木材,这些居民才结束了与世隔绝的生活。现在公园里还保留着山地居民的小木屋、农舍、教堂和谷仓。园中最热门的景点当属凯兹湾(Cades Cove),凯兹湾(Cades Cove)是田纳西州汤森附近的峡谷,面积约为28平方千米。游客经常到此游览的部分原因就是只有在这里才能了解大雾山的文化和历史。凯兹湾(Cades Cove)原属切罗基地区,本属印第安人的土地,但在1838年,14 000多名切罗基人被迫离开南阿巴拉契亚山脉,该地从此易主。后来,凯兹湾

（Cades Cove）成了美国人的居住地，内战前居民最多时达700人。拓荒者们开垦当地肥沃的土地，从周边寻找木材建起简陋的木屋。这些木屋的遗迹以及教堂和磨坊至今仍然立于峡谷之中。虽然早期定居者的原始生活逐步得到了改善，但内战后定居者的数量开始慢慢减少。1999年，凯兹湾（Cades Cove）的最后一个居民去世，而现在唯一的居住者就是在这片土地上游荡的白尾鹿和其他野生动物。

大雾山国家公园景色(3)

3. 景色特点

大雾山国家公园郁郁葱葱的原始林地像一块未经雕琢的美玉，寂静而持久地展示着自己的原始美貌。由于山林上空总是笼罩着一层淡淡的薄雾，因此得到了大雾山这个名称。

大雾山的水汽来自树木强烈的蒸腾作用，终日不散，随着不同时间气温光照的变化，弥散出不同意境的美。每天的不同时刻，山雾呈现出不同的景象。清晨是大雾山一天里雾气最浓重的时刻，洁白如牛奶，大雾充满整个山谷，只有高处的山峰影影绰绰闪现于远方。到了中午时分，小水滴被蒸发到空气中成为水蒸气，视野清晰，这时的雾气就具有了烟的色彩和形状。山雾变成了缕缕轻烟，缓缓地滑过山腰，这个时候也最有可能看到"蓝烟"现象。日落的余晖为傍晚时候的烟雾染上轻绯淡紫的颜色。山巅映着渐渐变成温和色调的天空，万物霎时被蒙上玫瑰色的影子。山雾又成了玫瑰色的云帘，映衬着夕阳下紫色的山岭。

4. 旅游活动

大雾山国家公园中的黑熊

大雾山国家公园为户外休闲提供了得天独厚的资源,每年约有1 000万人来此观光游览。旅游者可以在茵茵绿地上漫步,还可以前往人迹罕至之处远足。野营、垂钓、郊游、骑马或者极目远眺美丽的风光都是很好的休闲方式。这里四季都是旅游的季节,春天山花烂漫、景色秀丽。夏天可在公园清凉的溪流边开展露营等丰富多彩的活动。秋天落叶纷飞,许多游客都计划在这个季节前去游玩。因为秋天山林中的树叶色彩斑斓、绚丽迷人。冬天的大雾山国家公园则显得宁静可人。

克凌曼圆顶的火警瞭望塔环是眺望公园景色的绝佳地点。从这里可将周围一切尽收眼底,平均视野范围为35.4千米。如果天气晴朗,视野范围可能扩大到160多千米,七个州的风光可以一览无余。前往克凌曼圆顶的山路十分陡峭,需跋涉800米才能到达。凯兹湾(Cades Cove)是园内最热门的景点,19世纪遗留下的木屋住宅、教堂以及磨粉厂使该景点闻名遐迩。这里蕴含着南阿巴拉契亚山迷人的历史。由于大受游客青睐,所以这里有时十分拥挤。卡塔洛奇(Cataloochee)是园中观赏野生动物的最佳地点之一。白尾鹿、黑熊、浣熊以及北美土拨鼠等都是卡塔洛奇(Cataloochee)的常客。要进入该地颇为困难,游人需取道一条碎石路,或是北卡罗来纳州戴乌德附近的路。但是游客可以欣赏到四周美丽的山色,以偿旅途劳顿。从凯兹湾(Cades Cove)山脊出发,步行8 000米即可到达艾布拉姆斯瀑布。这个瀑布的水流量是公园之最,四周草木葱翠浓郁,景色十分美丽。此外,瀑布底部的池塘是绝佳的游泳场所。

五、新西兰库克山国家公园（Mount Cook National Park）

1. 地理概况

库克山国家公园建于1953年，与新西兰西区国家公园、亚斯派灵山国家公园及峡湾国家公园相邻。公园位于新西兰南岛中西部，从450千米长的西海岸向内陆延伸40千米至90千米。库克山国家公园是一个狭长的公园，公园长达64千米，最窄处只有20千米，占地707平方千米，冰河面积占40%。它南起阿瑟隘口，西接迈因岭，正处于南阿尔卑斯山景色最壮观秀丽的中段。库克山国家公园内三分之一的地区终年积雪，公园内共有15座海拔3 000米以上的山峰，而海拔2 000米以上的山峰则多达140座，山峰连绵起伏，气势磅礴，蔚为壮观。其中海拔3 764米的库克山雄踞中间，它是新西兰最高峰，相对高度3 000米，也是大洋洲第二高峰，有"新西兰屋脊"之称，被称为"南半球的阿尔卑斯山"。毛利人称此山为"奥伦基山"，可译为"破云山"。

2. 气候生态

库克山国家公园由冰河、陡壁、温泉、山林及各种野生动物构成。公园的三分之二被南部的山毛榉树和罗汉松所覆盖，其中一些树的树龄已超过800年。公园里的大鹦鹉是世界上仅有的高山鹦鹉、啄羊鹦鹉，这里还有一种巨大的不会飞的南秧鸟，也属于稀有的濒危品种。当地植物最值得一提的是库克百合花。山林间有无数的山径可供徒步健行，优良的滑雪道可供人滑雪，也可乘着小飞机游览山区，鸟瞰或降落在冰河上。

库克山国家公园景色(1)

此地的天气变化剧烈，本是风和日丽、晴空万里的好天气，但是瞬息间可能就狂风大作。低地年降雨量约为4 200毫米，但在高山地区，由于冰雪的影响,年降水量可达 5 000 毫米。

3. 景观特点

库克山国家公园景色(2)

库克山国家公园里聚集着雪山、冰川、河流、湖泊、山林,以及动物和高原植被等。屹立在群峰之巅的库克山顶峰终年被冰雪覆盖,而群山的谷地里,则隐藏着许多条冰川。有呈深赭石色的冰蚀湖,有清澈翠绿的雨水湖,山影碧波,风光无限。群山中最大的冰河为塔斯曼冰河,这是喜马拉雅山脉以外最大的冰川之一,全长 29 千米、宽 2 千米、深 600 米。每天以 23～45 厘米不等的速度,几乎让人察觉不到地缓缓下滑。在冰川内部,由于它的移动带着山体的碎石下滑,加上阳光的照射,使冰川表面形成了无数的裂缝和冰塔,造型千姿百态,耀眼夺目。

库克山被冰河侵蚀成 V 字形的山谷前,有两个宁静而美丽的湖泊位于其间,即普卡基湖和泰卡普湖。南阿尔卑斯山雪融之后的水流经好几个湖泊后,来到南坎特布利平原的威塔奇河,然后东流注入南太平洋,其中普卡基湖、泰卡普湖的背景都是库克山以及周围的群峰,湖水源于冰川,水色碧蓝中含带着乳白,晶莹如玉,平静如镜。在普卡基湖边,坐落着一个小小的教堂,还有一只牧羊狗的雕塑,他们都静静地守候在湖畔。蓝天、白云、雪山、碧湖,绿色相间的原野和山林,五彩缤纷的花朵,构筑成公园秀美的自然景观。

4. 旅游活动

库克山国家公园是观赏南阿尔卑斯山的绝佳景点。这里有 29 座山峰都高于海拔 3 000 米,所以也成为新西兰登山爱好者最渴望来到的地方。有众多的路线可以攀登南阿尔卑斯山,有需攀爬 1 小时的红潭阶梯,还有可供漫步的平坦的基亚角。

库克山还是散步观景的佳处。胡克谷步道长 9 000 米,来回需 3～4

小时,是库克山国家公园最著名的步道。沿途除了可以观赏库克山峰和周围群峰外,春夏两季还可欣赏到盛开着无数美丽花朵的青翠的高山草地。高山纪念碑是眺望山谷景色的绝佳据点,接近穆勒冰河时,还可欣赏高山与冰瀑的壮观景象。此外,越过胡克河上的吊桥,也是在公园内游览的乐趣之一。胡克谷步道的尽头是终点湖,一般游客多半在抵达这座蓝色冰河湖后,即按原路折回,但往前还有曲折的步道通往胡克小屋。除胡克谷步道外,此地还有许多短程步道,如终点为高山啄羊鹦鹉角的高山鹦鹉角小径,来回3小时,可看到胡克山谷、穆勒冰河与冰河湖,这条步道上还有一条岔路,可通往景致优美的西莉池。此外,维克菲尔小径则沿着胡克湖而行。

库克山国家公园景色(3)

由于气候变化莫测,在库克山进行登山活动难度极大。库克山是许多登山者向往的具有挑战性的高山,1894年杰克·克拉克、汤玛斯·费夫、乔治·格雷汉三位新西兰登山家首度登顶成功。但并不是所有登山者都如此幸运,突来的风暴或雪崩等潜藏的危险,都有可能夺走登山者宝贵的生命。据统计,历年来已有100多人死于库克山山难。

库克山的山麓地带还是绝佳的自然游乐场所,库克山上有美丽的高山植物花园,在库克山还可进行滑雪等活动。

地质公园

概 述

人类一直致力于认识自我和认识世界。对于我们赖以生存的外部环境,即地球母亲的过去、现在和未来,我们渴望追寻、解读并预测它。地球的演化经历了46亿年,与此相比,有文字记录的人类历史不过几千年。对人类而言,地球演化过程中的遗留物无疑是"史前遗迹"。这些地质遗迹是地球留给人类的宝贵财富,也给大地带来了壮丽非凡的景观。

地质遗迹是人类的宝贵财富

地球上大量的地质遗迹为我们研究人类和自然界的发展提供了重要的科学依据,给我们提供了"回访"地球历史的捷径,诠释了困惑人类的一个又一个的"天问"。1991年召开的地学遗产保护讨论会,发表了

《地球记忆权利宣言》,指出:正如树木年轮记录其生长历史和生命历程那样,地球遗迹记录了它的过去。这种记录既存在于地表也存在于地下,既存在于岩石中也存在于地表景观中,都需要我们去解读。

1. 地质公园的沿革

地质公园是人类保护地质遗迹的重要行动和成果。20 世纪 70 年代前后,一些国际组织纷纷提出并建立各种以自然和人文为对象的重点保护区(点),希望通过此举来唤起人们的保护意识,避免人类发展对地球带来不利影响。其中最为著名的就是"世界生物圈保护区""世界遗产""世界湿地保护区"等,而在 1872 年建立的全球第一个国家公园,同样在倡导一种保护的理念。有感于上述保护活动的成功开展,以及地质遗迹日益遭受破坏的严重形势,一些地质学家随即开始了就如何有效、持续性地保护地质遗迹的理论思考和探索。其中,来自中国和欧洲的地质学家发挥了重要作用。1989 年,国际地质科学联合会(IUGS)成立了地质遗迹工作组,开始登录世界地质遗迹。于是,世界各国纷纷响应,建立各级地质遗迹保护区。

世界地质公园网络标志　　中国国家地质公园标志

1999 年 2 月,联合国教科文组织在巴黎召开的会议上首次正式提出"地质公园"这一名词;同年,提出了创建世界地质公园计划。2001 年 6 月,联合国教科文组织执行局通过"联合国教科文组织支持其成员国提出的创建具有独特地质特征的自然公园(也称地质公园)"的特别决议,并再次通过建立世界地质公园网络的决定,使"世界地质公园"与"世界遗产"具有同等法律地位。建立地质公园的主要目的有三个:保护地质遗迹,普及地学知识,开展旅游促进地方经济发展。2004年2月,第32届国际地质科学联合会投票评审出首批世界地质公园28家,其中包含8个中国国家地质公园和17个欧洲地质公园。这标志着全球性的"联合国教科文组织世界地质公园网络"的正式建立。

2. 地质公园的景观属性

地质公园是一个地理区域系统,不仅包括各种岩溶、丹霞、火山、冰川、海岸、花岗岩、奇峰等奇特的地质地貌景观,典型的地质剖面和丰富多样的古生物化石等地质遗迹景观,而且还包括地质遗迹景观所依托的相关水体风光、生物多样性、气象景观、生态环境、人文历史、摩崖石刻、古迹胜景、特有建筑等地理环境系统。在这个区域系统内以地质遗迹景观为主,相关的自然景观和人文景观与其相互融合,形成一个统一的有机整体。

地质公园的景观属性主要表现在以下几方面:第一,以地质遗迹为主题;第二,具有特殊科学意义、稀有性和美学观赏价值;第三,是自然景观和人文景观的综合体;第四,是一种自然公园。

从构成地质公园的主体地质遗迹来看,通常所见的地质公园景观主要有以下五种类型:① 有重要观赏和重大科学研究价值的地质地貌景观。② 有重要价值的地质剖面和构造形迹。③ 有重要价值的古生物化石及其遗产地。④ 有特殊价值的矿物、岩石及其典型产地。⑤ 有特殊意义的水体资源以及典型的地质灾害遗迹。

3. 地质公园的价值

(1) 资源价值

近年来,地质遗迹在经济发展中的地位和作用得到越来越普遍的认识和重视。合理利用地质遗迹资源,可以使其对人类社会经济增长的贡献日益提高,并成为世界的财富。建立地质公园,协调资源开发利用与遗迹保护工作,是对矿产资源、旅游资源及其他资源进行合理规划、利用的有效途径。在保护的前提下有计划、有目的地做好遗迹区各种资源的开发利用和地质遗迹的保护管理工作,可以发挥资源的最佳效益。

(2) 科研价值

我们今天看到的地球面貌,不论是盆地海洋还是高峰幽谷,都是在地球演化的漫长过程中形成的,是特定地质时期、特定地壳运动的代表作。地质公园中包含的各种地质遗迹对于探索地球演化的奥秘,发现可供人类利用的矿产资源,具有较高的科学价值。地质公园既是人类了解地球发展历史的基础,也是向人们宣传科学、破除迷信的天然课堂,具有永恒的科学研究价值。人类能从中得到科学的启示,学习和掌握有关的科学知识、科学方法、科学思想和科学精神,从而促进科学与文化的传播。

(3) 审美价值

人类对自然的各种生物乃至山川河流具有亲切之感。一些造型奇特的地质构造景观充分展示了光彩夺目的美学特征,成为旅游观光的基地。形形色色的地质景观资源,既有雄、秀、险、奇、幽、旷等形象美,又有动与静的形态美;既有色彩美,又有气势美。这些天然的状态或景观能引起人们精神上的愉悦,可以陶冶人们的情操,可以成为人们艺术创作的源泉,有利于人类智慧和个性的发展。

一、美国黄石国家公园(Yellowstone National Park)

1. 地理位置

黄石国家公园位于美国西部北落基山和中落基山之间的熔岩高原上,绝大部分在怀俄明州的西北部,并向西北方向延伸到爱达荷州和蒙大拿州,面积达8 983平方千米。黄石国家公园是世界上第一座国家公园,也是美国最大的国家公园。

黄石公园的春

2. 地质基础

黄石公园的秋

黄石国家公园是一个巨大的火山口,曾经爆发过3次。在远古森林的地面上,可以找到蕨类和灌木遗迹种子与树叶的残迹。正当这些树木茂盛的时候,火山爆发了,从火山口喷发出来的物质将大约10 000平方千米的区域全部覆盖,厚度至少有1 500米,形成大片的玄武岩、安山岩、流纹岩等。

火山时代过去了,地球的严冬冰河时期来临。纷纷扬扬的飞雪在黄石国家公园上空飘洒,越积越厚。堆积过厚的高处发生坍塌,恢宏的雪崩滑落下来压缩成冰川。冰川在陆地上流动,通过刨蚀作用,打磨岩溶地表,将之塑造成富有美妙节奏的起伏山峦和纵横的沟壑。最后一次冰川退却后除了残留了冰碛物外,还在火山高原上的低洼地带残留了湖水,其中最大的湖泊就是黄石湖。冰火的磨砺,让黄石国家公园变得如同幻境。

3. 发展历程

黄石国家公园的名称是从印第安人的文字 mi tsi a-ad-zi 而来的,而 mi tsi a-ad-zi 本身就是黄石河的意思。美国黄石国家公园在一万多年前原是印第安人的狩猎区。19世纪初,肖肖尼人和其他印第安人还曾经在这片土地上狩猎和星散地居住。

1872年,根据美国国会法案所述"为了人民的利益,黄石公园被批准成为公众的公园及娱乐场所",同时也是"为了使它所有的树木、矿石的沉淀物、自然的奇观和风景,以及其他景物都保持现有的自然状态而免于被破坏"。当时的美国第十八任总统尤利塞斯·格兰特在提案上签了字。世界上第一个"国家公园"就这样诞生了。

1978年,黄石国家公园被纳入联合国教科文组织的世界遗产名录。

4. 特色生态

黄石国家公园总面积的85%覆盖着森林。生长在黄石国家公园里的植物,最大的威胁便是森林大火。但是,公园里的植物在自然演化过程中已经适应了间歇周期较长的大火,甚至其中有些物种还必须以火来保证它们的生存和繁衍。

黄石国家公园还是美国最大的野生动物庇护所和著名的野生动物园,有300多种野生动物。灰熊、美洲狮、灰狼、秃鹰、麋鹿、白尾鹿、美洲大角鹿、野牛、羚羊等在这里繁衍生息。

(1) 扭叶松

扭叶松是生命力极强的一种树木。在山火肆虐中,扭叶松凭借它顽强的生命力,不仅生存下来,而且逐年扩大自己的领地,这是为什么呢?

这是因为扭叶松的树皮很薄、很脆,而且易于燃烧。但是,它却用坚固而紧闭的松果将种子储藏起来。这些

黄石公园是诸多野生动物的家园

黄石公园被森林覆盖

松果可以将种子保存3~9年。这样,扭叶松就做好了"再生"的准备,任凭山火肆虐。当致命的火灾吞噬了松叶和充满松脂的薄树皮时,很多松果只是表面被熏黑了,一旦浓烟散尽,它们就会崩裂开来,将储藏其中的种子播撒在广阔的被清除干净的地面上,于是新的一代立刻从灰烬中萌生,充满勃勃生机。因此,这种树不但坚守着自己的领地,而且每场山火过后,又能将领地向远方拓展。它们均匀而稠密地分布在公园各处,几乎把整个公园都变成了自己的王国。

(2) 龙胆松

龙胆松是另一种分布广泛的树种。这种树木有着极强的适应能力,而且生长速度极快,能在各种各样的气候、土壤条件下生长。在经常发生山火的最危险的山坡上,它们也千姿百态、郁郁葱葱。在落基山脉,几乎每个夏季都有数千平方千米的龙胆松被火灾吞没,但"野火烧不尽,春风吹又生",新的生命在灰烬中迅速崛起。

(3) 灰狼

黄石国家公园里最有名的野生动物莫过于灰狼了。刚开始时,人们不清楚灰狼在黄石生态圈中扮演的角色,以为灰狼只会危害游客的安全,而且狼皮有极高的经济价值,便随意将它们猎杀。后来,由于没有了灰狼,麋鹿的数量便不受控制,大量的麋鹿吃去了当地的橡树幼苗。猎杀灰狼造成生态不平衡,引发出一连串的生态危机。因此,人们只好又从别处引进灰狼,并把它列为濒临绝种动物。直到今天,黄石国家公园里的灰狼数目还在慢慢恢复之中。

在觅食的美洲野牛

(4) 美洲野牛

野牛曾遍布整个美洲大陆。1541年,当征服者科罗纳多在美洲上岸并进入北美大草原时,野牛曾是如此众多,以致他认为"不可能对它们进行清点"。即使在100年前,来自东部的拓荒者也目睹了野牛大迁徙的壮观景象,并且记录了"当野牛移动时,大地宛如铺上了一块黑色地毯,三天三夜,绵延不绝"的景象。但是,人类一场场的猎杀,使野牛几乎绝种。19世纪末,美国境内仅有位于蒙大拿州的国家野牛保护区及黄石公园中还有少数的野牛生存,总数只有100多头。

5. 地质景观

(1) 黄石湖

黄石湖位于黄石国家公园内中央偏东南处,海拔2 357米,为北美洲海拔最高的湖泊。黄石湖湖水清澈,湖岸很美,有典型的高山湖景观。比起其他地方的湖,黄石湖最特别的地方应该是周围的高山。因为海拔高,山

夏季的黄石河

上的积雪到6月底仍未融化,山头看起来还是一片白茫茫的。

(2) 黄石河、瀑布和火山岩

黄石国家公园里最大的河流莫过于黄石河了。它在公园东部,从南部的黄石湖出发,往北流时先形成了一条缓缓流动的小溪,然后突然俯冲下万丈深渊至黄石大峡谷,形成上黄石瀑布和下黄石瀑布。黄石大峡谷是在黄石河水的长期强力冲蚀下形成的,格外险峻和动人心魄。

黄石大峡谷最引人入胜的既不是峡谷的深度和形状,也不是汹涌奔流的瀑布,而是那令人难以忘怀的光怪陆离、五光十色的风化火山

黄石瀑布壮观的景色

岩。峡壁从头到脚都闪烁着耀眼的光泽,在阳光下绚烂夺目。白、黄、绿、蓝、朱红以及无数种与红色相调而出的颜色,看上去像用油彩涂成的,毫无顾忌地暴露在风吹日晒之中,是那样鲜艳和牢固。

(3) 老忠实泉和大棱镜温泉

由于地热的原因,黄石国家公园里到处有热喷泉,其中最有名的莫过于老忠实泉和大棱镜泉了。

老忠实泉每隔几十分钟就会喷发一次,从不让旅客失望。由于老忠实泉夜以继日、春来秋往、年复一年地准时喷发,因此被称为老忠实泉。人们来到黄石公园,必到老忠实泉一睹为快。老忠实泉不喷则已,一喷则如万马奔腾,更兼在阳光辉映下,水蒸气闪出七彩颜色,蔚为壮观。

大棱镜温泉(又称大彩虹温泉)是美国最大、世界第三大温泉。它宽75～91米、深49米,每分钟大约会涌出2 000升、温度为71℃左右的地下

公园内正在喷发的喷泉

水。大棱镜温泉的美在于湖面的颜色随季节而改变。这是由于富含矿物质的水体中生活着藻类和含色素的细菌等微生物,它们体内的叶绿素和类胡萝卜素的比例会随着季节的变换而改变,水体也就呈现出不同的色彩。春季,湖面从绿色变为灿烂的橙红色。夏季,叶绿素含量

从高空俯视的大棱镜温泉

相对较低,显现橙色、红色或黄色。到了冬季,由于缺乏光照,这些微生物就会产生更多的叶绿素来抑制类胡萝卜素的颜色,于是就看到水体呈现深绿色。

6. 旅游活动

黄石国家公园以保持自然环境的本色而著称于世。自从1872年创办以来,已有6 000多万人来此观光,是外国游客必游之处。

黄石国家公园作为美国最热门的国家公园之一,在单一公园之中就有种类丰富的地理、自然、动物景观,是相当罕见的。游客不仅可以看到间歇泉、温泉、峡谷、森林、野生动物,还能看到广大的湖泊。由于公园的地形太过丰富,因此游客活动的种类无法一一列举,从在山林间露营,到钓鱼、泛舟、野生动物观察,许多游客在黄石国家公园都能获得纪念性的参观体验。在这里,面对大自然的威力和宁静,游客获得的感受也丰富多彩,各不相同:有赏心悦目的赞美,有敬畏或惊诧的感叹,有肃然起敬的沉思,有惊险恐惧的刺激,还有悲喜交加的经历。

7. 科考价值

首先,黄石公园对了解大型活动火山口的动态过程具有深远的意义。黄石公园有着令人震惊的地质灾害肆虐的历史,至今仍然是世界上地壳活动最活跃的地区之一。这个冰火磨砺的世界、犬牙交错的幻境,是一片广袤而洁净的原始自然区,是地球演化史中重要阶段的突出例证。

其次,在生物研究以及环境教育方面,黄石国家公园具有特殊的价值。它见证了人与自然的发展关系以及生物演化的过程,大量的生物种类在此得以繁衍。

最后,作为全世界第一个以国家公园的形式保护起来的自然地带,黄石国家公园的历史已经成为人类对大自然的认知与保护的一个标志。

二、马来西亚兰卡威岛地质公园（Langkawi Island Geopark）

1. 地理位置

阳光树影下的度假天堂

兰卡威岛地质公园是指马来西亚西北部与泰国南部相邻的安达曼海的一片海洋岛屿区。兰卡威岛地质公园包括兰卡威本岛及104个外围岛屿，主要有玛琴亢寒武纪地质公园、奇勒姆地质公园和孕妇岛三个组成部分。在这片岛屿区里，既有广阔无际的海景，又有花岗岩怪石林立的红树林河岸风光，还有生活在红树林中的众多自然野生动物。

2. 地质基础

兰卡威诸岛是自然形成的地质奇观，亦是人间仙境。从地理意义上说，这些岛的形成开始于地球形成的前期。兰卡威岛地质公园拥有东南亚最古老的岩石群，公园的岛屿上拥有世界最原始的雨林、灰岩和喀斯特地层。岛上的洞穴中发育着非常完美的钟乳石和石笋，碧绿的海水中生活着大量的海洋生物，清澈的波浪不断冲刷着美丽的海滩。

3. 发展历程

1987年以前，即使兰卡威拥有美丽的天然海岛所需的阳光、沙滩、海水，这天堂般的岛屿却一直发展不起来。之前的兰卡威只是一个人口仅有3 000人的小渔村，自古以来纯朴的岛民都以很原始的捕鱼业和种植业维持生活。直到1987年，马来西亚政府把兰卡威岛列为免税岛，大力发展观光业，并持续努力推广，才使兰卡威名扬海外。

1990年，由于该地观光条件渐渐成熟，马来西亚政府把它列为观光城市。2006年,马来西亚科学家发现兰卡威地质及地理环境特殊,向联合国教科文组织申请将兰卡威列为世界遗产。2007年,兰卡威岛及104个外围岛屿成为东南亚第一个、全世界第五十二个世界地质公园。

4. 特色生态

兰卡威拥有连绵不断的红树林,红树林错综相连的气根深扎于泥沼之中,齐心协力地吸取氧气供那些美丽的树叶生长。红树林有个奇特的功能,它的根、叶可以滤去使植物死亡的咸水,因而是唯一能生长于热带地区沿海滩涂和海水中的绿色灌木。

兰卡威岛的标志性建筑

红树林是一种对生态环境极挑剔的树种,令人震撼的是,它绵延相连,有适应环境的勇气,甚至它的种子也长成锥形的模样,一旦成熟坠落,便深扎于沼底,稳稳生长。

兰卡威不仅是野生动物保护区,而且还是热带植物的古老领地、动物之王国。兰卡威岛上的蝴蝶有400多种,其中30多种产于兰卡威本地。除蝴蝶外,最有意思的是一种叫"独角仙"的甲壳虫,这些甲壳虫看起来很可怕,其实不会伤人。这里还有不计其数、色彩缤纷、样子千奇百怪的蜻蜓。它们经常在公园里或静止的水面上飞来飞去。岛上约有200种留鸟和候鸟,大红鹰和白肚海鸥也许是这里最常见的体形较大的鸟。除此之外,这里还有很多种鸟,如鹤、海雕、犀鸟和马来西亚鱼鹗。

兰卡威岛上树木种类繁多,主要是阔叶林。在非木本的植物中,兰花值得一提。这些岛上生长的秀美的野生兰花种类之多匪夷所思,其中兰卡威石斛兰和宝石兰是兰卡威群岛的特有品种。

兰卡威群岛兰花种类丰富

5. 地质景观

兰卡威地质公园中最引人注目的景点和奇观是玛琴亢山。山顶上古老的海洋动物化石和普劳特普距今10亿年的花岗岩坠石，都说明冰川携带坠石层积时，兰卡威岛部分淹没在附近的水域中。除此之外，兰卡威地质公园的岩洞、海滩和山脉也十分迷人。

(1) 多彩多姿的岩洞

公园约有23处岩洞适宜游人参观，每个岩洞的石钟乳形状各异，当地关于这些岩洞的鬼神传说为它们增添了神秘的色彩。传奇洞位于海滨，洞外壁上有彩绘，据说是由澳大利亚原住民的祖先所绘。蝙蝠洞在主岛红树林沼泽深处，里面有几千只蝙蝠。女妖洞非常恐怖，传说有女妖在此出没。到女妖洞，先要攀上一面几乎直立的满是松散沙砾和岩石的崖壁。

(2) 海岸与黑沙海滩

众多的海岸类型体现着景观的多样性。沿着岩石海滩，会发现很多磨蚀平台，上面"刻画"着各种构造。长年累月的波浪和磨蚀作用将海滩上的卵石塑造成半圆形、圆形和球形。由于岩石的内部结构各不相同，在永不停息的海浪的剥蚀作用下，部分区域突起，从而形成了残岛。在海浪强劲的区域，侵蚀作用在这里造成了洞穴和拱形岩石景观。

黑沙海滩位于兰卡威的北端，丹绒鲁海滩边上，因布满黑沙而得名。随着海风、海浪和日光的变化，沙滩上会呈现出美丽的黑色波纹。黑沙海滩之所以呈现出与众不同的黑色，是因为沙子里含有黑色的矿物质。

据说远古时候的一次海底火山爆发,将海底的泥层都翻出地面,经过海水和风力长年累月的作用,黑色的熔岩就化成了绵绵不绝的黑沙滩。每年12月或1月在这里举办的国际风帆锦标赛是这一带的亮点。

(3) 拉雅山

拉雅山是兰卡威最高的山,开车直驱顶峰,最后到达山巅的感觉妙不可言:空气清新凉爽、沁人心脾,山顶景色美不胜收。山间幽兰处处,彩蝶翩飞,为景色增添了灵秀之气。如果天气晴朗,从山顶上远眺,可看到泰国南部部分地区。

黑沙海滩

6. 旅游活动

兰卡威是东南亚十分令人向往的风景胜地。虽然近几年来观光事业加快发展,兰卡威却一直维持原始朴实的风貌,岛民仍旧以原始的捕鱼、拾贝、农耕、采橡胶和水稻种植为主要生活方式。清澈碧绿的海水和绵长平缓的沙滩构成了天堂般的海滨度假地,葱郁繁茂的森林与神秘而壮观的岩洞是独具魅力的探险地。除了魅力四射的自然风光外,兰卡威更有着悠久的历史和传统文化。在兰卡威99个热带岛屿上,流传着各种稀奇古怪的妖魔、巨鹰、战士、童话公主的民间故事和神话传说。不论是喜欢研究地质、热爱探险、拥抱海洋,还是喜爱历史文化的人,在兰卡威绝对都能满足好奇心。

兰卡威碧海蓝天

7. 科考价值

兰卡威岛地质公园是东南亚具有重要地质历史的遗迹之一。它完美地展示了沉积岩的海岸景观,区内不同的景观为研究和旅游教育提供了良好的条件。公园内发育有多种岩石、构造和地形,这使得兰卡威岛地质公园具有很高的地学价值。

同时,这些历史悠久的岩石反映了5.5亿年前沉积过程中的环境变化。各种化石实验显示,兰卡威本岛的岩石年龄比马来西亚任何一个地方的岩石年龄更长久,在2.2亿至5亿年前就应该有古老生物的存在。

三、美国科罗拉多大峡谷国家公园(Grand Canyon National Park)

1. 地理位置

世界的奇迹——大峡谷

科罗拉多大峡谷位于美国西部亚利桑那州西北部的凯巴布高原上,具有举世闻名的自然奇观,有"活的地质史教科书"之美称。大峡谷全长446千米,平均宽度16千米,最大深度2 133米,平均谷深超过1 500米,总面积2 724平方千米。

大峡谷是科罗拉多河的杰作。这条河发源于科罗拉多州的落基山,洪流奔泻,经犹他州、亚利桑那州,由加利福尼亚州的加利福尼亚湾入海,全长2 320千米。"科罗拉多"在西班牙语中意为"红河",这是由于河中夹带大量泥沙,河水常显红色,故而得名。

2. 地质基础

科罗拉多大峡谷6亿年前曾经是一片平原,在相当长的一段时间里被海水浸没,成为海洋。距今2.3亿年以后,强烈的地壳运动使那里的地壳缓慢地、几乎保持水平状态地上升,北岸上升的速度高于南岸。

大自然的鬼斧神工之作

大约从1 000万年前开始,科罗拉多河强烈地向下切割,不舍昼夜地向前奔流,有时开山劈道,有时让路回流。由于科罗拉多河的长期冲刷,在上游已刻凿出黑峡谷、峡谷地、格伦峡谷、布鲁斯峡谷等19个峡谷,而最后流经亚利桑那州多岩的凯巴布高原时,更出现惊人之笔,造就了苍茫幽邃且壮美神奇的大峡谷,使它成为这条水系所有峡谷中的"峡谷之王"。

大峡谷至今没有定型,大约每70年就要加深1厘米。这个速度在以万年为单位的地质历史上是非常惊人的。

3. 发展历程

早在5 000年前,就有美洲印第安人在这里居住。1540年,一个名叫加西亚·洛佩兹·德·卡迪纳斯的西班牙人最先发现了大峡谷。19世纪70年代,美国陆军少校约翰·韦斯莱·鲍威尔率领第一支科学考察队前往大峡谷。鲍威尔将谷中的沉积岩层形容为"一本巨型小说

大峡谷的植被

中的书页"。鲍威尔将这次科罗拉多大峡谷考察探险的经历写成游记发表后,引起美国全国的注意。

大峡谷国家公园是1908年美国总统西奥多·罗斯福提倡与规划的,初时称为国家纪念公园,1911年才被划为国家保护区。1919年,美国国会通过法案,正式将大峡谷最深、景色最壮丽的一段,约有170千米长度的区域,确立为大峡谷国家公园,并建立了步道系统、生态与地质学的教育研究系统。人们开始纷纷到大峡谷去旅行猎奇,科罗拉多大峡谷逐渐成为美国的著名观光景点,并在1979年根据自然遗产评选标准被列入世界遗产名录。

科罗拉多大峡谷的辽阔壮观早已超越了人们的想象。地球亿万年沉积后的沧桑弥漫于延绵数百千米的断崖绝壁间,大地竟然可以裂变得如此壮丽。置身于科罗拉多大峡谷,会对大自然产生一种敬畏感。

4. 特色生态

大峡谷的边缘是一片森林,越往峡谷中走温度就越高,到峡谷底端则近似荒漠地带,因此大峡谷中包含了从森林到荒漠的一系列生态环境。整个大峡谷国家公园是许多动物的乐园,有70多种哺乳动物、50多种两栖和爬行动物、20多种鱼类和超过300种的鸟类生存。

大峡谷也是许多动物的家园

驯鹿是峡谷内最普遍的一种哺乳动物,从悬崖边缘可以观察到它们的身影。沙漠大盘羊生活在峡谷深处陡峭的绝壁上,在游人通常的游览路线中不易被发现。体形中等或较小的山猫和山狗生活范围广泛,从绝壁边缘到河边,居无定所。小型哺乳动物包括浣熊、海狸、花栗鼠、地鼠、松鼠、兔和老鼠。两栖和爬行动物有种类繁多的蜥蜴、蛇(包括当地特有的大峡谷粉红响尾蛇)、龟类、蛙类、蟾蜍和火蜥蜴。另外,还有成百种不同的鸟类、数不清的昆虫和节肢类动物（如蜘蛛）在此处定居。

5. 地质景观

（1）峡谷之壮美

到过大峡谷的人，都会由衷地赞叹大峡谷是地球上的一大奇迹。它的色彩与结构，特别是那一股气势，是任何雕刻家和画家都无法模拟的。

从科罗拉多河面看大峡谷

由于地层结构不同，科罗拉多河水有时造成大片坍陷，有时却只遗下一道罅隙；有时如奔马般的怒涛横冲直撞，有时又如锯齿般细细侵蚀。河水如平流迂缓，则留下平缓的痕迹；如急流翻卷，则产生突兀的纹饰。于是，这条漫长的峡谷就百态杂陈，各部分有的宽展，有的狭隘，有的如蜂窝，有的如蚁穴，有的尖耸如宝塔，有的堆积如砖石，有的如孤峰孑立，有的如洞穴天成。人们对这些大自然的杰作依形命名，冠以一些含有神话故事的名称，如阿波罗神殿、狄安娜神庙、婆罗门寺宇等。

（2）丰富多彩的岩石

大峡谷的岩石包括砂岩、页岩、石灰岩、板岩和火山岩。自谷底向上，从几十亿年前的古老花岗岩、片麻岩到近期各个地质时代的岩层，都清晰地以水平层次出露在外。这些岩石质地不一，硬度不同，色彩各异，在阳光的照耀下变幻着不同的颜色，魔幻般的色彩吸引了全世界无数旅游者的目光。黎明初升

大峡谷岩层

的太阳使岩壁闪耀着金银色的光彩,日落时晚霞把裸露的岩层映衬得像火焰一般。在月光下,两侧岩壁呈白色,衬着靛蓝色的阴影,十分醒目。所有这些构成了一幅雄奇壮观的自然画卷。

(3) 科罗拉多高原

科罗拉多高原是北美古陆伸入科迪勒拉区的稳定地块,在前寒武纪结晶岩的基底上覆盖了厚厚的各地质时

科罗拉多高原为典型的"桌状高地"

期的沉积,其水平层次清晰,岩层色调各异,并含有各地质时期代表性的生物化石。科罗拉多高原为典型的"桌状高地",也称"桌子山",即顶部平坦侧面陡峭的山。这种地形是由于侵蚀(下切和剥离)作用造成的。在侵蚀期间,高原中比较坚硬的岩层构成河谷之间地区的保护帽,而河谷里侵蚀作用比较活跃,这样就造成了平台型大山或堡垒状小山。

(4) 科罗拉多河

科罗拉多河铁蹄湾美景

新生的科罗拉多河在高原上奔流,每天都会带走几万吨沉积物。科罗拉多河携带的泥沙含量之大,按当地印第安人的话来说,即是河水"稠不能喝,稀不可耕"。河水挟带的石块和沙粒摩擦峡谷,把峡谷侵蚀得越来越深。如果站在大峡谷的边缘,几乎看不出科罗拉多河水的流动。

令人不可思议的是,科罗拉多貌似平静的河水竟是造成科罗拉多大峡谷这一地球表面巨大"创伤"的原因。数百万年来,科罗拉多河就像一把永不停息的链锯,每天切割着大峡谷底部的岩层,使大峡谷不断地变

深、变宽。直到现在科罗拉多河仍在侵蚀着大峡谷。

6. 旅游活动

科罗拉多大峡谷是世界上著名的峡谷观光与文化旅游区,历经百余年的苦心经营和开发。它是美国最受欢迎的国家公园之一,每年大约有500万人次造访大峡谷。

观景航班飞机

科罗拉多大峡谷国家公园对游客数量进行控制,严格保护自然景色、野生动物、地形地貌、历史遗迹,在科罗拉多大峡谷国家公园里没有水坝,也没有住宿设施。为避免过多的私人汽车开进公园,国家还提供游览车,由当地人兼职司机与导游。

峡谷地区开辟多条旅游线路。游人可步行或骑上驴子循小径深入谷底寻幽探险,或乘坐皮筏在科罗拉多河的急流险滩上亲历惊险的乐趣,或坐上观景航班飞机,从空中俯瞰大峡谷的雄姿。

大峡谷天空步道(官方译名"空中玻璃走廊",另有"天际行"等非官方译名)是美国科罗多拉大峡谷的一个人工观光景点,也是世界上第一个空中玻璃悬挂式的观景走廊。天空步道由来自中国上海的美籍华裔企业家金鹉构思,结合拉斯韦加斯的工程设计团队,于2004年兴建,2007年

天空步道

年初完工,耗资约4 000万美元。天空步道是世界上最高的空中走廊,呈U字形,建构于峡谷悬崖边缘,最远处距悬崖边缘约20米,其下为深约1 200米的壮丽峡谷及科罗拉多河。

7. 科考价值

大峡谷极具地质、考古和生态研究价值。

大峡谷是一本活的地质教科书。从谷底向上攀登,从老到新,各个地质时代的岩层整齐有序地排列着。不同的地层里还能找到生物化石,从单细胞植物到石化了的木头,从鱼类到爬行类动物。这些垂直岩层无声地记录了过去20亿年地层变化的历史和北美大陆早期地质形成发展的过程,这种情况在世界上是罕见的。

不仅如此,大峡谷还包含北美洲七种生态圈中的五种生态圈和四种沙漠环境中的三种环境。在生态意义上,在大峡谷旅游一天,相当于从墨西哥出发穿行美国抵达加拿大。此外,大峡谷还是很多珍稀动植物和濒危动植物的家。

四、阿根廷冰川国家公园(Los Glaciares National Park)

1. 地理位置

阿根廷冰川国家公园位于西南部毗邻智利的巴塔哥尼亚地区。这个地方被称为世界的尽头,因为这儿已无比接近南极。冰川国家公园地

湖泊、冰雪、山脉构成了冰川国家公园

处南纬52°高纬度地区,离南美洲最南端的火地岛已经不远;到首都布宜诺斯艾利斯则较为遥远,有约3小时的飞机航程;最近的城镇是30千米外的卡拉法特,所有旅行者必先到达卡拉法特,然后才能前往冰川国家公园。

冰川国家公园总面积为4 459平方千米,有30%的面积被冰雪覆盖,其他部分是崎岖高耸的山脉。整个公园可分为两部分,分别由两个细长的湖泊组成。其中一个是面积1 414平方千米的阿根廷湖,这个湖泊位于公园的南部,也是阿根廷最大的一个湖泊;另外一个湖泊在

不同类型的冰川景色(1)

公园北部,为面积1 100平方千米的别德马湖。两个湖泊均通过圣克鲁斯河流经圣克鲁斯港,最后注入大西洋。

2. 地质基础

200万年前,地球处于第四纪冰河期,陆地表面大部分为厚冰覆盖。现在人们看到的冰川正是那个远古时代的遗迹。世界其他地方,如中国的西藏高原、欧洲的阿尔卑斯山也有冰川,但是通常只有勇敢的登山者才能一瞻它们的风采,像冰川国家公园这种无需冒险便可到达的冰川并不多见。

在冰川国家公园可以看到不同类型的冰川,如谷地冰川、高山冰川、悬挂冰川、斜面冰川、圆形冰川、合成冰

不同类型的冰川景色(2)

川、多层冰川等。冰川运动在这一地区留下了大量典型印迹：移动冰块、成串的湖泊、融锥体、冰蘑菇和冰川融水湖，这表明了冰川消融的速度；冰井和巨大的冰盆则是水化现象的体现；侧冰碛、中心冰碛、底部冰碛和表层冰碛等形成各种堆积地貌；而卷积云岩石、条纹壁、深狭的山谷则是冰川摩擦的结果。

这里还可以看到其他一些特殊现象，如由于低温浮游生物的存在造成的红雪，还有层状冰团及褶皱冰团。

公园内的动物

3. 发展历程

1937年，这一地区首次被阿根廷政府列为保护区。1945年，冰川国家公园破土动工。1971年，冰川国家公园的范围得到正式限定，成为阿根廷第二大国家公园。1981年，因其独特的自然景观和冰川学、地貌学价值，联合国教科文组织将其列入世界遗产名录。

4. 特色生态

公园的植被主要由两个界限明显的植被群组成：亚南极的巴塔哥尼亚森林和草原。森林中主要的物种包括南方的山毛榉树、南极洲的假山毛榉、晚樱科植物、虎耳草科植物等。巴塔哥尼亚草原有一大片针茅草丛，其间散布着一些矮小的灌木丛。海拔1 000米以上的半荒漠地区还长有旱生植物垫子草。

这里还生活着不少稀有或濒临灭绝的动物，有水獭、矮鹿、羊驼、秃鹰等。喜欢群居的啮齿目动物南立大毛丝鼠是公园内特有的。公园内记载的鸟类达100多种，其中较为著名的品种有土卫五鸟、安第斯秃鹰、野鸭、黑领椋鸟等。其他重要的动物有骆马、阿根廷灰狐狸、澳大利亚臭鼬等。

5. 地质景观

（1）冰川群

巴塔哥尼亚冰原是地球上除南极大陆以外最大的一片冰雪覆盖的陆地。阿根廷冰川国家公园内共有47条发源于巴塔哥尼亚冰原的冰川，而公园所在的阿根廷湖接纳了来自周围几十条冰川的冰流和冰块。

著名的莫雷诺冰川

冰川群中最著名的是莫雷诺冰川。莫雷诺冰川正面宽约4千米、高约60米、长约34千米。它从宽阔的两山之间伸出，一直伸入湖中，直逼对岸的半岛，将阿根廷湖隔成两半，景象无比壮观。它的著名在于它是世界上少有的现在仍然"活着"的冰川，在这里每天都可以看到冰崩的奇观。

冰川一般都经历了较长的形成时间，年龄只有2万年的莫雷诺冰川属于"年轻"一族。世界上的冰川大多处于停滞状态，但莫雷诺冰川却"活着"，即它还在生成，而且每天都向前推进30厘米。由于冰川的冰舌推进至湖面的常温地带，其融化因地球变暖更为加速，因此不断发生崩塌。这种景观在世界其他地方不易看到。

马普萨拉冰川比莫雷诺冰川宽一倍，高达90米，是当地最大的冰川，前端伸展到阿根廷湖北端。这条冰川正处于缓慢的消退过程中，冰川上崩裂下来的冰块顺湖水漂出十几千米远。它们大的如城堡，小的像鲸，由于形成时受到的压力不同而反射出深蓝、宝蓝、天蓝、湛蓝等不同的色泽。游船穿行其间，就像进入了天然的冰雕艺术世界。

阿根廷湖周围群山环绕

(2) 阿根廷湖

公园里的阿根廷湖是一个冰川湖,面积1 414平方千米,海拔215米,湖最深处达324米。阿根廷湖接纳了来自周围众多冰河的冰流和冰块,以著名的冰块堆积景观闻名于世。湖中巨大的冰块互相撞击,缓缓向前移动,湖畔雪峰环绕,景色迷人,是阿根廷最引人入胜的旅游景点。

6. 旅游活动

阿根廷冰川国家公园里的冰川引人入胜,妙不可言。巨墙般的巨冰,在山谷中扩展延伸,四周雾霭升腾,煞是壮观,同时还可以听到巨大的冰块从几十米高处坠落发出雷鸣般的轰响,而那些低沉的隆隆声则是冰川开裂的声响。到此旅游是一次视觉和听觉的双重享受,每年到此旅游的人数可达几十万。

游客驻足领略冰川美景

公园管理处提供了两条不同的观赏路径。一条路径是通过巨大的吊车把游客载到300米的高处。此时,巨大的冰川仿佛近在眼前,一些冰山从身边飘浮而过。另一条路径朝向冰川前进的方向,从一条绝壁上过去,公园的服务机构在这一地区设置了几条人行道,以便游客领略到冰川不同部分的景观。人行道的好处在于,它使游人可以尽可能地靠近冰川的正面,还可观赏到冰川底部的风景。

7. 科考价值

阿根廷冰川国家公园的地貌和冰川景观世界少有。尽管冰川的移动速度很慢,但是从地质年代上来说,冰川是快速、有力的"地貌艺术家",仅仅用几千年时间就雕刻出山谷和峡湾。对于地质学家来说,冰川是地球最令人激动的地质特征之一,冰川群中刻录了历史变迁的痕迹。另外,冰川群对于开发利用冰川资源和研究全球变暖也具有极大的价值。

五、澳大利亚乌卢鲁-卡塔丘塔国家公园(Uluru-Kata Tjuta National Park)

1. 地理位置

澳大利亚的沙漠和近似沙漠的土地约占全国的三分之一。乌卢鲁-卡塔丘塔国家公园就是一个沙漠平原上的公园,遍地的沙粒诉说着干涸,座座由沙堆积成的矮丘犹如坟墓在证明着生命的难存。这里虽不见漫漫"黄沙",但人的目光

公园内遍地的沙粒诉说着干涸

触及的却是一片片如血的红色沙漠波涛起伏,它是风"呕心沥血"吟唱的"唇干舌燥"的杰作。

乌卢鲁-卡塔丘塔国家公园位于澳大利亚北部地区,距艾丽斯泉市之西约350千米。公园面积1 325平方千米,主要由艾尔斯巨石和卡塔丘塔岩山构成。"乌卢鲁"是原住民对艾尔斯岩石的尊称,意为避难及和平的地方,也有说是土地之母的意思,有着深远的文化和宗教意义。

2. 地质基础

乌卢鲁-卡塔丘塔国家公园干燥、荒凉有加,是名副其实"拒人于千里之外"的地方。乌卢鲁-卡塔丘塔国家公园的巨石和岩山形成于6亿年前。首先是海底堆积的沙砾变成了岩石,随后由于地壳的变动,岩石

开始逐渐升起。在漫长的时间里,岩石逐渐风化成为一座座岩石山,就像一座座沙海中的孤岛。岩石四周是一片沙丘,岩石大部分埋于沙下,仅平坦的顶部露于沙上。这种构造在地质学上称为"岛山"。

这些巨石和山岩的表面呈现出红色,这是岩石中所含的铁与空气接触发生氧化的结果,表明本地区经历了亿万年的高温干旱,地表的氧化作用很强。

3. 发展历程

澳大利亚原住民在此地住了几千年,将土地视为他们生活的一部分,他们的生活准则包括爱护这片土地。对他们来说,乌卢鲁地区是他们祖先足迹的交汇点。每一块岩石,每一个悬崖、漂石、岩洞都有神圣的意义。有些岩洞主要是穆蒂特尤鲁和勘特尤峡谷的岩洞,都被原住民用赭石、岩灰和木炭画上壁画。1985年,乌卢鲁地区被辟为乌卢鲁-卡塔丘塔国家公园,原住民拥有所有权和管理权。

由于人们认识到了乌卢鲁-卡塔丘塔国家公园地区原住民和自然环境生死攸关的共生关系以及公园自身的文化价值,根据世界文化遗产遴选标准和自然遗产遴选标准,乌卢鲁-卡塔丘塔国家公园分别在1987年和1994年被列入世界遗产名录。

4. 特色生态

澳大利亚大部分本土物种是独一无二的,只有历经严酷考验的物种才能生存下来。有些物种克服严酷的自然条件,有些物种战胜掠食者,大部分物种已经适应多变的自然环境。

乌卢鲁-卡塔丘塔国家公园虽处于荒漠地带,但动植物资源丰富,有爬行类动物70多种,哺乳类动物40多种,鸟类150多种,植物480多种。在广袤的红色原

澳大利亚棘蜥外表凶猛

野上生长着桉树、金合欢树及其他树木,袋鼠、食蚁兽、棘蜥、储水蛙等出没其间。

乌卢鲁-卡塔丘塔国家公园里繁衍着许多澳大利亚独特的动物,如袋鼠、鸸鹋等。袋鼠属于哺乳动物中的袋鼠科,其种类不下四五十种。大袋鼠是其中最大的一种,身长1.5米,有的可达2米,尾巴又长又粗,约1.3米。鸸鹋的样子像阿拉伯沙漠中的大鸵鸟,身高1米多,是世界上最大的陆地鸟之一。它的头部和颈部羽毛丰满,不能飞翔,却会游泳,陆上行走快步如飞,时速可达70千米。澳大利亚国徽图案的组成就是左边一只大袋鼠,右边一只鸸鹋。

乌卢鲁-卡塔丘塔国家公园内还生长着一种猴面包树,也叫澳大利亚瓶树。远远望去,这种形状奇特的树似乎不是从地里长出来的,而是插在一个大肚子的花瓶里。瓶子似的大树干直径可达几米,它把多余的雨水吸收贮存在树干里,待到干旱季节慢慢享用,延续生命,真是未雨绸缪。据说一棵猴面包树的瓶状肚子里装有约45L水,无疑是沙漠中的小水库。若在沙漠旅行中饮尽了自带的水,又找不到别的水源时,那只需用小刀在猴面包树的肚子上挖开一个小洞,水便汩汩流出,可解干涸疲乏之苦。

奇异的猴面包树

5. 地质景观

(1)乌卢鲁巨石

乌卢鲁巨石形成于6亿年前,是世界上最大、最高的磐岩独石。乌卢鲁巨石又名艾尔斯石。1873年,一位名叫高斯的测量员横跨这片荒漠时发现了它。高斯来自南澳州,故以当时南澳州总理艾尔斯的名字命名这座石山。千百年来，当地原住民一直尊它为圣石。艾尔斯石是乌卢鲁国家公园最独特的风景，据称它还有三分之二以上埋藏在沙漠里，仅其露在地面上的部分就可能有几亿吨重。

乌卢鲁巨石

巨石正好耸立在澳大利亚的几何中心上，四周为平原，一石凸起，大有顶天立地之感。巨石高出四周平地348米，长3 000多米、宽2 000多米，基部周长约10千米，东面高而宽，西面低而窄。从空中俯瞰，它犹如一艘航空母舰停泊在沙海之中，十分雄伟。远远望去，岩石有点像胡瓜，也像两端略圆的长面包，更像一头巨兽匍卧，守卫着乌卢鲁和澳大利亚中部的土地。巨石上没有天生的节理和层理，表面光滑，寸草不生，鸟兽不栖，独有蜥蜴出没其间。

乌卢鲁巨石最吸引人的是它的颜色会随着不同的天气和光线而改变。当天露微曦，原野初染光华，岩石表面如繁星散落，闪闪烁烁。一旦红日从地平线上升起，霞光万道，耀眼的炽红烧褪岩面的暗褐色，越烧越红，越红越亮，岩石好像被放进熔金的烘炉里，没有半点瑕疵。衬着空中的光彩，岩麓周围也仿佛放射着金光。傍晚，太阳降落，它先是紫红色，逐渐变深暗，几乎像紫罗兰般的深紫。当天空垂下幕帘，只隐约可见那波浪般起伏的岩石线条。天降阵雨时，乌卢鲁巨石又会变成银灰色或黑色。雨水沿石壁流下，形成千万条小瀑布，仿佛千万匹白绢飘然而下。之后水势越来越大，渐渐汇合成几个大瀑布，好像巨龙从天而降，其声如巨雷，其势如奔流。

(2) 多头"巨人"——卡塔丘塔

从空中俯瞰,乌卢鲁巨石这庞然大物不过是茫茫红色沙漠中的一颗红色小石而已。乌卢鲁巨石西部约20千米处陪伴着的高低起伏的卵圆形岩石,那就是奥尔加山。当地原住民管它叫"kata tjuta"(卡塔丘塔),就是"许多头颅"的意思。据传,过去这里是原住民举行祭祀和舞蹈聚会的原始自然图腾之地。从空中望去,卡塔丘塔好像是一堆大大小小的馒头,又像是形式各样的头颅,是澳大利亚内陆沙漠上的另一奇景。

卡塔丘塔

卡塔丘塔由36块圆形大岩石组成,有的连在一起,有的独立,最高峰约540米,比乌卢鲁巨石高190多米。奥尔加山由沉积岩构成,由于组成岩石的物质比较软,又因长期遭受风雨的侵蚀,岩石表面被磨蚀,最终形成了现在的圆屋脊形状。在岩石堆中攀岭越谷,眺望远处,可看到一派粗犷的大漠风光。山石岩面裂缝中多清水,各种野生植物和动物能生存于上,看上去比乌卢鲁巨石更具活力。

6. 旅游活动

乌卢鲁-卡塔丘塔国家公园是一片神奇的旷野,蓝得沁人心扉的天空和红得热情似火的岩石与土地让人有一种走近大自然的冲动。天尽头,地之源,乌卢鲁-卡塔丘塔国家公园为我们讲述着自然的奇迹和澳大利亚原住民对家园最真实的膜拜,或许这也正是它的魅力所在。乌卢鲁巨石和卡塔丘塔这两处景点都以其非常奇特的景观深深地吸引着全世界的游人前来参观,每年有50多万人到此观光,一睹奇景。

到乌卢鲁巨石观光的游客都会看到一句古老的欢迎词:"原住民之乡欢迎您!"原住民会当向导,向游客讲解他们的文化,介绍一些食品。

7. 科考价值

乌卢鲁-卡塔丘塔国家公园以其壮观的地质学构造闻名于世。巨大的乌卢鲁巨石是平原地区最为壮观的地理特征,同时也是澳大利亚的象征,代表了这个国家的悠久历史。奥尔加山的峡谷深沟是由雨水几百万年来的冲刷刻蚀造成的。乌卢鲁-卡塔丘塔国家公园奇特的岩石组合在地质学家的眼里代表了特殊构造和侵蚀过程,带有浓厚的自然地理特征的韵味。

另外,那些在岩石底部洞穴内的雕刻、壁画和岩石上众多的古老岩画记载了原住先民的远古生活,为现代人提供了通往几千年前的时光隧道。

六、中国云南石林世界地质公园(Yunnan Shilin Karst Geopark)

1. 地理位置

天造奇观的云南石林

天造奇观的石林,位于云南省昆明市石林彝族自治县,距云南省省会昆明市市中心78千米。

石林海拔在1 500~1 900米之间,年平均温度约16℃,是世界上唯一位于亚热带高原地区的喀斯特地貌风景区,素有"天下第一奇观""石林博物馆"的美誉,是首批中国国家重点风景名胜区、中国国家地质公园、世界地质公园。

2. 地质基础

石林地质公园是一个以石林地貌景观为主的岩溶地质公园。在距今约3.6亿年前的古生代泥盆纪时期,石林属滇黔古海的一部分。这里沉积了上千米的石灰岩、白云岩,为形成本地区石林地貌奠定了基础。大约在2.8亿年前的石炭纪,大海中的石灰岩经过海水流动时的不断冲刷,留下了无数的溶沟和溶柱,石林才开始形成。

后来,随着地壳的上升和长时间的沉积,这一地区才逐渐沧海变陆地。海水退去后,又经历了亿万年的烈日灼烤和雨水冲蚀、风化、地震,最后形成了组合类型多样的石林地貌景观。

最早一期石林形成于2.5亿年前的早二叠世晚期,而最新一期还正在形成,其间经历了玄武岩和湖泊碎屑沉积的覆盖以及多次抬升剥蚀。在独特的地质、气候、水文条件下,多期石林相继发展,相互叠置,层次分明。

3. 发展历程

1931年石林受到政府的注意,初建为石林风景名胜区。20世纪50至80年代,国内外学者对石林的地质地貌、水文、植被、动物、民族和社会经济等有了系统认识,云南石林先后成为云南省级自然保护区和国家重点风景名胜区,石林旅游开发研究产生了显著效益。

此后,云南石林风景区在2001年被国土资源部列为中国首批国家地质公园,又在2004年被联合国教科文组织列为首批世界地质公园。2007年,在第31届世界遗产大会上,中国云南石林、贵州荔波、重庆武隆喀斯特共同组成的"中国南方喀斯特"被联合国世界遗产委员会正式列入世界自然遗产名录。

4. 特色生态

石林地区是典型的亚热带高原干湿季风气候,具有"冬无严寒,夏无酷暑,四季如春,干湿分明"的特点。这里有典型的喀斯特半湿润常绿阔叶林和珍稀濒危物种。据不完全统计,区内有国家级保护植物近10种,省级保护植物20余种,云南省特有的珍稀植物近百种,国家二级保护兽类7种、鸟类8种以及其他特有的洞穴鱼类。

5. 地质景观

石林地质公园景观丰富,其中石林喀斯特景观最引人瞩目,以类型多样、造型奇特、观赏性强、发育历史久远、演化复杂为特征。进入石林

奇异的石林地质景观

小石林一角

大石林剑状石林

地质公园,仿佛步入时间的隧道,大自然的鬼斧神工令人叹为观止。又犹如悠游于海底迷宫,峭壁万仞、石峰嶙峋,像千军万马,又似古堡幽城,如飞禽走兽,又像人间万物,惟妙惟肖,栩栩如生,构成一幅神韵流动、蔚为壮观的天然画卷。云南石林世界地质公园可分为八大片区,开发为游览区的是:石林风景区、黑松岩风景区、大叠水瀑布风景区和长湖风景区。

(1) 石林风景区

石林风景区面积约12平方千米,包括步哨山、大石林、小石林、万年林芝和李子园箐五片区,是石林地质公园内单体最大,也是最集中、最美的一处。大石林由密集的石峰组成,造型直立突兀,线条流畅,并呈淡淡的青灰色。进入大石林,四面怪石嶙峋,石径曲折,如入迷宫,峰回路转,步移景异。行走在峰林间,不几步便被石峰挡道,曲折迂回之后,又是另一番天地。石林风景区有"莲花峰""剑锋",还有"剑峰池""望峰亭"等胜景,最著名的当数龙云题词"石林"之处的石林胜境。

与密集的大石林相比,小

石林便显得格外疏朗、清雅、秀美。宽厚敦实的石壁像屏风一样,将小石林分割成若干区域。小石林中最有名气的当数风姿绰约的阿诗玛石峰,它挺立于碧潭石畔,令人浮想联翩。

（2）黑松岩风景区

黑松岩风景区因俯视时如一片苍翠的松林而得名,又因"黑"在当地彝语中音为"乃古",所以又名乃古石林。黑松岩景区独具荒凉、粗犷、古拙之美,更给人以回归自然的心旷神怡之感。

黑松岩的石林大多呈城堡状、塔状、蘑菇状,除了与石林景区相似的刀脊状和剑状石柱外,还有很多尖顶状石柱。在上端它们彼此分离,根基部却连在一起,组成石墙、石城和石阵,更显得莽莽石林气势磅礴。在颜色上,黑松岩的石林石峰呈黑色,与石林景区青灰色的石头相比,给人的感觉截然不同。

（3）大叠水瀑布风景区

大叠水瀑布落差90余米、宽30余米,是珠江水系落差最大、气势最为壮观的瀑布,被誉为"珠江第一瀑布"。巨大的瀑布如飞龙般从百米断崖上飞泻而下,声如雷鸣,在山谷中回荡,故又名飞龙瀑。

洪水季节,飞流直下,气势磅礴,声震山野,数里之外可闻

大叠水瀑布

其声。飘浮在瀑布前方的水雾在阳光照耀下,形成七色彩虹。干旱季节,飞瀑则分两股下泻,犹如银链垂空,纤秀柔美。在雨后,可能会看到大叠水瀑布上方的天空挂着彩虹,瀑布下方的山谷也挂着彩虹的双彩虹自然奇观。

泛舟长湖身心舒畅

（4）长湖风景区

长湖又名"藏湖"，湖长3 000米、宽300米，是石林地质公园众多高原断陷湖中较大的一个。长湖顾长秀雅，形如身材秀美的彝家少女，因湖形修长而得名。长湖湖水洁净透明，终年碧波荡漾，如明珠般镶嵌在绿荫环抱的群山之中。长湖周围植被丰富，山石奇岩错落有致，山明水秀，幽静的自然环境让人身心舒畅。

6. 旅游活动

分布在世界各地的石林，或是因为没有路可以进去而只能通过飞机拍摄后观赏，或是隐匿在茫茫林海中无法到达，而中国云南石林的通达性是世界上最好的，游人可以走进它、观赏它。石林地貌造型优美，似人似物，在美学上达到极高的境界，具有很高的旅游价值。石林地质公园与北京故宫、西安兵马俑、桂林山水齐名，是中国四大旅游胜地之一。

石林的魅力不仅仅在于其涵盖了地球上众多的喀斯特地貌类型，还在于它独具特色的石林撒尼风情。彝族撒尼人已在石林地区居住了两千多年，他们的生活已与石林喀斯特密不可分。脍炙人口的《阿诗玛》史诗、热烈的火把节、欢快的"阿细跳月"、深情的《远方的客人请您留下来》早已广为人知。多姿多彩的民族文化、浓厚的民族风情与环境宜人的石林地貌相配合，形成了天人合一的和谐美景，更增添了石林景观的吸引力。如今，石林旅游业已成为当地的支柱产业。

7. 科考价值

在世界各地发现的为数有限的石林中，云南石林不但以其面积广袤、类型多样、形态奇特、成因复杂、发育历史久远而具有典型性、代表性和唯一性，而且具有较高的科研科普价值，是世界上唯一能以石林发育遗迹和石林景观系列展现地球演化历史的喀斯特地貌区。

其主要价值体现在以下几方面：

一是具有最为多样的石林喀斯特形态。世界各地最为典型的石林喀斯特形态在这里都可以找到，具有极高的科学和美学价值。

二是作为目前唯一位于亚热带高原地区的石林，是研究区域地质演化和喀斯特作用的理想之地。

三是有大量的古脊椎动物化石，被列为中国古脊椎动物化石保护区，还是云南80万年前旧石器和新石器遗迹遗址最丰富的地点之一。

水域风光

概　述

水是万物生存之源。纵观人类社会发展的历史,可以说是一部人类努力征服水、利用水、亲近水、欣赏水的历史。水体形态多样、千姿百态。不同的水体往往会给人以不同的美感体验,比如浩瀚无垠的海洋、滔滔奔腾的江河、涓涓流淌的涧溪、飞流直下的瀑布、汩汩喷涌的清泉、波光粼粼的湖荡、洁白晶莹的冰雪……有的平静,有的澎湃,有的轻柔,有的怒吼,令人震撼。水景既是重要的景观元素,也是宅居园林、名山大川、高地平原甚至戈壁滩涂中不可或缺的生命元素,有水的地方才会有生机,才能有灵气。人们喜欢在有水的地方游玩嬉戏,不管是城市滨水区,还是景区水系,都是游客流连忘返的地方。

美丽而灵动的水

1. 水域风光的美学价值

作为自然界中最重要的景观要素之一,水体的形态、色彩、倒影、声音、味道均具有重要的造景功能,五者之间相互交融,又和其他人文景观互相渗透,有机结合,这样才能造就高质量的美景。水无一定的形态,它随遇而安,随着地形而变,有高山,就形成气势雄壮的瀑布,有洼地,就形成静谧优美的湖泊,"山得水而活,水得山而幽",这一切都向我们展示了水的形态美。水本无色,但当射入水中的光波受到水分子的选择性吸收与折射,则可呈现出不同的色彩。一般来说,清澈的水常呈现出绿色、蓝色和蓝绿色。蓝天、白云、红霞、明月、山石、花木,各类建筑乃至人类自身都会在水里映出倒影。实景和虚景在水边相映成趣,清风徐来,水波闪烁,倒影扑朔迷离,美不胜收。水体在流动过程中还会发出各种各样的声音,如湖波轻轻的拍岸声,海浪猛烈的咆哮声,瀑布隆隆的轰鸣声,泉水低低的叮咚声。水本无味,但许多经过砂岩过滤而流出来的泉水又是上好的饮料,或泡茶的好水,有些矿泉中的某些矿物质含量比较大,水便呈现出甘、咸、苦、涩等味道。水体的各种形态、声音、色彩、倒影、味道融为一体,给游客以绝佳的美感体验。再加上历代文人墨客对水景的赞美诗篇,思接千载、情景交融,美妙体验无与伦比。

喷涌而出的泉水

除了观赏之外,水体还具有康体疗养功能,可用于开展休闲健体旅游。有些水体,温泉、海水、湖泊,尤其是矿泉、药泉等还有防病、治病的功效,对于人体的保健和医疗有着重要的作用。这些水体中含有多种微量元素与其他化学成分,有一定的矿化度,通过对人体的药理和化学作用,而具有治病健身的功效。例如,北京闻名遐迩的小汤山温泉、冰岛的蓝湖温泉等。

水体为水上游乐活动的开展提供了空间场所,具有重要的娱乐功能、体育功能。借助于水体资源,人们可以开展丰富多彩的娱乐活动,包括游泳、垂钓、划船、潜水、荡船、冲浪、漂流、滑水、海水浴,甚至溜冰、滑雪等。例如,我国大连的老虎滩和金石滩海滨游览区、河北的北戴河、山东的青岛、广东的汕头、海南的三亚等旅游胜地,都是借助于一定的水体资源、良好的气候条件、优美迷人的自然风景,开展海水浴、驾船扬帆、潜水、观景等体验性的旅游活动,吸引了广大中外游客。

多姿多彩的水上活动

2. 水域风光的景观类型

水域风光旅游景观资源类型多样,按水体的基本形态、使用价值和潜在功能,可以划分为河段、湖泊、瀑布、泉水、海洋、冰雪等类型。

(1) 河段景观旅游资源

众多的河流不仅可用于灌溉和航运,而且有些河流自身就是景观,或与其他景观相结合构成了重要的河段景观旅游资源。例如,我国长江的大小三峡和桂林的漓江山水、欧洲的多瑙河、美国的密西西比河、巴西的亚马孙河、埃及的尼罗河、俄罗斯的伏尔加河等,都是以其形、声、色、质以及河岸景色,吸引着众多的旅游者前去游览观光。

(2) 湖泊景观旅游资源

人们常用"湖光山色"来形容自然风光的优美静谧、妩媚诱人。湖泊不仅通过自身的形、影、声、色、奇等构景因素给游客以美感,产生强烈的吸引力,而且许多湖泊与山、林、花、草以及建筑物等人文景观相结合,形成优美的风景名胜区,供人们观赏游览。秀丽幽静的湖面风光使人们悠然自得、心绪平和,有利于修身养性;烟波浩渺、水天相连的美景,使人心旷神怡;不同的湖影、声、色,无疑也是一种美的享受;同时湖泊还可以用以开展垂钓、驶船、游泳、品尝水鲜等多种活动。

（3）瀑布景观旅游资源

瀑布是流水从悬崖或陡坡上倾泻而下形成的水体景观，或从河床跌水处飞泻而下的水流。瀑布景观是水域风光类旅游资源的重要组成部分，具有独特的美学价值。瀑布自然景观基于其所具有的形、声、色、动等观景特色。一挂瀑布，形若垂帘幕布，或飞泻而下，或遇石后呈散状、片状而落，或受阻后分流为人字瀑、多节瀑。瀑布千变万化，各有特色，给人以雄、险、奇、壮的美感。声音在瀑布景观中也别具一格，瀑布发出的轰鸣之声，似雷鸣声又似万马奔腾，使人惊心动魄。瀑布的颜色一般呈白色，常被人们形容为"白练""白绢""白纱""玉带"等。此外，在阳光的照射下还会形成瀑下霓虹，颜色绚丽，美不胜收。

优美的湖光山色

（4）泉水景观旅游资源

泉是地下水的天然露头，是地下水涌出地表的自然景观。它不仅可以造景、育景，美化大地，而且在泉水出露的地方，由于泉水滋润土地，树木花草茂密，空气新鲜，环境幽雅，自然风光秀丽，往往成为人们观赏游憩之地，特别是泉水清凉和降温去暑的功能更吸引了众多游人。许多泉水具有重要的旅游价值，成为一种独特的水域风光类旅游资源。

（5）海洋景观旅游资源

辽阔的海面，水天一色，浩瀚无际，使人心胸开阔。海面时而狂涛滚滚、巨浪如山；时而风平浪静、微波荡漾。海面的这种变化使人感受到自然界的无穷力量和魅力。海洋不仅以其优美的风光吸引游客，而且

浩瀚无垠的海洋

在海面上也可以开展海钓、游泳、驶帆、驾摩托艇、冲浪和滑水等活动。

（6）冰雪景观旅游资源

冰雪作为水体的固态形式,也可以成为吸引游客的一种旅游资源。雪是中纬度地区的冬季和高纬度地区常出现的一种降水现象,可以形成壮观的雪景,如高山、森林等能与之结合,则形成的景观更加诱人。

冰雪除了观赏以外,还可以用来开展刺激有趣的体育运动和娱乐等冰雪旅游活动,如滑雪、滑冰、乘冰帆、冰钓、冬捕、观冰灯、赏冰雕等。目前,阿尔卑斯山区是世界上冰雪运动开展最活跃的地区,我国东北的黑龙江、吉林都有着发展冰雪运动的良好条件,哈尔滨的冰灯和冰雕活动等已成为独特的冰雪景观旅游资源。

一、俄罗斯贝加尔湖（Lake Baikal）

1. 地理位置

俯览贝加尔湖

贝加尔湖是世界上容量最大、最深的淡水湖。"贝加尔湖"是英文"Baikal"一词的音译,俄语称之为"baukaji",源出蒙古语,是由"saii"（富饶的）加"kyji"（湖泊）转化而来,意为"富饶的湖泊",因湖中盛产多种鱼类而得名。

贝加尔湖是欧亚大陆上最大的淡水湖,也是世界上最深和蓄水量最大的湖泊。它位于俄罗斯东西伯利亚南部。贝加尔湖狭长弯曲,长636千米,相当于莫斯科到圣彼得堡之间的距离,面积达31 500平方千米。在贝加尔湖周围,有大大小小的河流336条,这些河流的水不断地流入贝加尔湖,而流出的河水只有一条,叫安加拉河,因此安加拉河的河水十分湍急。

2. 历史变迁

贝加尔湖大约形成于2 500万年前,是由印度板块和欧亚板块碰撞形成的,所以也是世界上最古老的湖泊之一。

贝加尔湖的产生据说是因为亚洲地壳沿着一条断层慢慢拉开,出现了一条地沟。起初,这条地沟深8 000米,但随着岁月的流逝,逐渐被淤泥填塞,从淤泥中的微生物化石可以推测其形成年代。绝大多数湖泊,特别是冰河时期的湖泊,都形成于15 000年前到10 000年前。这些湖泊渐渐被沉积物填满,变成季节性沼泽,最后彻底干涸。最近的研究表明,贝加尔湖不是一个即将消失的湖泊,而是一个处于初始期的海洋。与非洲东部的红海一样,贝加尔湖的湖岸以每年2厘米的速度向两边拉开。

3. 地质构造

贝加尔湖位于一条很深的构造山谷地带,四周高山围绕,有的高出湖面2 000米。湖底沉积层厚达6 100米。从地质构造上看,贝加尔湖是一个断谷的凹部,一个深入到地下15千米至20千米深处的大裂口。贝加尔湖和它的汇水区是世界上一个独特的地质体系。贝加尔湖位于西伯利亚东部中心地区,接近亚洲的地理中心。贝加尔湖的山谷洼地是西伯利亚地区重要的自然屏障。这一自然屏障将不同的动植物区分开,在这里生长着许多独特的生物群落。

贝加尔湖湖底有温泉喷出,还经常发生微小的地震。冬季,湖水冻结至1米以上的深度,历时4~5个月。但是,湖内深处的温度一直保持不变,约3.5℃。

贝加尔湖的地壳运动尚在继续,偶尔发生强烈地震;每年贝加尔湖大约会发生

贝加尔湖畔美景

2 000次地震,其中大多数地震都比较小,只有通过地震仪才能探测到。每隔10~12年会发生一次五级到六级的大地震,每隔20~30年会发生一次七级到九级的灾难性大地震,有时震级可能会更高。1862年和1959年,中部湖盆曾发生过两次大地震。1959年,9.5级的大地震使湖底下降了15~20米。1962年,10级的大地震使色楞格北部河口区200平方千米的河床下沉了。地壳断裂处不断有新的热矿泉产生,湖底有洞穴和裂缝,地底热气从这些洞穴和裂缝中不断泄出,以致附近的水温增高到10℃。

4. 水文生态

贝加尔湖的另一个秘密就是贝加尔湖的水是淡水,但湖中却生活着像海豹、海螺、海鱼、龙虾之类的海洋动物。这里生物品种繁多,湖中有植物1 000多种、水生动物2 000多种,其中不少为贝加尔湖所特有,从而形成了其独一无二的生物种群。贝加尔湖中约有50种鱼类,分属7科,最多的是杜文鱼科的25种杜文鱼。大马哈鱼、苗鱼、鲱型白鲑和鲟鱼也很多。最值得一提的是胎生贝湖鱼,属胎生贝湖鱼科,由母鱼直接产下仔鱼,是贝加尔湖特产湖鱼。

贝加尔湖淡水海豹

贝加尔湖里生活着世界上唯一一种淡水海豹。冬季,海豹在冰中咬开洞口来呼吸,由于海豹一般是生活在海水中的,人们曾认为贝加尔湖有一条地下隧道与大西洋相连。实际上,海豹可能是在最后一次冰期中逆河而上来到贝加尔湖的。

5. 景观特色

世界遗产委员会是这样评价贝加尔湖的:以"俄国的加拉帕戈斯"而闻名于世,其悠久的年代和人迹罕至,使它成为拥有世界上种类最多和最稀有的淡水动物群的地区之一，而这一动物群对于进化科学具有不可估量的价值。贝加尔湖同时以它品种多样的本地动物和植物，成为世界上最具生物学变化的湖泊之一。

贝加尔湖东岸美景

贝加尔湖确实有很多美丽的地方，但又令人难以说出哪儿最美。在东岸，奇维尔奎湾像王冠上珍贵的钻石一样绚丽夺目。从湖的一侧驶向奇维尔奎湾，可以看到许多覆盖着稀少树木的小岛，它们像卫兵似的保卫着湖湾的安全。湾里的水并不深，夏天还可以游泳。在西岸，佩先纳亚港湾像马掌一样钉在深灰色的岩群之间，港湾两侧矗立着大大小小的悬崖峭壁。这里是非常适合疗养、度假的地方。在这里，可以看到被称为贝加尔湖自然奇观之一的高跷树。树的根从地表拱生着，成年人可以自由地从根下穿来穿去。它们生长在沙土山坡上，大风刮走了树根下的土壤，而树根为了使树生存下来，却越来越深地扎入贫瘠的土壤中，这是树的顽强和聪明。湖岸群山环抱，溪涧错落，原始森林带苍翠茂密，湖山相映，水树相亲，风景格外奇丽，被俄国文学家

贝加尔湖游船

契诃夫誉为"瑞士、顿河和芬兰的神妙结合"。

6. 旅游活动

贝加尔湖的温水海湾和具有异域风情的奥利洪岛吸引大量游客到这里来旅游。再加上这里相对适宜的气候、美丽的风景、大量的自然和考古古迹、不同种类的生物群、清新的空气、原生态的环境以及独特的休闲资源，使得贝加尔湖拥有很高的旅游休闲潜力。

在贝加尔湖湖边森林处观赏湖光景色，会看到森林的树枝上飘动着许多丝带和布条，这些都是游客系上的，表达日后能来此重游的愿望。的确，这个蓝色的深湖是极富吸引力的旅游胜地。来自四面八方的游客把贝加尔湖看作"圣海"。

贝加尔湖畔约有 40 座小城镇，以前这里的居民可以取清澈纯净的湖水饮用，而在今天，湖水已受到工业污染，虽然如此，湖水看上去却依然很清澈。在冰雪融化的 5 月份，可以看清 40 米深水下的物体，而其他能看透 20 米深的湖泊都是少见的。

冬天的贝加尔湖

贝加尔湖四周陆地冰封得比湖水早得多。从 10 月份开始，群山的峭壁就已经银装素裹，落叶松、云杉、西伯利亚杉等树林也盖满了冰雪，远远望去只见一片微微闪光的银色世界。1 月份未到，大部分湖面即已结冰，有的地方冰层厚达 1.5 米。当地人驾驶汽车和卡车在冰上打洞捕鱼。在风平浪静时冻成的冰层，就像玻璃一样透明，可以看到鱼在冰下游弋，但是大多数是起伏的大块浮冰。冰块常常迸裂，发出炮声似的响声。到 8 月份，湖水转暖，冰层融化，人们可以舒服地入湖畅游。湖上天气变幻莫测，一年四季潜伏着危险。夏天的浓雾可能迫使船只突然停航。即使在风平浪静的日子,也可能随时刮起狂风,恶浪翻滚。当地传说,贝加尔湖是怒神的王国。

奥利洪岛是公元6世纪至10世纪古文化的最大文化中心之一。这里的民族传统、习俗以及独特的民族特征都被完整地保存了下来。

贝加尔湖呈长椭圆形,镶嵌在西伯利亚南缘,景色奇丽,令人流连忘返。俄国文学家契诃夫曾描写道:"湖水清澈透明,透过水面就像透过空气一样,一切都历历在目,温柔碧绿的水色令人赏心悦目。"

二、尼亚加拉大瀑布(Niagara Falls)

1. 地理位置

尼亚加拉瀑布位于加拿大安大略省和美国纽约州的交界处,是北美东北部尼亚加拉河上的大瀑布,也是美洲大陆最著名的奇景之一,与伊瓜苏瀑布、维多利亚瀑布并称为世界三大跨国瀑布。它以宏伟的气势,丰沛而浩瀚的水汽,震撼了所有的游人。

2. 历史变迁

据地理历史考证,尼亚加拉瀑布已存在约1万年。它形成于威斯康星冰期末期。几千年来,只有当地的印第安人知道尼亚加拉瀑布这一自然奇观。直到1678年,一位名叫路易斯·亨尼平的法国传教士来到这里传教,发现了这一大瀑布,禁不住为它"不可思议的美"赞叹

尼亚加拉大瀑布景色(1)

不已,并细心地记下了自己的见闻,对这绝妙的人间仙境做了传神的描述,把这一胜景介绍给了欧洲人。

让尼亚加拉瀑布真正声名鹊起的是法国皇帝拿破仑的兄弟吉罗姆·波拿巴。当时吉罗姆带着他的新娘不远万里,从新奥尔良搭乘马车

来到尼亚加拉瀑布度蜜月,回到欧洲后在皇族中大肆宣扬这里的美景,于是,欧洲兴起了到尼亚加拉度蜜月的风气。时至今日,到这里度蜜月仍是一种时尚。

尼亚加拉大瀑布景色(2)

历史上,为了争夺这块宝地,美国、加拿大(当时为英国殖民地)两国曾于1812年至1814年间进行过激烈的战争,战争结束后,两国签订了"根特协定",规定尼亚加拉河为两国共有,主航道的中心线为两国边界。到19世纪20年代,尼亚加拉瀑布就已成为旅游胜地。1888年5月24日,尼亚加拉瀑布公园正式对外开放。

3. 地质构造

尼亚加拉瀑布其实不是一个瀑布。有人说它由两个瀑布组成,加拿大瀑布和美国瀑布——加拿大人多半这么说;如按美国人的说法,则是三个瀑布:马蹄瀑布(就是加拿大瀑布,它状如马蹄)、美国瀑布和新娘面纱瀑布。新娘面纱瀑布在宽阔的美国瀑布旁边,尽管只细细一缕,却自成一支,所以美国人"宣告"了它的"独立"。尼亚加拉的三条瀑布流面宽达1160米(如果加上两个岛屿,宽可达1240米),虽然分成三股,却是同一水源、同一归宿——尼亚加拉河。

尼亚加拉河——横跨美国纽约州与加拿大安大略省的边界,是连接伊利湖和安大略湖的一条水道。河流蜿蜒曲折,南起美国纽约州的布法罗,北至加拿大安大略省的杨格镇,全长仅54千米,海拔却从174米直降至75米,上游河段河面宽2~3千米,水面落差仅15米,水流也较缓。从距伊利湖北岸32千米起河道变窄,水流加速,在一个90°急转弯处,河道上横亘了一道石灰岩构成的断崖,水量丰富的尼亚加拉河经此,骤然陡落,水势澎湃,声震如雷,形成了尼亚加拉瀑布。

4. 景观特色

马蹄瀑布由于水量大,溅起的浪花和水珠有时高达100多米,人稍微站得近些,便会被浪花溅得全身是水,若有大风吹过,水花可及很远,如同下雨。冬天,瀑布表面会结一层薄薄的冰,那时,瀑布便会寂静下来。当阳光灿烂时,产生折射效果,便会营造出一条,甚至好几条七色的彩虹。见过大瀑布彩虹的人久久不会忘记它的魅力,因为在那一刻,人们体味到了大自然的壮阔恢宏、瑰丽多姿。

美国瀑布更让人着迷的是急流冲下岩石时的情景。瀑布下的岩石层层叠积,犬牙交错,高高的急流冲下来,冲进岩石的缝隙,又纷纷从各条缝隙中蹿涌出来,复跌到下层的岩石里去,再从更下层的岩石间喷发而出,纵身一跃,融进滚滚东去的涌流。

紧挨美国瀑布的新娘面纱瀑布则极为细致,由于湖底是凹凸不平的岩石,水量又不大,因此水流呈漩涡状落下,跌到无数块硕大的岩石上,"卷起千堆雪",与垂直而下的大瀑布大异其趣。它有流水潺潺、银花飞溅的迷人景色。与旁边蔚为壮观的瀑布相比,它显然别具一格,

走近大瀑布

另有一番风韵,似一片月光,柔和地洒在绝壁之上,令游客陶醉。因此,尼亚加拉瀑布也成了一个情侣幽会和新婚夫妇度蜜月的胜地。

5. 旅游活动

来到尼亚加拉瀑布,人们可以从多种角度欣赏其风采。那里有著名的"前景观望台",巍峨耸立,高达86米。人们只要用力攀登,便可将尼亚加拉大瀑布一览无余。如果想仰视大瀑布倾泻的景色,可以沿着山边崎岖小路,前往"风岩",那就站在了大瀑布的脚下。翘首仰望,便会看见

冰天雪地中的大瀑布

大瀑布以铺天盖地的磅礴气势飞流直下,不禁使人心里涌起一股激情,与大自然产生共鸣。另外,为了让游客更好地观看尼亚加拉瀑布的全景,美、加两国的境内错落有致地设有四座高大的瞭望塔,三个在加拿大境内,一个在美国境内。

为了让游客充分观赏瀑布并领略瀑布的磅礴气势,这里准备了各种丰富多彩的活动,美、加两国在河的两岸各建造了一个码头,配备了4艘游船,每艘能载客数百人,其中"雾中少女"号游船最为有名。自1846年开始,这艘著名的游船便日复一日、年复一年地引领游客与瀑布亲密接触。

现在,尼亚加拉瀑布公园还开设了直升机和热气球游览项目,游客可以搭乘直升机或热气球从空中观看大瀑布的壮丽景色,从几百米上空俯视伊利湖水倾注到安大略湖中。

很少有人想象得出大瀑布在冬季的景色。到了冬天,随着气温的下降,整个大瀑布从上到下都会结冰,最厚的地方可达4.6米,成为一座冰桥,令人称奇。

三、伊瓜苏瀑布(Iguaçu Falls)

1. 地理位置

伊瓜苏瀑布位于阿根廷与巴西边界伊瓜苏河与巴拉那河合流点上游23千米处。伊瓜苏瀑布的北翼在巴西境内,南翼在阿根廷境内,可谓"一瀑飞悬两国间"。

2. 历史变迁

"伊瓜苏"一词是当地居民瓜拉尼人的语言,意为"伟大的水"。在1542年以前,瓜拉尼人就已生活在伊瓜苏河两岸,生活在伊瓜苏大瀑布的周边,并称大瀑布为"伊瓜苏"。

1542年,西班牙人阿尔瓦雷兹沿着拉普拉塔河进行探险活动,在溯源行进了1 600千米之后,来到了伊瓜

伊瓜苏瀑布(1)

苏大瀑布下,"发现"了这一瀑布,将其命名为"桑塔玛利亚"。但是,这一名字并没有为世人所接受,历史公正地以当地住民的称谓来为大瀑布命名。

阿根廷和巴西两国分别于1909年和1939年在伊瓜苏河两岸建立了国家公园。虽然巴西在伊瓜苏这一边建了一片比阿根廷的大好几倍的国家自然保护区,但瀑布的主要部分却是在阿根廷境内。联合国教科文组织在考察伊瓜苏大瀑布时,首先于1984年将阿根廷伊瓜苏国家公园

伊瓜苏瀑布(2)

作为自然遗产列入世界遗产名录,到1986年,才将巴西伊瓜苏国家公园列入世界遗产名录。这样,伊瓜苏大瀑布才以一个整体成为全人类的共同财富。

3. 地质构造

伊瓜苏瀑布呈马蹄形,高 82 米、宽约 4 000 米,为世界最宽的瀑布,平均每秒流量为 1 700 立方米,按水量居世界第六位,并拥有众多的独立水道——大约 275 股。在这些水道中又有许多岩岛。瀑布向下冲入名为加甘塔·德尔·迪亚夫洛(又称"魔鬼喉")的一个狭窄的峡谷中,然后散开形成许多小瀑布。

据考证,伊瓜苏大瀑布所处的地形是由 12 亿年前的地壳运动形成的。巴西的巴拉那河谷是南北走向的玄武岩,但伊瓜苏河及其河床岩层的走向正好与巴拉那河垂直,其冲刷与侵蚀作用远远比巴拉那河微弱。发源于巴西境内的伊瓜苏河在汇入巴拉那河之前,水流渐缓,在阿根廷与巴西边境,河宽 1 500 米,像一个湖泊。水往前流陡然遇到一个峡谷,河水顺着倒 U 形峡谷的顶部和两边向下直泻,凸出的岩石将奔腾而下的河水切割成大大小小 270 多个瀑布,形成一个景象壮观的半环形瀑布群。这些呈马蹄形分布的大小瀑布便汇成一道宽约 4 000 米的垂挂于峭壁之上的半圆形水幕,其排山倒海般的飞瀑声在 30 千米之外都能听到。

伊瓜苏丛林中的生物

4. 水文生态

在伊瓜苏国家公园里,其实不只有大瀑布,这里的森林也与大瀑布一样动人。它的动植物资源极为丰富,是世界上珍贵的自然博物馆。在这里,沿河一带的植物生长茂盛,种类繁多,植物学家更是将这里的植物视为当今世界上最精美的样本。据统计,这里生长着 2 000 多种维管束植物,其中最主要的是高达 40 米的巨型玫瑰红树。红树高大挺拔,树荫下还生长着矮扇棕榈,它的苞芽可以食用,因而成为人们采集的目标,但也因此导致该树种濒临灭绝。

　　瀑布倾泻处的湿地上,生长着珍贵的草科水生植物。兰花与松树、翠竹与棕榈、青藤与秋海棠生长在一起,色彩鲜明,构成一个生气勃勃的植物王国。在森林、树丛的深处,栖息着许多别处已经绝迹的动物,其中还有不少南美特有的品种,有待动物学家们去研究、命名。这些已知的濒临灭绝的野生动物,如巨型水獭、短嘴鳄和山鸭,以及南美的大型哺乳动物貘、蜜熊、美洲豹等,都极为珍贵。

　　伊瓜苏丛林的空气中,处处弥漫着一种特有的新鲜与芳香,与大瀑布组成一个生机盎然的景区。整个伊瓜苏就是这么生生不息。伊瓜苏在巴西和阿根廷的共同呵护下,依然处于一种自然生态中。这一点,对于人类来讲,比什么都重要。毕竟,能否保护自然、保护环境,已日益成为衡量一个民族文明程度的标准之一。

远眺伊瓜苏瀑布全景

5. 景观特色

　　伊瓜苏瀑布的与众不同之处在于观赏点多。从不同地点、不同方向、不同高度,看到的景象各有不同。峡谷顶部是瀑布的中心,水流最大最猛,人称"魔鬼喉"。伊瓜苏瀑布分布于峡谷两边,阿根廷与巴西就以此峡谷为界,在阿根廷和巴西观赏到的瀑布景色截然不同。阿根廷这边分上下两条游览路线,下路蜿蜒贯穿在密林之中,可自下而上领略每一段瀑布的宏伟或妩媚,可说是十步一景;上路是自上而下感受瀑布翻滚而下的气势。在巴西那边能够欣赏到阿根廷这边主要瀑布的全景。伊瓜苏瀑布气势最宏伟的"魔鬼喉",在阿根廷这边是从上往下看,九股水流咆哮而下,惊心动魄,同时还可以望见环形瀑布群的全景;在巴西那边是从下往上看,水幕自天而降,另有一番感受。

6. 旅游活动

伊瓜苏瀑布"危桥"上的游客

巴西人在大瀑布的前面搭建了一座"岌岌可危"的长桥,一直通到瀑布里面,让游客到此之后能够完全融入其中。走在这"危桥"仙境,不管是胆怯者也好,勇敢者也好,只要在这桥上多走上几步,就会慢慢放松下来,真正领略大瀑布的宏伟、壮丽。

穿越大瀑布是经历一次神圣的大自然的洗礼,是人与自然的融合。在巴西一侧,除了走"危桥",还可以坐小船接近瀑布,从瀑布的下方往上看,还可以穿过瀑布进入其内部,在进到里面的一刹那,有一种时空恍惚而又永恒的错乱感觉。面对落差达 80 米的瀑布,面对水帘飞雾,谁站在其中,都会感到震撼,都会自觉渺小。也只有在这一时刻,才能真正体会到大自然的力量。在重重水雾中,四周变成了一片极纯的白光,而空气中则充斥着大小不一的水珠。人仿佛已随时间隧道进入另一个空间,不知人间是何物了。

四、冰岛蓝湖温泉(Blue Lagoon)

1. 地理位置

蓝湖地区是世界上最大的火山区,200 多座活火山形成了冰岛绚丽的地质景观,同时也带来了无数的温泉和丰富的地热资源,世界著名的地热温泉——蓝湖温泉就坐落在国际机场和冰岛首都之间。

从冰岛首都雷克雅未克市向东南方向驱车 1 小时左右,就可到达蓝湖温泉。很多游客慕名而来,更有甚者,由于蓝湖温泉和国际机场距离很近,许多中途转机的人在冰岛机场几小时的间歇中,也要乘车到蓝湖来泡泡温泉。

2. 历史变迁

蓝湖温泉的形成实属意外。1967年,冰岛人为兴建发电厂,把海水注入周围的低洼火山岩地,却误把岩层表面的矿物质溶解了。专家发现,这些矿物泉水有助于治疗皮肤疾病,于是便建造了温泉中心。

3. 地质构造

冰岛人从地下2 000多米处钻孔取地热水。由于靠海近,海水渗透到地下水中,因而地热水的65%是咸水,35%是淡水,矿物质非常丰富,不适合

冰岛蓝湖温泉(1)

直接用来集中供热。240℃的地下水中二氧化硅的含量大大提高,而镁沉淀了下来。经过沉淀的水用管子从钻孔抽到了地面。高温地热咸水经过加工混入泉水,由于咸水和泉水的比重不同,很容易被分离。被加热的泉水用于城市的集中供热,而剩余的地热水温度还有70℃,含盐量和海水相当,被排放到周围被熔岩包围的低洼地,形成了无可比拟的蓝湖。

在这绝妙的生态系统中,高含量的白色二氧化硅泥、其他矿物质和绿色的藻类,在湖底形成了松软的自然沉淀物。海水经过地下高热火山熔岩层吸收热量来发电,水中含有许多化学与矿物质结晶,这些结晶已被冰岛医学家证明能纾解精神压力,具有某种疗效,因此从蓝

冰岛蓝湖温泉(2)

湖中提炼出来的各种产品也受到人们的普遍肯定。

蓝湖所在地是地球上地下岩浆活动最为频繁的区域之一,这种活动加热了蓝湖,使得水体蒸腾。地面附近的熔岩流加热的水蒸气用于推动涡轮机发电,经过了涡轮机的蒸汽变成热水,经过换热器又为市政热水供暖系统提供热量,可谓一举多得。蓝湖洗浴和游泳的礁湖地区水温平均在40℃左右,水体中含有丰富矿物质,如硅、硫,在蓝湖泡温泉,可以帮助治疗一些皮肤疾病,如牛皮癣等。

4. 景观特色

离开国际机场之后,地理景观开始明显变化,靠海岸公路旁偶有小渔村;进入内陆后,公路两旁更为荒凉,一望无际的火山熔岩上长满苔藓植物,像是大地铺上了一层软软的地毯。

冰岛蓝湖温泉(3)

渐渐地,淡蓝的乳白湖沼隐约出现,雾气氤氲,笼罩在蓝色的水上,远远看去十分神秘,如同仙境一般迷幻。看到蓝湖的路标时,简直不敢相信它就位于一片荒芜的黑色火山熔岩之间,史瓦特森格尼地热发电厂三根巨大的烟囱是著名的地标。

近距离看蓝湖温泉,湛蓝色的湖水和似浓似淡的烟雾,让人忍不住发出惊叹。蓝湖温泉的水受地底火山所形成矿物质的影响,呈现出特别的蓝色,但似乎只有这样的蓝色,才能映衬出冰岛的纯净和孤寂。浸泡在温热的蓝色湖水中,全身被氤氲的雾气缠绕,周围的山川岩石都被冰雪覆盖,望去是白皑皑的一片,雪花从头顶上飘过时,你会感觉到一种孤寂的温暖透彻全身!

下车后,沿着一条专门为游客开辟的游览路线,可以探访到原生态的蓝湖温泉。先是看到蒸腾的热气,就知道温泉不远了。然后终于在灰暗的火山岩中看到了诱人的蓝色。这是原版未加工的蓝湖。再向里面走去,有一片非常开阔的水域。远处的地热工厂正在采集源源不断的热量。灰暗的色调与诱人的色调同在,形成了鲜明的对比。

相比供游客浸泡的蓝湖温泉,原版的蓝湖温泉展现出更为原始自然的状态。在这里,终于可以见识什么是水天一色。温泉水的颜色真的与蓝天的色彩一样。深色的火山岩告诉人们,温泉水正在退却。湖中形成了大大小小的岛屿。远处的火山与蓝湖温泉构成了独特的山水画,火山和火山岩成为分隔天水的标志。没有人类的介入,蓝湖温泉显得非常宁静。纯净的温泉水与火山岩相交融,形成了一道非常独特的自然景观。

5. 旅游活动

蓝湖温泉是露天的温泉。由于地热发达,即使在雪花飘飞的寒冬,游客仍可以泡在暖融融的水中,充分享受大自然的赐予。

由于冰岛是多火山国家,而蓝湖正是位于一座死火山上,地层中有益的矿物质沉积在湖底,水性好或运气好的人,在挖到白颜色的泥时会欢呼不已,因为这种泥可以美颜、健体。

在温泉池水的一侧,专门置有长方形的木盒,里面有满满的白色硅泥,这就是著名的"蓝湖硅泥"。人们可

蓝湖温泉游客

以随意取过一旁的木勺,舀出一勺涂抹在面部,据说有美容的速效。木盒旁边竖有一块牌子,提示硅泥抹在脸上的时间不宜超过5分钟。泡在蓝湖里的男女,都会游到这边,舀出一大勺,抹出个大花脸。

而湖中的镁离子含量也比死海高出4倍,除了有护肤作用,还有缓解骨痛的功效。所以不管是经过长途飞行的旅客,还是工作了一天的上班族,在这神奇的湖水中泡一泡就会疲惫全消,恢复活力。

生物景观

概　　述

　　生物是地球表面有生命物体的总称,大体可以分为植物、动物与微生物三类。除了人类之外,地球上还有数以千万计的生物种类。地球是人类和其他生命体的共同家园。生物以多姿多彩的形态特征、自身生命节律进行周期性活动,使地球呈现出一派盎然生机,也为我们呈现了最具生命力和表现力的景观。具有旅游观赏意义的生物景观主要是前两类,尤其是植物,它们是自然环境特征的重要标志,构成了一个地区的主要风光特色。各种地带性植被及栖息在内的动物是各地自然风光重要的组成部分。生物景观具有较高的美学、观赏、休闲、保健、科研等价值,对旅游者具有较强的吸引力。世界上有许多以生物多样性与独特性而闻名的旅游景点。

　　1. 生物景观的特征

　　生物景观是自然界最重要的景观之一,具有丰富性、特色性、季节性、再生性、脆弱性五大特征。

　　(1) 丰富性

　　这是指生物在空间分布上的广泛性和多样性。目前,自然界中的植物种类不少于 100 万种,动物种类不少于 50 万种,微生物更是难以统计。地球上任何地方,无论是天空、陆地还是海洋,都有生物存在。地球上广泛存在的丰富的生物景观都有较高的旅游价值。

（2）特色性

生物受地域分布规律的控制而形成不同的生物景观。生物是环境的产物，纬度不同、干湿不同、海拔不同、地壳运动的变化等都会对生物的分布产生重要的影响。各个地方都存在适应当地环境的独特生态奇观，如桉树原产地主要在澳大利亚，斑马、长颈鹿、鸵鸟仅见于非洲，企鹅主要生活在南极洲。由于海洋的阻隔，澳大利亚成为"古生物博物馆"，鸭嘴兽、大袋鼠等低等哺乳动物只分布在这块大陆。非洲、南美洲及亚洲的动、植物无论从数量上还是种类上都非常丰富；而欧洲和北美洲由于受第四纪冰期的影响，其动、植物的种类和数量相对较少；南极洲气候严寒，动、植物数量甚少。

（3）季节性

生物随季节的变化会发生形态和空间位置的变换，形成季节性的旅游景观，如不同的季节有不同的植物开花，春天的樱花、夏天的荷花、秋天的菊花与冬天的梅花等。植物的叶色也会随季节的不同呈现不同的色彩，秋季鲜艳的红枫与金黄的银杏等都受到人们的喜爱。不少动物也会随季节有规律地迁徙，如非洲草原上的动物大迁徙每年吸引了不少游人前往观光。

荷兰的郁金香

（4）再生性

生物具有繁殖能力，可以世代相传，这一特点决定了其经济利用上的可持续性。生物还具有可驯化性和空间的可位移性，这使人们可以在局部改变环境条件的基础上，将野生动、植物驯化、饲养、栽培或位移，形成动、植物园和农村田野风光等人造生物景观，同时还能作为园林造景、美化城市的衬景。

(5) 脆弱性

生物及自然生态系统抗干扰的能力较为脆弱,灾难性的环境变迁,往往会使不少生物死亡,甚至导致整个物种灭绝,如白垩纪时期恐龙的灭绝。人类过度的干扰也会导致生态系统的破坏、物种的灭绝,如热带雨林的大规模消失,使许多动物因失去栖息地而影响其生存。生物景观极为脆弱,因此在开发利用上需提倡保护与利用并重的生态旅游,注重生态系统的可持续发展。

2. 生物景观的旅游价值

生物景观的旅游价值主要体现在观赏价值、疗养、保健价值与文化、科学价值。生物在丰富自然景观、衬托人文景观、保护生态环境、美化旅游景区、增添游客游兴、陶冶游客情操以及开展科普考察、科学研究和生态旅游等方面起到了重要的作用。

中国北京香山红叶

(1) 观赏、文化价值

首先,生物的色彩、形态、声音、习性、运动等特征往往会使人产生美感。这一特性正是生物成为景观的根本所在。生物景观是最生动活泼的旅游景观,如清脆婉转的鸟鸣、自由翱翔的雄鹰等都使大自然充满了生机与活力,给观赏者带来精神的愉悦与享受。其次,生物往往是旅游景观中不可或缺的要素,起着构景、造景与衬景的作用。特别是植物,以其形、色、香等要素绿化、美化自然环境,供人们游览观赏。生物可以成为旅游景点的主体,如森林、植物园、森林公园等;也可以成为其他类型景点重要的构景要素,如佛教寺庙中常见的代表智慧的菩提树、欧洲广场上成群的鸽子等。再次,某些生物代表了某种备受人们推崇的精神,能够启迪人的心灵,陶冶人的情操,这就是生物景观的文化价值所在。

例如,人们在观赏岁寒三友的松、竹、梅时,往往被其不畏严寒的精神所感动;不少动、植物因其精神价值而成为一个国家、一个民族、一个城市的象征,国花、国鸟、市花都寄托着人们的某种精神追求。

(2)疗养、保健价值

植物是大自然的"消毒器",具有强大的净化环境功能。据测定,667平方米树林每天能吸收67千克二氧化碳,释放出49千克氧气,可供65个成人呼吸一天,因此人们称植物是"大自然的氧气工厂"。植物还能净化空气中的灰尘和有毒气体。有些树木能分泌杀菌素,杀死某些有害微生物。人们在生产和生活中向大气排放出大量有毒、有害的气体和粉尘,通过植物的吸收、阻滞和过滤,可以使大气得到有效的净化。植物还具有减弱噪声的作用,在约0.01平方千米的森林中心,几乎听不到外面汽车的马达声。

目前,世界上许多森林资源丰富的国家,建立了一种新型的专项旅游——森林旅游。这种特色旅游在欧、美发展很快。森林旅游主要是利用森林中清新的空气,含量较高的氧气、负氧离子,以及树木散发出的各种杀菌有机物质,增进人体健康。据相关研究,森林里的负氧离子高出城市成百上千倍,在增进人体健康方面意义重大。因此,人们把森林比作庞大的天然疗养院,而把到森林中旅游称为"森林浴",其受欢迎的程度可以与海水浴相媲美。

(3)科学价值

生物的分布有其特殊的规律,与地理环境、气候等密切相关。不同的地理环境条件下生存着不同的动、植物种群,从而形成不同的自然景观,如热带动、植物种群,亚热带动、植物种群,温带动、植物种群等。同样,在海洋中也生长着大量的不同种类的海洋

中国大熊猫

生物。生物在地域分布上不仅表现出共性,而且由于地壳演化、古地理环境变迁等因素的影响,某些动、植物种类的分布有着明显的特殊性。而在地球的不同地质历史时期,生物种群不断演化和进化,有些古老生物的遗体或遗迹存在于地层中,形成生物化石旅游资源,如恐龙化石等。

许多具有典型意义的生物景观不仅是观光胜地,而且也是生态系统及动、植物资源的研究基地,如中国四川的大熊猫保护基地,是大熊猫研究最重要的中心。旅游者通过对生物景观的游览,能够了解生物的多样性与独特性,增长知识,扩大视野,提高生态环保意识。这些具有共性或个性的生物分布,对科学研究也具有重要的意义,有利于发现生物的进化规律、地理环境的变迁规律及加强对生物资源的有效保护与利用。

3. 世界主要生物景观分布

为维护生物的多样性与生态平衡,世界各国纷纷在一些生物群落的典型地区建立自然保护区和植物园、动物园。这不仅可以作为生态系统及动、植物资源的研究基地,而且为人们游览观赏、娱乐休闲提供了优美的环境和理想的场所。1872年,美国建立了世界上第一个国家公园,即黄石国家公园。国家公园是自然保护区的一种形式。据统计,全世界现今已有100多个国家建立了1 800多个自然保护区和1 200多个国家公园。非洲堪称"世界天然动物园",现已设有70多个野生动物保护区和禁猎区,总面积达41万平方千米,成为全世界天然动物园面积最大的洲。这不仅对维护生态起到了不可估量的作用,而且对发展旅游也具有十分深远的意义。

(1)陆地生物景观

陆地动、植物的分布具有明显的地带性特征,物种最为丰富的是热带地区。首先,热带雨林景观主要分布于赤道南北纬5~10度以内的热带气候地区。南美亚马孙热带雨林是世界上最大的热带雨林带,被公认为是世界上最神秘的"生命王国"。其中高等植物就有40 060多种,并且有12 000多种为特有种类。丛林中的动物众多,主要有卷尾猴、食人鱼、水蟒等。鸟类多达1 500多种,占全世界鸟类总数的五分之一。此外,非洲刚果盆地、马来西亚群岛和印度半岛南部也分布着大面积的热带雨林。热带雨林中珍禽异兽很多,有重要的旅游观光和科学考察价值,不少地方已成为世界著名的国家公园,如巴西雅乌国家公园、非洲生物多样性最高的维隆加国家公园、印度尼西亚勒塞尔山国家公园等。

其次,热带稀树草原景观,分布在干湿季对比非常明显的热带地区,如非洲的苏丹地区、东非高原、南美的巴西高原等地。非洲的热带稀树草原占据非洲大陆的40%,这一地区拥有的大型动物种类可能比世界上其他地方加起来还要多,是地球上现存大型动物最为集中的生态系统,也是动物影片中最常见的生态系统。目前,许多地区已开辟了野生动物园,供人们观光游览。非洲第一个国家公园是1925年建立的维龙加国家公园。马赛马拉国家公园是肯尼亚最著名的野生动物保护区,它和坦桑尼亚的塞伦盖蒂大草原连为一体,成为世界上举世无双、野生动物最集中的野生动物保护区。每年的7月和10月,波澜壮阔的非洲草原动物大迁徙就在这里上演。坦桑尼亚阿鲁沙国家公园由于融合了稀树草原、山地森林、火山及湖泊等丰富的生态系统,被誉为"公园中的珍宝"。肯尼亚纳库鲁湖国家公园是非洲地区为保护鸟类最早建立的国家公园之一,以"火烈鸟的天堂"而闻名于世。南非野生动物也相当丰富,最著名的公园当属克鲁格国家公园。

(2)湿地生物景观

在典型的水生生物群落和陆地生物群落之间以湿地为过渡形式。湿地有丰富的野生动、植物资源,既是陆地上的天然蓄水库,在蓄洪防旱、调节气候、控制土壤侵蚀、促淤造陆、降解环境污染等方面起着极其重要的作用,又是众多野生动、植物,特别是珍稀水禽的繁殖地和越冬地。为保护这一重要的生态系统,许多湿地公园相继建立起来。湿地公园中最为有名的是位于美国佛罗里达州的大沼泽地国家公园。

肯尼亚纳库鲁湖的火烈鸟

大沼泽地国家公园建于1974年,保护面积达566万平方千米。15厘米深、80千米宽的淡水河缓缓流过广袤的平原,因而造就了这种独特的大沼泽地环境。大沼泽地国家公园中辽阔的沼泽地、壮观的松树林和星罗棋布的红树林为无数野生动物提供了安居之地。这是美国本土最大的亚热带野生动物保护地。中国首个国家5A级湿地公园是杭州的西溪国家湿地公园。

(3) 海洋生物景观

地球表面70%的面积为浩瀚的海洋所覆盖,海洋生物的种类相当丰富。海洋中的植物以藻类为主。热带、亚热带浅海中的珊瑚礁是海洋生态系统最为丰富的地区之一,为许多动、植物提供了生存环境,其中主要包括蠕虫、软体动物、海绵、棘皮动物和甲壳动物。此外,珊瑚礁还是许多鱼类幼鱼的生长地。多彩多姿的珊瑚,五颜六色、形态各异的海葵等低等腔肠动物以及各种美丽的珊瑚鱼,成为吸引游客猎奇观赏的最佳海底奇观。澳大利亚的大堡礁是世界上最大最长的珊瑚礁群,每年有无数游客慕名前往。海洋中巨大的鲸与可爱的海豚等也广受人们的喜爱。

(4) 人工生物景观

奇花异草与珍禽异兽广受人们的喜爱。为了更好地欣赏、利用与保护它们,人们根据生物的习性,通过人工营造的环境,将各地动、植物汇集起来形成动、植物园。德国柏林动物园是世界上收养动物最多的动物园之一,每年约有270万游客前往参观游览。动物园一般都是白天开放,而新加坡夜间野生动物园则是世界上第一个专为夜间活动的动物而建造的动物园。英国皇家植物园邱园、爱丁堡植物园、美国纽约植物园、新加坡植物园、印度乌蒂植物园、南非桌山的克斯腾伯斯国家植物园、巴西里约热内卢植物园等都是世界著名的旅游景点。另外,某些国家或地区,因传统偏好或其他原因大面积种植某些花卉,也会形成旅游奇观,如荷兰的郁金香、保加利亚的玫瑰、日本的樱花、普罗旺斯的薰衣草、云南罗平的油菜花等。

一、南非克鲁格国家公园（Kruger National Park）

1. 地理位置

克鲁格国家公园位于南非姆普马兰加省、南非林波波省和莫桑比克交界地带，公园总部设在斯库库扎。在南非境内18座国家公园中，克鲁格国家公园是南非最大的野生动物保护区。同时，在动物保护、生态旅游以及环境保护的相关技术与研究方面，克鲁格国家公园也居世界领先地位。

2. 自然环境

克鲁格国家公园长约320千米、宽64千米，占地约2万平方千米，面积大小相当于英国的威尔士，属于亚热带气候，平均海拔200～300米。克鲁格国家公园背靠雄伟的山峰，面临一望无际的大草原，园内还零散分布着这个地方所特有的森林和灌木。园内一部分为多岩石的开阔草原，一部分为森林和灌木丛，北部还有众多温泉。虽有六条河流穿过公园，但整个地区仍较为干旱。保护区在地理上分为丘陵平原、山地、冲积平原、草原和砂岩丘陵几个地形，构成不同的生态系统和气候带。这使克鲁格国家公园内野生动物的种类和数量在世界上首屈一指。公园中一望无际的旷野上，分布着众多的异兽珍禽。据不完全统计，克鲁格国家公园内约有147种哺乳类动物、114种爬行类动

非洲草原

游客与大象

物、507种鸟、49种鱼和336种植物。其中羚羊数量超过14万头，在非洲名列第一。其他还有野牛2万头、斑马2万匹、非洲象7 000头、非洲狮1 200头、犀牛2 500头。园内还有数量众多的花豹、长颈鹿、鳄鱼、河马、鸵鸟等。

3. 发展历程

克鲁格国家公园创建于1898年，由当时布尔共和国最后一任总督

狮子与非洲水牛

保尔·克鲁格创立。为了阻止当时日趋严重的偷猎现象，保护萨贝尔河沿岸的野生动物，保尔·克鲁格宣布将该地区划为动物保护区，原名萨贝尔野生动物保护区，后经扩大，于1926年为纪念保尔·克鲁格改今名。随着保护区范围的不断扩大，克鲁格有效

地保护了这一地区的自然环境和生态平衡，成为世界上自然环境保持最好的、动物品种最多的野生动物保护区之一。

1998年，南非国家公园管理局庆祝克鲁格国家公园成立100周年。为了使动物能更毫无阻碍地自由迁移，南非政府开始考虑推动一项"和平公园计划"，依照该计划，将克鲁格的东方边界扩展到邻国莫桑比克，北边延伸到津巴布韦的玛那瑞胡国家公园。这个地区包括现在南非的克鲁格，莫桑比克的库塔达和津巴布韦的戈贡雷等大型国家公园和附近一些地区，建成后总面积将达93 000多平方千米，成为非洲乃至世界上最大的动物保护区。这一跨国野生动物保护区名为"大林波波跨国公园"。很多在这个地区来回迁徙的动物将不再遭到铁丝网的阻拦，可以在这个大型地带自由行动。这样，备受争议、耗费庞大的动物筛选和人工迁移的问题，可望一劳永逸地解决。

4. 特色动物

克鲁格国家公园最有特色的是著名的非洲五大野生动物：狮子、花

豹、大象、犀牛与非洲野牛。

狮子：克鲁格国家公园内现约有1 200头狮子。狮子在猫科动物中平均体重仅次于老虎，是地球上力量强大的猫科动物之一，在狮子生存的环境里，其他猫科动物都处于劣势。漂亮的外形、威武的身姿、王者般的力量和梦幻般的速度完美结合，使狮子赢得了"万兽之王"的美誉。狮子是唯一的群居猫科动物，狮群成员数目在4~37头之间，平均为15头。每一个狮群的领地区域相当明确，在猎物充足的地方可以小到20平方千米；而在猎物稀疏的地域中它们也许不得不建立大到400平方千米的领地。母狮是狮群的核心，它们是主要的狩猎者。狮群可能包含几头成年雄狮，但只有一头是领头的。成年雄狮往往并不和狮群待在一起，它们不得不在领地四周常年游走，以保卫整个领地。狮群的成员一般会分散成几个小群体来度过每一天，而当狩猎或者集体进餐时它们将汇集到一起。克鲁格国家公园内的狮子大部分栖息在公园中央，附近还聚集着许多狮子喜爱的猎物——斑马，以及其他野兽。白天狮子喜欢躲在树荫下，主要在清晨和傍晚活动。

花豹：花豹属于濒危动物，习惯于夜间狩猎。花豹过着独居生活，行踪不定，通常出没于河边或崎岖的山区。雄豹的领地范围可达40平方千米，通常会与多只雌豹的领地相互重叠。人们时常将花豹与猎豹混淆，花豹与猎豹的区别：花豹体型较壮硕，头部较大，四爪伸缩自如。猎豹两颊有类似眼泪的斑点，前爪较像狗爪，是陆地上跑得最快的动物，追捕猎物时，最高时速可达110千米。花豹追捕猎物的速度也可达每小时70千米，其身体异常强壮，能叼起相当于自身体重3倍的猎物，并能把猎物放到6米高的树枝上。曾有多份报告称，花豹能够把长颈鹿的幼仔拖到树上。花豹由

花豹

于身体要比狮子和老虎小一些,再加上是"独行侠",所以惧怕狮子、鬣狗等食肉的大型动物和群居动物。花豹一般都是选中瞪羚一类的小型食草动物为袭击目标。捕猎成功后,首先将猎物赶紧带到树上,藏起来,然后慢慢享用。

非洲象

非洲象:克鲁格国家公园内有7 500~8 200头非洲象,平均重量达6 000~7 000千克,是地球陆地上体积最大的动物。非洲象最喜爱的食物是可乐豆树,此种树木主要分布在克鲁格的象河以北。大象属母系制度的群居动物,每个象群家族由一只年长的母象领导,家族成员包括公象、母象和小象。在非洲其他地区正面临绝迹的非洲象在克鲁格却呈过剩状态。由于非洲象平均每天消耗300千克植物,一年破坏1 000株树木,自1967年以来已经有1.3万头非洲象被有计划地捕杀以保持公园内的生态平衡。南部非洲国家曾提议国际社会开放象牙贸易,其收入所得投入保护区资金。克鲁格历史上名为沙乌的公象,象牙有3.17米长,年迈的大象已无法承受它的重量,弯曲的牙齿已触及地面,是南部非洲之最。

非洲犀牛

犀牛:犀牛是最大的奇蹄目动物,也是体型仅次于大象的大型陆地动物。所有的犀类基本上都是腿短、体肥、笨拙。犀牛的身体就像一个大盔甲,最长超过4米,重达6吨。一般来说,犀牛都是灰色或棕色的,而且大部分犀牛都没有毛发。犀牛是食草动物,分为白犀牛和黑犀牛,实际上颜色并不能区分犀牛。白犀牛并不是白色,而是跟黑犀牛的颜色一样,这个名字是从语言中的"weit"一词错译过来,本来是宽的意思。它们的主要特点分别为:白犀牛的嘴唇较宽平,呈四方形,以短草为主食;黑犀牛的嘴型较尖长,以树木的枝叶为主食。一般来说,黑犀牛体型较小,脾气较暴躁。犀牛最大的特点是它们的角。种类不同,长角的数量也不同。非洲的白犀牛和黑犀牛都有两只角,质地很硬,每年可以长7.6厘米。由于犀牛角可以入药且价格昂贵,非洲盗猎犀牛的情形相当严重,犀牛也因此成为濒临绝种的动物之一。近年来,世界各国纷纷颁布法令禁止买卖犀牛角,犀牛数量已明显增加。

非洲水牛:非洲水牛也是非洲草原上体型最大的动物之一,成年水牛身高可达1.8米,身长3.4米,雄性水牛最重可达900千克。虽是食草动物,从外表看上去似人类蓄养的水牛,牛角宽阔而沉重,却是最可怕的猛兽之一。非洲水牛主要以杂草为食,公牛有时会离群单独行动,极具攻击性,即使是非洲狮也不会轻易去招惹水牛,并且非洲水牛喜好集体作战,通常由一头成年雄性水牛带头,数百甚至上千头水牛组成大方阵冲向入侵者。这样的阵势所向披靡,即使是狮子,也会给它们让路。在非洲草原上,如果你遇到了一两头非洲水牛,可能还算幸运;但是当一群水牛朝你狂奔过来时,厄运就要降临了。

曾经风靡全球的视频《克鲁格之战》记录了发生在克鲁格公园里狮子与水牛作战的真实一幕,过程峰回路转,紧张刺激。这样的动物大战每天都在克鲁格国家公园不断地上演着。

5. 旅游活动

克鲁格国家公园是南非旅游的精华之一。公园内建有2 300千米长的道路网络,其中900千米为柏油路。路标指示明显清晰,汽车限速每小时50千米,除了在营地和特定的观景区外乘客不准离开车辆,日落后公园内禁止擅自行车,以免伤害夜间出没的动物及避免由此造成的交通事故。

克鲁格国家公园年均接待游客25万人次以上。每年6月至9月的旱季是入园参观的最好季节。动物和旅游者主要集中在南部国家公园总部萨库营地,中部的拉塔巴营地已经少见旅游者,而北部的杉威兹和潘达营地附近可谓是人迹罕至的野地一片。

在克鲁格国家公园旅游讲求在适当的地点发现合适的动物。冬季草木枯萎稀疏,动物集中在水源附近,是观赏动物的最佳时节。夏季因草木茂盛很难一眼寻觅到动物。但只要静下心来,以好奇的眼光环顾四周,你永远不会感到失望。旅游者只要发现"风景",便会停车关闭汽车油门,静静地享受与野生动物共处的奇妙时刻。

二、澳大利亚大堡礁(the Great Barrier Reef)

1. 地理位置

大堡礁

大堡礁位于太平洋珊瑚海西部,澳大利亚昆士兰州以东,巴布亚湾与南回归线之间的热带海域,绵延于澳大利亚东北海岸外的大陆架上。这个世界上景色最美、规模最大的珊瑚礁群,北起托雷海峡,南至弗雷泽岛附近,长2 000多千米,总面积达20.7万平方千米。其宽度由北部不足2千米,向南展宽至150千米以上。大堡礁是澳大利亚人最引以为豪的天然景观,也是世界七大自然景观之一,被誉为"透明清澈的海中野生王国"。1981年,大堡礁被列入世界自然遗产名录。

2. 发展历程

大堡礁堪称地球上最美的"装饰品",像一颗闪着天蓝、靛蓝、蔚蓝和纯白色光芒的明珠。除了当地原住民外,早期目睹大堡礁美丽容颜的是酷好探险的欧洲人。1770年,英国船"努力"号在礁石和大陆之间搁浅,撞了个大洞,船长库克曾滞留于此。"努力"号船上的植物学家班克斯看到大堡礁时惊讶不已。船修好后,他写道:"我们刚刚经过的这片礁石在欧洲和世界其他地方都是从未见过的,但在这儿见到了。这是一堵珊瑚墙,矗立在这深不可测的海洋里。"班克斯看到的大堡礁的"珊瑚墙",是地球上最大的活珊瑚体,这在世界上是独一无二的。

海底世界

大堡礁是世界上最有活力和最完整的生态系统之一,但其平衡也最脆弱。大堡礁禁得住大风大浪的袭击,最大的危险却来自现代的人类,原住民在此渔猎已数个世纪,并没有对大堡礁造成破坏。20世纪开始,由于开采鸟粪,大量捕鱼、捕鲸,进行大规模的海参贸易和珠母捕捞等,已经使大堡礁伤痕累累。

1975年,澳大利亚政府颁布了《大堡礁海洋公园法》,提出了建立、控制、保护和发展海洋公园,将大堡礁区域列为保护范围。海洋公园的建立制止了上述破坏活动,并对旅游活动也进行了控制。这些措施取得了巨大的成效。但近年来全球气候变暖,海水温度升高,许多珊瑚发生白化现象。全球三分之二以上的珊瑚礁遭到严重破坏或处于进一步退化的险境。澳大利亚大堡礁虽然是世界上保护最好的区域之一,仍面临20年后消失殆尽的威胁。

3. 景观成因

心形礁

大堡礁由数千个相互隔开的珊瑚礁体组成。营造如此庞大"工程"的是直径只有几毫米的腔肠动物——珊瑚虫。数百万年来，由珊瑚虫的钙质硬壳与碎片堆积，并经珊瑚藻和群虫等生物遗体的胶结，逐渐形成了如此壮观旖旎的大堡礁。

大堡礁属热带气候，主要受南半球气流控制，海水温度季节变化小，非常适合珊瑚虫繁衍生息。珊瑚虫分为软珊瑚和硬珊瑚两大类，软、硬珊瑚都有多个种类。软珊瑚的组织中含有石灰质晶体但不形成外壳，硬珊瑚则形成外壳，能建造珊瑚礁。至少有400多种色彩缤纷、造型千姿百态的珊瑚虫，生长在这浅水大陆架上的温暖海水中。

珊瑚虫最早出现在约4.7亿年前的古生代奥陶纪中期。珊瑚虫只能生活在水质洁净、全年水温保持在22℃~28℃的水域里。珊瑚虫以浮游生物为食，集体生活，它们从海水中吸取碳酸钙，形成石灰质的外壳。珊瑚虫与一种叫作虫黄藻的微生物共生于石灰质外壳中，虫黄藻会进行光合作用，将二氧化碳和水合成碳水化合物与氧气。珊瑚虫吸收碳水化合物与氧气，向虫黄藻提供硝酸盐和其他排出物。所以，珊瑚礁只能在有阳光的地方生长，即海水清澈且深度不超过40米处。第一代珊瑚虫死后留下遗骸，新一代在此基础上继续发育繁衍，向高处和两旁发展。珊瑚礁的生长速度一般为每年2.5厘米左右。如此日积月累，逐渐堆积成巨大的珊瑚礁体。

澳大利亚大堡礁形成于中新世时期,距今已有2 500万年的历史。大堡礁由3 000多个不同阶段的珊瑚礁、珊瑚岛、沙洲和潟湖组成,蔚为奇观。大部分珊瑚礁隐藏在水中,各色的珊瑚礁以鹿角形、灵芝形、荷叶形、心形等在海底扩展美丽的身躯,有的则露出水面成为海岛。从空中俯瞰,礁岛宛如绽放的碧绿宝石,熠熠生辉,而若隐若现的礁顶如艳丽的花朵,在碧波万顷的大海上怒放。

4. 特色生物

大堡礁是一座巨大的天然海洋生物博物馆。在辽阔澄碧的海面上,点缀着一个个色彩斑斓的岛礁,大礁套小礁,环礁包着潟湖,礁外波涛汹涌,礁内湖平如镜。珊瑚礁群落内环境有异,其深度、温度、清晰度、宁静度及食物的种类随位置而改变,因此成千上万种生物都能找到所需的生存环境。

海龟

透过温暖清澈的海水,可看清数百种珊瑚所构成的密密丛丛的海底"森林",千姿百态,五彩缤纷。珊瑚丛中游弋着数千种鱼和软体动物,这里也是儒艮和大绿龟等濒临灭绝动物的栖息之地。肥大的海参在蠕动,大红大黄的海星在爬动,奇形怪状的蝴蝶鱼、厚唇鱼穿梭如织,还有近1米长的大龙虾、上百千克重的砗磲、潜伏礁中的石头鱼。礁上海水淹不到的地方,已发育了较厚的土层,椰树、棕榈挺拔遒劲,藤葛密织,郁郁葱葱,一派绚丽的热带风光。这里又是鸟类的乐园,成群的海鸟如云遮空,更为大堡礁增添了勃勃生机。

(1) 珊瑚

大堡礁水域是世界上超过三分之一种软珊瑚和300多种硬珊瑚的大本营。众多的珊瑚色彩斑斓:有红色的、粉色的、绿色的、紫色的、黄色

珊瑚

的。它们的形状千姿百态：有的似开屏的孔雀，有的像雪中的红梅；有的浑圆似蘑菇，有的纤细如鹿茸；有的白如飞霜，有的绿似翡翠；有的像灵芝……形成一幅千姿百态、奇特壮观的天然艺术图画。它们的习性各异：有的很结实，可以经得住浪涛的冲击；有的则只能生活在最平静的水域；有些比其邻居生长得快，以便遮掩邻居抢夺阳光；有些会用含毒的触须向水里释放致命化学物质，清除其领域内的对手。

珊瑚虫在夜间觅食时，伸出色彩缤纷的触须捕食浮游微生物。无数珊瑚虫的触须一齐伸展，宛如鲜花怒放。在春季某些宁静的夜晚，海面会出现最壮观的景象。沿着大堡礁，不知受何种化学物质或光线的诱发，所有的珊瑚虫会一齐放出一片片橙、红、蓝、绿色的卵子和精子，漂浮到水面上，使海水呈现鲜艳的颜色。然后卵子和精子混杂在一起，产生出幼珊瑚虫，随潮汐四散游开，寻找合适的空间建造新的珊瑚礁。

（2）热带鱼类

大堡礁海域生活着大约1 500种热带海洋鱼类。有漂亮华丽的狮子鱼、泳姿优雅的蝴蝶鱼、色彩华美的雀鲷、好逸恶劳的印头鱼、脊部棘状突出并且释放毒液的石鱼，还有天使鱼、鹦鹉鱼等各种热带观赏鱼。到处有各种各样的颜色用于求偶、警告、伪装、欺骗。例如，绯红的宝贝鱼和有蓝点的红色珊瑚鳟与珊瑚颜色交融在一起；红白相间的长牙鱼则以身上的条纹来隐蔽其身体；红蓑鲉的鱼尾像舞蹈演员的裙子那样鲜艳夺目，警告天敌它身上有毒刺；花纹鲜明的神仙鱼以其闪光的亮斑来威吓闯入其领域的鱼类；钻沙洞的斑彩鳎改变颜色以模仿所处的环境。鱼类觅食的方法形形色色。例如，石鱼的颜色与所居处的岩石一样，以毒刺杀死猎物；须鲨皮上长有海草状的毛状物，静卧着等待猎物；笛鲷群则见什么吃什么；清扫隆头鱼会清洁其他鱼的伤口以及捕捉寄生虫，因而受到欢迎而不会遭到攻击。

缤纷热带鱼

（3）软体、甲壳类及棘皮动物

在大堡礁海域还生活着5 000～8 000种软体动物、甲壳类动物和800多种棘皮动物，如水母、海参、海星、海葵、蠕虫、海绵、海蜇、海胆、龙虾等，种类繁多，色彩纷呈。海参吐出的细碎贝壳和沙粒沉入海底，就会填补珊瑚底基的裂缝，对保护礁石起着关键作用。刺冠海星以珊瑚为食物，这种海星往往把腹腔吐出来贴在珊瑚礁上把它消化掉。刺冠海星的数量会周期性地剧增，甚至可以把整片珊瑚礁吃得一干二净。而海螺又捕食刺冠海星，从而维持珊瑚礁区域的生态平衡。

（4）濒危动物

某些濒临灭绝的动物物种也栖息于此，具有极高的科学研究价值。

儒艮是海牛目中唯一仍生存于印度洋与太平洋地区的物

儒艮

种,与海牛皆为食草性动物,但栖息地不尽相同。与海牛相比,儒艮的尾鳍近似于海豚的 Y 形尾,突出嘴外的长牙则近似其远亲大象。

全世界生存受到威胁的 7 种海龟中,有 6 种生活在大堡礁。夏季,母海龟爬到岛上把蛋产在热沙里。约 8 周后成千上万的幼龟便从沙里孵出,争先恐后爬入海中。在爬向大海的途中,幼龟往往被海鸟、螃蟹和老鼠捕食。

在礁外的深水区生活着海豚和鲸等哺乳动物。每年 7 月至 9 月,濒临灭绝的座头鲸便出现在珊瑚岛南部。它们的体长在 15 米左右,大的座头鲸体重在 40 吨以上,但这种巨鲸并不可怕,它们是一种温和的海洋哺乳动物。在大堡礁的边远处,最凶残的大白鲨和虎鲨则时刻在等待着海豚和海龟。

(5) 鸟类

珊瑚岛是无数海鸟的栖息地,成群的海鸥遮空蔽日,为大堡礁增添了无限生机。这里聚集的鸟类有 240 多种,如燕鸥、黑燕鸥、海鸥、鹭、军舰鸟、鲣鸟、大海雕等。珊瑚礁不断生长,新珊瑚礁露出水面,很快就盖上一层白沙,上面长起植物。这些最先在珊瑚礁上生长的植物,繁殖速度十分惊人。它们结出的耐盐果实可以在海上漂浮数月,漂到适合的地方发芽生根,为其他植物的生长铺平道路。鸟类为珊瑚礁上植物的生长作出了重要贡献,它们把植物的种子散布在礁上,其粪便则使礁石上的土壤肥沃。海鸥喜欢吃龙葵属的浆果,其粪便把浆果的种子散布在岛上。黑燕鸥常在腺果藤树上筑巢,腺果藤树的黏性种子往往附在黑燕鸥的翅膀上传播。

5. 旅游活动

珊瑚礁包围的潟湖,风平浪静,是天然的避风港,各种鱼类、蟹类、海藻类、软体类,五彩缤纷,透过清澈的海水,历历在目。大堡礁的南端离海岸最远有 241 千米,北端离海岸较近,最近处离海岸仅 16 千米。在落潮时,部分珊瑚礁露出水面形成珊瑚岛。在礁群与海岸之间是一条极方便的交通海路。风平浪静时,游船在此间通过,船下连绵不断的多彩多形的珊瑚景色,成为吸引世界各地游客前来猎奇观赏的最佳海底奇观。

大堡礁退潮时，约有 8 万平方千米的礁体露出水面，而涨潮时，大部分礁体被海水淹没，只剩下 600 多个岛礁忽隐忽现。这些岛屿中，以绿岛、丹客岛、磁石岛、海伦岛、哈米顿岛、琳德曼岛、蜥蜴岛、芬瑟岛等较为有名。在凯恩斯附近地区和较大的岛屿上，有现代化的国

潜水

际旅馆和豪华宾馆，也有较简陋的小旅馆，可供旅游者休息和居住。

大堡礁年平均气温约 23℃，四季皆宜旅游。如果要选最佳时间，以每年 5 月到 10 月间（即当地的深秋、冬季和初春）最为理想。每年 10 月至次年 3 月，大量水母会出现在大堡礁水域，游玩时一定要注意安全。此外，大堡礁生态系统非常脆弱，旅游时一定要注意保护生物。

三、哥伦比亚洛斯卡蒂奥斯国家公园（Los Katios National Park）

1. 地理位置

洛斯卡蒂奥斯国家公园位于南美洲哥伦比亚西北部的乔科省，南美大陆西北部太平洋海岸与奥古斯丁山脉之间狭长的乔科平原上。公园占地面积 720 平方千米，北与巴拿马的达连公园（占地面积达 5 970 平方千米）相毗邻，东与安第斯山脉相连。

洛斯卡蒂奥斯国家公园风光

2. 发展历程

洛斯卡蒂奥斯国家公园地区以前居住的是古那人部族。该原住民部落因为与另一部落之间的冲突被迫迁到巴拿马的达连地区,包括洛斯卡蒂奥斯这个已经被考古证实其历史重要性的地方。从北美洲来的第一批殖民者曾穿过这一地区。一些西班牙征服者在1501年也曾经到过这个地区。人类的活动集中在绍塔塔,主要是生产蔗糖。

洛斯卡蒂奥斯国家公园是根据哥伦比亚1974年8月6日的172号行政命令建立的。最初有520平方千米,1980年4月21日的第90号行政命令使它扩大到今天的规模——720平方千米,公园所有权属于国家。1981年时公园内的居住者约150家。1981年对私人财产权的获得和从1974年以来在哥伦比亚农业和动物耕种学院及美国农业部的同意下,对另外的资源进行分配,使公园得到了有效保护。

从1990年起,公园内铺设了道路,修建了供游人居住的一些小旅馆。从图尔沃坐船、从麦德林坐飞机可以到达绍塔塔管理中心。一些大学在图马拉德沼泽开展对鸟类、昆虫、植物群和渔业的研究。1992年起,世界自然环境组织建立了生物太平洋计划来帮助提高该地区的环保水平。1994年,联合国教科文组织将洛斯卡蒂奥斯国家公园作为自然遗产,列入世界遗产名录。

3. 自然环境

洛斯卡蒂奥斯国家公园年均气温约27℃,降水量在2 500~3 000毫米之间。发源于奥古斯丁山脉的阿特拉托河,从公园中部向北流去,流程670千米,注入加勒比海的乌拉瓦湾。阿特拉托河是世界上流速最快的河流,流入加勒比海的水量达到每秒49 000立方米,夹带大量泥沙,沉积在乌拉瓦湾,形成冲积平原。阿特拉托河流域内高温多雨,其上游山区为热带森林,下游泛滥平原多沼泽密林。

公园海拔高度介于50~600米之间,大致可以划分为三个主要区域:丘陵地区、平坦的洪水泛滥平原地区及平坦的干燥地区。此外,洛斯卡蒂奥斯国家公园的北部是德奥诺埃因多山地区。

热带气候，加之略带高原的地理环境造就了哥伦比亚丰富的生态资源和独特的自然景观，当地人更是自豪地称自己的国家拥有"超级生物多样性"。100万年前的第四纪冰期，使大部分热带雨林消失，剩下的洛斯卡蒂奥斯和巴拿马的达连热带雨林成为生物的避难所。一

沼泽密林

些罕见的物种在这里被发现，公园已经成为大部分濒临灭绝动物和特有植物的家园。

4. 特色生物

该保护区内，洪水泛滥平原区的低地沼泽森林几乎覆盖了整个公园的一半，而其余的植物多集中于山区热带雨林地带。

阿特拉托河泛滥平原湿地上的植物种类意义非凡。这里热带雨林的特征植物种属有：南美刺桐属、沙箱树属等。洛斯卡蒂奥斯国家公园中最常见的是椰子树和木棉树。木棉树是原住民崇拜的圣树，又粗又高，树形像撑开的巨伞，露出地面的巨大板状根有的高几米，果实被白色的棉毛覆盖，棉毛通常被出口到国外。

洛斯卡蒂奥斯国家公园动物多种多样，分布变化也比较大。以下的动物种类在保护区内比较常见：海牛、野狗、狐狸、美洲豹、红狮子、熊、野鼠及火猴等。公园中栖息着400多种鸟类，其中比较常见的是白鹰、莫克鸟和两种蜂

海牛

鸟。这里还生活着550种脊椎类动物,包括在水域中生活着的60多种鱼类,如古老的鳄鱼。

洛斯卡蒂奥斯国家公园中有许多中美洲特有的动物群,以及当地特有的动物。特别是邻近达连的塞拉尼亚热带雨林是许多当地特有物种的家园。据记载,公园鸟类中巴拿马与哥伦比亚的地方鸟分别占25%和50%。在特母阿都奥沼泽区,可以欣赏到海牛生活的景象。海牛是海洋中唯一的食草哺乳动物,一般成年海牛体长2.5～4.0米,体重达360千克左右。海牛的食量很大,每天吃的水草相当于自身体重的5%～10%。它吃草像卷地毯一般,一片一片地吃过去,有"水中除草机"之称。洛斯卡蒂奥斯国家公园生活的海牛属于北美海牛,此种海牛主要栖息在加勒比海沿岸,有时到江湾中去吃水草。

大食蚁兽

公园中还生活着一些濒危动物,包括大食蚁兽、中美貘等。大食蚁兽分布于中美洲与南美洲部分地区,主要栖息在河边、沼泽、潮湿的森林和大草原的低洼地带。大食蚁兽现存4种,在食蚁兽中体型最大,体长可达1.8～2.4米,体重通常为29～65千克。其主要以蚂蚁和白蚁为食,一天最多可食30 000只昆虫。中美貘分布在自墨西哥南部至哥伦比亚和厄瓜多尔的安第斯山以西地区。它们栖息在茂密的热带雨林中,通常单独或成对活动。白天在林中休息,夜间到附近丛林中觅食。吃水生植物、树叶、细树枝、嫩芽与低矮植物上的果子。喜欢在泥中跋涉、水中嬉戏。

四、美国红杉树国家公园(Redwood National Park)

1. 地理位置

红杉树国家公园位于美国加利福尼亚州的北部海岸,南起大苏尔,北至俄勒冈州界以北不远的地方,面积为429.3平方千米,是美国第三个国家公园。

2. 发展历程

加利福尼亚州海岸曾被超过8 100平方千米的古老红杉森林覆盖着,北美原住民在这个区域已经居住了3 000年以上。1850年后,淘金热潮的到来使得大量的矿工及伐木工人开始砍伐此地的原始森林。红杉的木材材质比重较轻,是难得的建筑材料。20世纪以来,由于大型

红杉树国家公园

拖拉机和电锯使用于伐木,红杉林被大面积毁坏。1918年"抢救红杉联盟"成立,政府才创立了三个州立公园来保护这些红杉。这三个州立公园分别是草原溪红杉树州立公园、德尔诺特海岸红杉树州立公园以及杰迪戴亚·史密斯红杉树州立公园。

1968年,美国总统约翰逊签署法令,正式设立面积为230多平方千米的红杉树国家公园,不过当时90%的红杉森林已经被砍伐掉了。1978年3月,卡特总统签署法令,将私人手中近200平方千米的红杉林划归红杉树国家公园。与此同时,一些牧场、橡树林及其他原始森林也被划入该国家公园。1980年,联合国教科文组织将红杉树国家公园列入世界自然遗产名录,并将其纳入加州西海岸生物圈保护区。1994年,美国国家公园管理局和加州公园及游憩管理部在行政上将红杉树国家公园及

红杉树

前述三个州立公园合并,成为今日的红杉树国家公园及州立公园。

在红杉树国家公园中,大大小小的子公园星罗棋布:奥里克红杉公园、帕特里克角红杉公园、穿树车道公园和亨利柯威尔红杉公园等,皆为理想的度假之地。公园有四个专为游客设立的宿营地,大多数可提前预订。也有专供游人散步的林间幽径,其中散步最佳的路线是 Lady Bird Johnson Grove(贝德·约翰逊夫人小径)。每年公园参观人数在 80 万至 100 万人之间。

3. 自然环境

红杉树国家公园坐落在太平洋沿岸的低山地区,公园内涵盖了两种截然不同的自然地理环境:一是崎岖的海岸,一是临海的山脉。在绵延 56 千米的海岸线上,宽阔的海滩、陡峭的悬崖与草木丛纵横交错。从海平面到海拔 950 米的高度差异,加上 2 500 毫米丰沛的年平均降雨量与终年湿润的海洋性气候,使红杉树国家公园呈现出缤纷多彩的自然生态风貌。已被记录的植被种类多达 856 种,其中 699 种是土生土长的物种,而最具优势的植被形态则是红杉。

红杉又名美洲杉,多长在向阳坡和潮湿海岸带的山谷中。红杉树国家公园靠近海洋,气候温和湿润,为红杉的生长创造了极为有利的条件。化石记录表明,巨型红杉是 2.08 亿年前至 1.44 亿年前的侏罗纪代表植物,当时分布在北半球的广大地区。现今它们的生长地域较小,仅局限在从加利福尼亚州内华达山南端向北至俄勒冈州南部的克拉马斯山的约 450 平方千米的地区内。

生长在美国加利福尼亚州和俄勒冈州的红杉品种是海岸红杉和山

脉红杉。海岸红杉分布在太平洋沿岸的海岸山脉、海拔1 000米的山坡上，适应温暖湿润的气候。而山脉红杉分布在海岸山脉南段内侧的内华达山脉、海拔1 600~2 700米的山坡上，适应寒冷干燥的气候。海岸红杉的树龄为800~1 500年，山脉红杉的树龄更高达2 000~3 000年。红杉生长神速，成活率高，而且树皮厚，具有很强的避虫害和防火能力，所以它被公认为世界上最有价值的树种之一。

4. 特色生物

红杉树国家公园内有世界上现存面积最大的红杉树林，其中百年以上的老林区有170多平方千米，号称"红杉帝国"。红杉树国家公园保护那些古老的海边红杉树森林与不像红杉树那么有名的草原、橡树林，以及海边和海洋生态系统。

（1）特色植物

红杉树国家公园是世界上最大的古老原始的巨林区，这里的古树树龄很多都在千年以上。红杉树在数千年前曾经遍布世界各地，但大多数已被第四纪冰期所毁，保存不多，而这里的红杉树林是保存最完整，也是最大的一片古老原始的红杉树巨林区。

红杉是当今世界上最庞大的生物，成熟的红杉树高达70~120米。幼树沿整个树身分蘖树枝，但是随着树龄的增长，下层树枝逐渐脱落，而形成了浓密的上层树冠。红杉成材后，最上端的30米枝繁叶茂，像撑开的巨大的伞，而30米以下没有旁枝。红杉巨大的树冠吸收了几乎所有投向地面的光线，只有在相对疏朗的森林底层，藤类和耐阴植物才能存活。红杉的树干或树枝上长着许多半球状的树瘤，这些树瘤的真正价值是延续红杉的生命。如果红杉被风吹折断、被火烧死或被砍掉，便会由树瘤组织发育出上百棵幼苗，并由树的根系供给营养。红杉的繁殖主要是树根衍生，所以红杉常呈家族式的分布。一棵棵巨大的树成片地簇拥在一起，十分壮观。

公园内茂密的红杉树挺拔的树干直伸向高高的天空，很多高大红杉的树梢目力难及，游客常常为了如何将巨大的红杉摄入镜头而费神不已。这里被命名为"亥伯龙神"的红杉高达114米，曾被认定是世界上最

谢尔曼将军树

隧道树

高的树。世界上最大的树——谢尔曼将军树是游客必定观赏的景点。1879年时，一群参加过南北战争的老兵来到这里，发现了这棵雄伟的红杉，为了纪念谢尔曼将军，就将此树命名为谢尔曼将军树。除此之外，游客还可以看到高达100.3米的"红杉之母"和树龄2 000岁的"红杉之父"。红杉往往是毁于自身——由于树身的重量太大，躯干无法支撑而轰然坍塌，倒下的树干体量巨大。公园的观光客必定会驾车经过的红杉隧道，即是1937年时在一棵横倒路上的红杉树干中间挖出的树洞。这个树洞高2.4米、宽5.2米，可让汽车轻松通过。除此之外，公园内还有世界著名的"树屋""独木房""红杉树鞋"等景点，让游客体验自然造化之神奇。

（2）特色动物

红杉树国家公园中除了拥有以红杉为典型的各类植物外，还生活着75种哺乳动物。罗斯福麋鹿是红杉树国家公园内体型最大的陆地哺乳类动物，之所以为其取这个名字是为了纪念美国历史上著名总统罗斯福。罗斯福麋鹿喜爱在平坦开阔的草原地区活动觅食，故常常成群出没于林间边缘地带。黑尾鹿也常出现在空旷的地方，黑熊则多分布于红杉溪地区,南部则有大群的马鹿。其他较不容易被看到的野生动物,如山猫、狐狸、郊狼、浣熊、野兔、地鼠、蛇等也多分布在红杉溪地区。另外,红杉树国家公园沿海还是鲸鱼随季节迁徙的必经路线,其他如海豹与海狮偶尔也会出现在近岸处的海上。森林

罗斯福麋鹿

潮湿的环境与地面覆盖的腐朽枯叶断木为无脊椎动物提供了绝佳的栖息处所。在一个个荒岛和小海湾中,聚集着无数的海鸟、海豹和海狮。海边则不时可见到移栖的灰鲸。迄今为止共有350多种鸟类在公园内出现过,其中一半以上在海边活动。潮湿地带及水流为候鸟提供了休息和觅食之地。在沿海地区还可以见到稀有的、已濒临灭绝的加利福尼亚栗色鹈鹕。此外,这里还栖息着受保护的猛禽游隼。

五、英国皇家植物园-邱园(Royal Botanic Gardens, Kew)

1. 地理位置

邱园是英国皇家植物园,又译为基尤皇家植物园。植物园坐落在英国伦敦三区的西南角,位于伦敦西南部的泰晤士河南岸。韦克赫斯特卫星植物园位于50千米外的萨塞克斯地区。

2. 发展历程

1759年,威尔士王妃奥古斯塔在所住庄园中建立了一座占地仅0.035平方千米的植物园。这便是最初的邱园。植物园的管理者在世界范围内广泛收集植物,并进行植物经济、科学和欣赏领域的研究。1840年,邱园被移交给政府管理,正式命名为皇家植物园,并逐步对公众开放。经过200多年的发展,皇家的三次捐赠,到1904年,邱园已扩建到规

模宏大的1.21平方千米。1965年时,在距邱园50千米的萨塞克斯区开辟了一个2.4平方千米的韦克赫斯特卫星植物园。邱园主园加卫星园共有3.6平方千米,成为规模巨大的世界级植物园。

作为世界上最知名的植物园之一,邱园规模庞大,收藏有约5万种植物,占世界已知植物的八分之一,其中活的树木便有25万棵之多。邱园植物园被誉为植物界的"大英博物馆",2003年植物园被联合国指定为世界文化遗产。长期以来,邱园在经济植物的收集、利用与开发上,成就卓著,如金鸡纳树、橡胶树等皆由邱园植物学家经过努力才栽培成功。邱园不仅在植物科学上具有重要地位,而且环境优美、历史悠久、文化底蕴厚重。在邱园植物园中,颇具历史价值的古建筑物多达40座,其中著名的有棕榈室温室、中国塔等。

3. 特色生物

邱园在植物方面的收藏种类之丰,堪称世界之最。这些植物大多按科属种植,并根据生态条件适当配置宿根草本或球根花卉。邱园的温室更是闻名遐迩,这里拥有数十座造型各异的大型温室。

(1) 专业花园

邱园内建有26个专业花园,主要有水生花园、树木园、杜鹃谷、竹园、玫瑰园、草园、日本风景园、柏园等。玫瑰园是植物园中的一个主要景区,建于1923年。每年的6月至8月,园中的玫瑰正处于盛花期,花团锦簇,色彩缤纷,花朵香气扑鼻,令人沉醉。草园建于1982年,现在种植草的种类有550种之多,并且数量还在不断增加。草园被分为两个区域,一个是装饰陈列区,一个是资料区。竹园创造了竹类植物的多样化展示形式,一年四季都适合参观。这里展示有120多种竹,来自世界各地,包括中国、日本,甚至美洲大陆。

(2) 温室

邱园的特色还在于其数十座造型各异的大型温室,其中最有名的温室主要有以下几个。

棕榈室建成于1848年,为种植英国人带回来的战利品——热带棕榈树而建。棕榈室是邱园中最具标志性的建筑,是世界上幸存的最重要的维多利亚时代玻璃钢结构的建筑,这在当时绝对是建筑史上的一大壮举。这里是棕榈科植物多样性展示中心,温室里创造了与热带雨林相似的气候条件,展示了974种植物,分为非洲、美洲和大洋洲植物展区。这里保存的棕榈类植物中有四分之一在野生环境下已经濒临灭绝,是热带地区的活化石。

温带植物温室是邱园最大的温室,也曾经是世界上最大的植物温室。其作为现存最大的维多利亚时代玻璃钢结构建筑,面积有4 880平方米,是棕榈室的两倍。分别于1859—1863年、1895—1897年两个阶段建成,按地理分布展示有1 666种亚热带和温带植物。温室外18米高空中的空中树冠散步道也颇受游客欢迎。

睡莲温室是邱园历史建筑之一,建于1852年,位于棕榈室附近,专门为栽培睡莲而设计。面积为226平方米,展示了86种植物。由于栽培

邱园棕榈室

树冠散步道与温带植物温室

睡莲温室

不好，1866年改为经济植物馆，栽培药用植物和烹饪作物。1991年恢复原用。它是邱园中气候最湿热的一个温室，主要展示热带水生植物，冬季闭馆（11月至次年3月）。

威尔士王妃温室

威尔士王妃温室为纪念最初的建园者威尔士王妃奥古斯塔而命名，戴安娜王妃参加了1987年7月的开幕式。这个邱园里最复杂的公共温室采用了最先进的电脑控制系统，创造了从干旱到湿热带的十个气候小区，以便适应不同气候类型植物的生长。说它是一个微缩了的自然界，一点也没有夸大其词。这里的植物都尽量按其自然生长状态布置。该温室保存的植物种类包括香蕉、菠萝、兰花等，其中兰花收集了370个属、3 750个分类群、共9 500株。

4. 科学研究

邱园的标本馆、图书馆和千年种子库也闻名于世。经过了几百年的发展和进步，邱园已经从单一娱乐性的植物收集和展示转向植物科学和经济的应用研究、学习教育与市民休闲等多种功能。

标本馆于1853年建成，馆藏了700万份植物标本，代表了地球上近98%的属，35万份是模式标本；真菌标本馆建于1879年，收集了80万份真菌标本，3.5万份是模式标本。作为信息网络中心，这里已成为全世界植物学家和真菌学家进行学术交流的平台。

图书馆作为世界上植物学参考书籍最丰富的图书馆之一，馆藏75万份世界植物图书和文献、期刊，与74个国家的306家研究所有联系，收集了全球重要的植物学期刊。

2000年在韦克赫斯特分园内建成的千年种子库，作为世界上最宏伟的植物保护项目，工程投资达8 000万英镑，不仅储存英国本土的植物种子,还收集保存了全球 24 000 份重要和濒危的种子。这里不仅有地下室提供充足的空间保存成千上万的种子标本,而且有先进的种子研究和加工设施,各种互动的展示方法对于想深入了解植物和植物与人类亲密关系的人有极大的吸引力。

韦克赫斯特分园

5. 旅游活动

邱园既是进行植物科研和科普教育的重要基地,又是伦敦著名的游览胜地,每年吸引着 100 多万游客来此观光。

为方便游客参观,园内各个景点、建筑、花房、温室等都有明确的导游说明,并且每天有突出本季特色的免费讲解徒步游,中午 12 点在维多利亚广场的讲解服务台集合出发,游览时间大约 1 小时。邱园还设有专门的教育部门,负责接待学生的学习参观。一年四季,植物园里都有用不同系列的花命名的活动,如"蓝铃周末""郁金香周末"等。园内经常举办的各种科学活动和讲座,也广受游客欢迎。

文明古迹

概 述

文明古迹是数千年人类文明史最有力的见证,凝聚着当时人类所拥有的最具代表性的科技、文化、信仰等物质精神财富,也是最具生命力和独特性的不可再生的旅游资源。文明古迹的类型和表现形式丰富多样,既包括史前人类的活动场所,如人类活动遗址、文化层、文物散落地、原始聚落等,还包括社会经济文化活动遗址,如历史事件发生地、军事遗址与古战场、废弃寺庙、废弃生产地、交通遗迹、废城与聚落遗迹、长城遗迹、烽燧等。

1. 文明古迹的价值

文明古迹具有极其重要的历史文化价值和旅游价值。具有考古意义、文明价值的建筑物、雕刻、绘画、铭文、陵墓、聚落,如代表一种独特的艺术成就、一种创造性的天才杰作的秦始皇陵兵马俑、巨石阵、纳斯卡巨画;能在一定时期内或世界某一文化区域内,对建筑艺术、纪念物艺术产生过重大影响的北京故宫、凡尔赛宫;能为一种已消逝的文明或文化传统提供一种独特的至少是特殊的见证的高句丽墓葬群、墨西哥玛雅古迹、庞贝古城遗迹、阿泰密斯女神庙、罗得岛太阳神巨像;可作为一种建筑或建筑群或景观的杰出范例,展示出人类历史上一个(或几个)重要阶段的雅典卫城、卢浮宫、北京故宫等。这些古迹都是人类文明的见证,向我们诉说着过去的繁荣与没落、和平与战争、幸福与灾难、民主与专制……

2. 文明古迹的特征

文明古迹分布广泛,具有一定的集聚特征。中国、古代印度、古代埃及、古代巴比伦是四大文明古国,也是文明的集聚地,留下了众多的文明古迹。同时,五千年的人类历史也是一部不断扩散、不断发展的文明史。从远古神庙到著名皇家宫殿,从古罗马名城到近现代建筑传奇,展现了全球各地人文风采、浓缩了优秀历史精华,已成为世界旅游热点。在游览文明古迹的过程中,人们不仅可以欣赏奇妙的自然景观、辉煌的建筑艺术,也可以领略美丽的文化景观和浓郁的艺术氛围。

3. 文明古迹的分布

(1) 亚洲的文明古迹

亚洲是文明古迹比较集中的地区,比较知名的有北京故宫、秦始皇陵、高句丽墓葬群等。中国北京故宫是封建王朝统治时期皇帝居住、工作的宫殿建筑群,为中国现存最大、最完整的古建筑群。秦始皇陵是第一个统一中国的皇帝的陵墓,陵墓修筑时间长达 38 年,工程之浩大、气魄之宏伟,创历代封建统治者奢侈厚葬之先例。高句丽墓葬群包括国内城、丸都山城、王陵(14 座)及贵族墓葬(26 座),是高句丽文化的重要

中国北京故宫

见证。

（2）欧洲的文明古迹

欧洲的著名文明古迹景点有希腊罗得岛太阳神巨像和雅典卫城、法国凡尔赛宫和卢浮宫、英国的巨石阵、意大利庞贝古城遗迹等。罗得岛太阳神巨像是希腊太阳神赫利俄斯的青铜铸像,它不仅是一座巨大的雕像,更是居住在美丽的地中海岛屿——罗得岛上人民团结的象征。希腊雅典卫城修建于公元前5世纪,集古希腊建筑与雕刻艺术之大成,是希腊最杰出的古建筑群,迄今保存下来的大量的珍贵遗迹,集中展示了希腊的古代文明。凡尔赛宫由法国国王路易十四建造,以其特有的建筑群闻名于世。卢浮宫是世界上最古老、最大、最著名的博物馆之一,也是法国历史最悠久的王宫。巨石阵是英国索尔兹伯里以北的古代巨石建筑遗迹,阵中巨石的排列可能是远古人类为观测天象而置的,推动了考古天文学的发展。另外,庞贝是古罗马第二大繁华富裕的城市,于公元79年毁于维苏威火山大爆发。现在庞贝古城的遗址重新被发现,经过200多年断断续续的挖掘,这座在地下沉睡了1 900年的古城初步恢复了原貌,漫步在宽敞平坦的大街上,人们可以领略古城的风光。

法国卢浮宫

（3）美洲的文明古迹

美洲的代表性文明古迹是秘鲁纳斯卡巨画和墨西哥玛雅古迹。秘鲁纳斯卡的地面线纹和绘画图形于1994年被列入世界遗产名录，位于首都利马以南约400千米处干旱的沿海荒漠，分布面积约450平方千米，创作于公元前200年到公元600年之间。绘画题材有现存动植物、想象中的动物，以及绵延几千米的几何图形。当时这些线纹和图形可能用于某种宗教仪式。奇琴伊察玛雅城邦遗址曾是古玛雅帝国最大最繁华的城邦。遗址位于尤卡坦半岛中部，向世人展示了古代玛雅人在数学、天文、建筑、雕刻等方面所达到的非凡成就。

秘鲁纳斯卡巨画

一、中国秦始皇陵（Mausoleum of the First Qin Emperor）

1. 地理位置

秦始皇陵是中国历史上第一个皇帝嬴政（公元前259年至公元前210年）的陵墓，位于中国陕西省临潼区城东5千米处的骊山北麓，南依层层叠嶂、山林葱郁的骊山，北临逶迤曲折、似银蛇横卧的渭水。高大的坟冢在巍巍峰峦的环抱之中与骊山浑然一体，景色优美，环境独秀。陵

秦始皇陵总览

墓规模宏大,气势雄伟。1974年1月29日,在秦始皇陵坟丘东侧1.5千米处,当地农民打井时无意中挖出了一些陶俑的残片。后经国家有关组织的发掘,终于发现了使全世界都为之震惊的秦始皇陵兵马俑。

2. 历史沿革

据史书记载:秦始皇嬴政从13岁即位时就开始营建陵园,由丞相李斯主持规划设计,大将章邯监工,修筑时间长达39年,是中国历史上第一个规模庞大、设计完善的帝王陵寝。

楚汉战争之后,刘邦为了笼络人心,于公元前195年下令对秦始皇陵妥为保护,安排20户人家住在秦始皇陵附近,作为守陵人看管秦始皇陵。此后,各朝各代的统治者对秦代帝王陵墓也都下令保护。北宋开宝三年(970年),宋太祖曾令临潼县保护和修整秦始皇陵。清朝陕西巡抚毕沅曾为秦始皇陵立碑。但陵墓由于埋藏丰富也引起了各种人物的觊觎。

中华人民共和国成立后,我国考古工作者对秦始皇陵进行了探测,根据封土层未被掘动、地宫宫墙无破坏痕迹以及地宫中水银有规律分布等情况,得出了地宫基本完好、未遭严重破坏和盗掘的结论。

1956年,陕西省人民政府公布秦始皇陵为省级重点文物保护单位;1961年,中华人民共和国国务院公布秦始皇陵为第一批全国重点文物保护单位;1987年,联合国教科文组织将秦始皇陵列入世界文化遗产名录,成为全人类的共同财富。2007年秦始皇陵入选中国首批5A级景区。

3. 古迹特色

古埃及金字塔是世界上最大的地上王陵,中国秦始皇陵则是世界上最大的地下皇陵。地下宫殿是陵墓建筑的核心部分,位于封土堆之下,地宫面积约18万平方米,中心点的深度约30米。陵园以封土堆为中心,四周陪葬分布众多,内涵丰富、规模空前,除闻名遐迩的兵马俑陪葬

秦始皇陵兵马俑

坑、铜车马坑之外，又新发现了大型石质铠甲坑、百戏俑坑、文官俑坑以及陪葬墓等600余处。

秦始皇陵是中国历史上第一个皇帝陵园，是我国劳动人民勤奋和聪明才智的结晶，是一座历史文化宝库，在所有古代帝王陵墓中以规模宏大、埋藏丰富而著称于世。法国前总统希拉克对秦始皇陵兵马俑"世界第八大奇迹"的赞誉，使秦始皇陵为更多的世人所知。

秦始皇陵地宫想象图

4. 布局结构

考古学家已探明秦始皇陵的布局。秦始皇陵筑有内外两重夯土城垣，象征着都城的皇城和宫城。内城略呈方形，周长3 890米，除北面开两门外，其余三面各开一门。外城为长方形，四面各开一门。皇陵的封土位于内城南部，呈覆斗形，底边周长1 700余米。封土由于受到风雨侵蚀，现仅高51米。据《汉书·楚元王传》记载，秦始皇陵"高五十余丈，周回五里有余"，即封土高116米，底边周长2 087米，如果史书的记载完全真实，那么封土的原始规模就比现存的要大得多。

秦始皇陵开创了以都城建制规划陵园布局的陵寝制度，帝陵的布局结构以陵冢（地宫）为中心，在其周围设置了大量的大型礼制建筑、园寺吏舍建筑、陵邑衙署以及各种各样的丛葬坑、陪葬墓等。除地下的宫城外，寝殿及车马仪仗、仓储等众多陪葬坑均在南半部；北半部的西区是便殿的附属建筑区，东区则是后宫人员的陪葬墓区。外城以外的地区，有众多为建设、陪葬和管护秦始皇陵园而设置的机构、场所和坑池。

秦始皇陵地宫位于内城封土之下。根据现代科学探测提供的资料分析，地宫的主体部分应是一座口大底小的竖穴方坑，地宫的四周有宫城墙，宫城为长方形，南北长460米，东西宽390米。关于秦始皇陵的墓向与布局结构问题,学术界一直存在两种截然不同的观点:"坐西向东"说和"坐南向北"说。迄今为止,秦始皇陵的布局方向问题尚无公认的定论。

秦始皇陵封土模拟图

5. 旅游活动与体验

秦始皇陵最为人瞩目的是兵马俑坑,经考古工作者的发掘,已发现三座,坐西向东呈品字形排列。这三座俑坑中共出土了约7 000个秦代陶俑及大量的战马、战车和武器。这些兵马俑组成了一个完整的军阵编列体系,象征着秦始皇生前守卫京城的宿卫军。这组军阵为研究秦代的军事装备、编制和军阵的编列等,提供了形象的实物资料。

战马与兵马俑

秦始皇兵马俑是以现实生活为题材而塑造的,艺术手法细腻、明快,手势、脸部表情神态各异,具有鲜明的个性和强烈的时代特征,达到了中国古代泥塑艺术的顶峰,为中华民族灿烂的古老文化增添了光彩,为世界艺术史补上了光辉的一页。

二、意大利庞贝古城遗迹(Pompeii City Remains)

1. 地理位置

庞贝城是亚平宁半岛西南角坎佩尼亚地区一座历史悠久的古城,西北离罗马约240千米,位于意大利南部那不勒斯附近,维苏威火山西南脚下10千米处,西距风光绮丽的那不勒斯湾约20千米,是一座背山面海的避暑胜地。庞贝在当时属于中小城镇,但由于被火山灰掩埋,街道房屋保存比较完整,从1748年起开展了考古发掘,为了解古罗马社会生活和文化艺术提供了重要资料。庞贝古城于1997年被联合国教科文组织列入世界文化遗产名录,目前每年接待游客数量达250万人次。它每天吸引着数以万计的世界各地的游客来这里参观,游客称这里是"天然的历史博物馆"。

庞贝古城

2. 历史沿革

罗马古城庞贝始建于公元前8世纪,公元前3世纪中叶罗马人将庞贝纳入自己的版图,庞贝随着罗马帝国的强盛而繁荣。公元79年10月的一天,维苏威火山爆发,千年名城庞贝从此一夜间就消失了。随着岁月的流逝,庞贝古城渐渐淡出人们

庞贝古城全貌

的视野。

1594年,人们在萨尔诺河畔修建饮水渠时,发现了一块上面刻有"庞贝"字样的石头;1707年,人们在维苏威火山脚下的一座花园里打井时,挖掘出三尊衣饰华丽的女性雕像。1748年春天,一名叫安得列的农民挖掘出熔化、半熔化的金银首饰及古钱币的消息,使人们想起了关于庞贝失踪的传说。1750年,庞贝古城的发掘计划正式实施。从1860年起,人们对庞贝城开始了有计划的发掘。后来,意大利政府根据专家的建议,于1876年开始组织科学家有序发掘庞贝古城。经过百余年七八代专家的持续工作以及数千名工作人员的辛勤维护,终于将庞贝这一动人心魄的古城真实地再现于世人面前。

3. 古迹特色

人们重新发掘了庞贝古城,当时的环境被一一呈现出来,似乎一切又回到了过去,景致依然,却留下了一座空城让人凭吊。

突发的灭顶之灾使庞贝的生命倏然终止,它在被毁灭的那一刻也同时被永远地凝固了。庞贝因此得以成为我们今天还能领略到的伟大的古代文明遗址。这处遗址最动人心魄之处在于:它真实地保留着灾难来临前庞贝的面貌——能容纳2万观众的竞技场,可容纳5 000人的剧院,面包烘房、酒吧、羊毛作坊、商店、客栈、印染店等应有尽有。在客栈的墙壁上,庞贝人恣意抒发情感的痕迹俯拾皆是:"啊,杰斯,愿你的脓包再次裂开,比上次疼得还要厉害","无疑,我心爱的人曾在此与她的情人幽会",等等。庞贝人奔放的个性和整座城市欢愉的风情令无数游客向往不已。德国诗人歌德参观庞贝后说:"在世界上发生的诸多灾难中,还从未有过任何灾难像庞贝一样,

庞贝古城局部

它带给后人的是如此巨大的愉悦。"而法国历史学家泰纳从庞贝归来后感叹道:"那时候的人,是用整个身体活着。"

虽然地球史上每一次火山爆发无不令沧海变桑田,但公元79年维苏威火山的爆发的确令一座城市获得了永生——庞贝无法躲过火山的劫难,但它被掩埋封存,最终竟躲过了上千年岁月的侵蚀,它以瞬间痛苦的毁灭为代价,穿越了千余年的时空,向世人娓娓道来它的历史。

4. 布局结构

出土后的庞贝城东西长1 200米,南北宽700米,城内面积1.8平方千米,有城门七扇。城内四条大街,呈"井"字形纵横交错。主街宽7米,由石板铺就,沿街有排水沟。城内最宏伟的建筑物都集中在西南部一个长方形的公共广场四周,广场上装点着名人塑像,广场的两侧是两座神庙,分别供

蓝天白云下的石柱

奉着罗马神话中的众神之王朱庇特和太阳神阿波罗两位巨神,广场的东南是一座大会堂,那是庞贝的最高建筑,里面设有法院和市政厅,此外还有一座两层楼商业大厦,当地生产的葡萄酒、玻璃制品、东方的香料、宝石以及中国的丝绸等商品,都能在这里洽谈成交,这里是庞贝政治、经济和宗教的中心。广场的东南方是庞贝城官府的所在地,还有两座露天剧场,一座用来演出戏剧,另一座是小演奏厅,专门用于戏剧和音乐的演出。这里还有一座宏伟的竞技场,可以容纳2万人。广场的东北方则是繁华的集贸市场。这里店铺林立,商品琳琅满目。另外,城内还有公共浴池、体育馆等。

5. 旅游活动与体验

古城废墟的大街小巷,半毁的民宅、别墅、贸易市场、商铺、面包房、温泉澡堂、仓库以及剧场、斗兽场、运动场,使人不由得心潮起伏,浮想联翩。

庞贝古城遗迹

看着庞贝古城的遗迹,可以想象庞贝曾经的无限风光与声色犬马。庞贝城内那神奇的太阳神庙体现着庞贝人心目中无处不在的神,阿波罗神庙是城中占地最广阔的建筑。庞贝人认为,阿波罗不仅主管光明、青春、医药、畜牧、音乐、诗歌,而且代表主神宣召神谕,预言未来。

庞贝城里与罗马一样的圆形大剧场,其中用作角斗的圆形竞技场比著名的罗马竞技场还要早建51年。圆形剧场外围的围墙高达2米多,墙上绘有许多狩猎、竞技的壁画,反映出当时人们的生活状态。

灵验的巫师堂、新奇的蒸气浴室以及娱乐场馆,也吸引了周边无数富商和贵族。那一大片略带焦味的肥沃岩浆土,使庞贝出产的葡萄个大汁甜,酿酒绝佳,成了各地贵族争购的上品;那昼夜不绝的地热温泉,不但诱人入浴,更吸引许多贵族、富商纷纷来到庞贝造花园、建别墅。

庞贝的餐厅大多以供应坎佩尼亚地区的菜肴为主,这里物产丰富,各式新鲜蔬菜应有尽有,还有鲜活的第勒尼安海的海鲜及烤羊肉、烤仔羊等美食。坎佩尼亚是著名的意大利通心粉的发源地,意大利的面条就是从这里远销世界各地的。庞贝地区有一种叫作"弗里西"的螺旋形细面条,是一种拌着番茄酱、莫兹勒拉奶酪、贝科利诺奶酪等调料食用的佳肴,吃这种面配以维苏威山脚下特产的"基督之泪"红葡萄酒是最好的。

石板路

6. 价值和意义

庞贝之所以如此特别,要归功于它真实地再现了历史的繁华,再现了数千年之前人类古老的文明,再现了古罗马人无与伦比的智慧。

庞贝古城的发掘,使人们仿佛走进梦中,也像逆着时间往回走,来到了公元1世纪古罗马帝国的城市观光。

尽管庞贝古城如今还只向游人开放三分之一,其余部分还埋在地下,但已发掘的古城遗迹极为令人惊叹,城内作坊店铺众多,都按行业分街坊设置,连同大量居民住宅在内,构成了研究罗马民用建筑的重要实物。

在庞贝古城遗址中,最引人注目的是那些虽然历经千年却依然色彩鲜艳的壁画。庞贝古城的壁画绘制方法独特,内容丰富,生动地反映了古罗马人精神生活的一个侧面。这些壁画水平均较为高超,它们被发现后,对欧洲的新古典主义艺术影响甚大。

三、希腊雅典卫城(Athen Acropolis)

1. 地理位置

每座古希腊城邦都拥有自己专属的卫城,且必定建于城邦的最高点,平时作为公共集会的场所,战时则发挥堡垒作用,成为居高临下的作战指挥中心。卫城多建于高山之巅,有军事和宗教双重目的。在军事上,它必须是一座城堡;在宗教上,因有洞窟流泉,又有丛林幽谷,它给人以神仙洞府的感觉。雅典卫城是希腊最杰出的古建筑群,坐落在雅典城中央一个不大的孤立的山冈上。山冈面积约为4平方千米,山顶石灰石裸露,大致平坦,高于四周平地70~80米,东西长

雅典卫城

约280米,南北最宽处130米。

2. 历史沿革

雅典卫城始建于公元前580年。最初,卫城是用于防范外敌入侵的要塞,山顶四周筑有围墙,古城遗址则在卫城山丘南侧。在希波战争中,雅典曾被波斯军队攻占,公元前480年,卫城被波斯军队彻底破坏。战争结束后,雅典人花费了40年的时间重新修建卫城。公元前5世纪中叶,在希波战争中,希腊人以高昂的英雄主义精神打败了波斯的侵略,成为了全希腊的盟主,对雅典进行了大规模的建设。建设的重点在卫城,在这种情况下,雅典卫城达到了古希腊圣地建筑群、庙宇、柱式和雕刻的最高水平。公元前4世纪以后,雅典人在山下建起了一整套建筑物,体现了雅典人民的智慧和才干,如竞技场、会堂、扩建的狄奥尼索斯露天剧场、大柱廊等。17世纪雅典卫城遭受破坏,变成一片废墟。1833年希腊建立王国后,对雅典卫城逐渐进行修复。

3. 古迹特色

卫城的中心是雅典城的保护神雅典娜的铜像,主要建筑是膜拜雅典娜的帕特农神庙,建筑群布局自由,高低错落,主次分明。无论是身处其间或是从城下仰望,都可看到较完整丰富的建筑艺术形象。帕特农神庙位于卫城最高点,体量最大,造型庄重,其他建筑则处于陪衬地位。卫城南坡是平民的群众活动中心,有露天剧场和长廊。

山冈上的雅典卫城

整个卫城最吸引人也最震撼人的是一份历经苦难战乱洗礼却留存下来的最平静的精神。那一根根屹立千年的石柱,触之粗糙坚硬,叩之锵然有声,无言无语,却自有灵魂在内里跳动。

4. 布局结构

古卫城的入口在山丘西侧,这座门和登山的阶梯都是古罗马时代的建筑。

卫城前门于公元5世纪建造,这座门通往卫城的圣殿,门分三部分:由左至右为北翼、中央楼及南翼。

卫城山门柱子

山门是卫城的真正入口,多利克式[1]及爱奥尼亚式[2]列柱巧妙地穿插并列,气势雄伟。以前山门是由两侧的宫殿组成的,如今仅剩五个门的柱子。

雅典娜胜利女神庙:也称无翼胜利女神殿。雅典娜是希腊神话中的智慧、技艺与战争女神,她与海神波塞冬争夺雅典获胜,成了雅典的保护神。此庙位于卫城前门南翼旁,是一座具有爱奥尼亚式列柱的优美神殿。

阿尔忒弥斯神庙:阿尔忒弥斯在希腊神话中是月亮与狩猎女神,这里原本是奉祀阿尔忒弥斯女神的地方,左侧还有四方形的土台遗迹。

帕特农神庙

帕特农神庙:卫城上最负盛名的一座建筑,是举世闻名的古代七大奇观之一。帕特农神庙可以说是西方乃至世界上最早的古

---

〔1〕 多立克柱式:源于古希腊,是古希腊古典建筑的三种柱式中出现最早的一种。一般建在阶座之上,特点是柱头是个倒圆锥台,没有柱础,柱身有20条凹槽,柱头没有装饰。建造比例通常是:柱下径与柱高的比例是1∶5.5;柱高与柱直径的比例是4或6∶1,又被称为男性柱。

〔2〕 爱奥尼亚柱式:源于古希腊,是古希腊古典建筑的三种柱式之一,特点是比较纤细秀美,又被称为女性柱,柱身有24条凹槽,柱头有一对下的涡卷装饰。爱奥尼亚柱由于其优雅高贵的气质,广泛出现在古希腊的大量建筑中。

代大庙宇。

埃雷赫修神庙：于公元前406年建成，位于帕特农神庙的对面，是建筑优美的爱奥尼亚式神殿，集雅典娜与海神波塞冬两座神庙的精髓。

伊瑞克提翁神庙：山门后的伊瑞克提翁神殿，建于公元前395年，内部有一雅典娜的木雕像，在这座神庙南侧廊台的六尊女神像柱，是属于爱奥尼亚式的变形。

阿迪库斯音乐厅：位于卫城入口南侧的阿迪库斯音乐厅建于罗马时代，是可容纳6 000多人的户外剧场，现在夏季仍在此举行表演。

艾力费郎祠堂：祠堂位于帕特农神庙左侧，传说这里是雅典娜女神和海神波塞冬为争做雅典保护神而斗智的地方。

卫城博物馆：卫城博物馆位于卫城东南角，于1878年完工。主要收藏了雅典卫城及附近挖掘的历史文物，陈列品中以雅典鼎盛时期即帕特农神庙建造时期的文物最多。雅典娜女神庙的遗物也多有保留，由此可见昔日雅典娜女神庙的英姿。

5. 旅游活动与体验

与帕特农神庙遥遥相望的伊瑞克提翁神庙，六尊立于石柱上的女神像一字排开，特别吸引人们的目光。与帕特农神庙简单利落的多立克石柱相比，羊角般的爱奥尼亚式石柱是伊瑞克提翁神庙的特色。

远观卫城

希腊考古学家为了不让神庙残留的石头再被市民搬回家盖房子，又要保留卫城原貌，所以特地将博物馆建于地下，并把卫城残留的石柱、神庙、雕塑一一搬入，打上华美的灯光，让游客细细端详品味。

从卫城博物馆旁的城墙向下俯瞰，山下有座罗马式的阿迪库斯音乐餐厅,音乐餐厅会固定推出结合现代灯光技术的古典戏剧,也就是专为游客打造的声光秀。这音乐厅偶尔会有世界级的男高音、流行乐女歌唱家在此举办演唱会,这时,无论票价多么昂贵,也别错过亲耳聆听古剧场音效的机会。

从卫城下山时,绕行穿越曲折的民宅,直抵热闹的波卡拉区。这个深受游客眷恋的山丘区域,以错综复杂的巷道串联,美食餐厅林立,书店、纪念品店穿插其中,加上车辆禁止进入,逛起来很过瘾。

傍晚时分,空气中飘荡着串烧的香气,这些粗犷的鲜虾、肉排和蔬菜串烧,以及油炸小花枝,深受游客喜爱。这种置身于古迹里的不可思议的体验,让人忘了去计较食物是否具有美味、是否真的地道。

6. 价值和意义

卫城的建设首先是为了赞美雅典,纪念反侵略战争的伟大胜利和彰显它的霸主地位;其次把卫城建设成为全希腊的最重要的圣地、宗教和文化中心,吸引各地的人前来,以繁荣雅典;最后感谢守护神雅典娜保佑雅典在艰苦卓绝的反波斯入侵战争中赢得的辉煌胜利。

鸟瞰卫城

卫城在西方建筑史中被誉为建筑群体组合艺术中的一个极为成功的实例,特别是在巧妙地利用地形方面更为杰出。卫城的建筑与地形结合紧密,极具匠心。如果把卫城看作一个整体,那山冈本身就是它的天然基座,而建筑群的结构以至多个局部的安排都与这基座自然的高低起伏相协调,构成完整的统一体。它被认为是希腊民族精神和审美理想的完美体现。

作为古希腊建筑的代表作,雅典卫城达到了古希腊圣地建筑群、庙宇、柱式和雕刻的最高水平。这些古建筑无可厚非地堪称人类遗产和建筑精品，在建筑学史上具有重要地位。

四、墨西哥玛雅古迹（Chichén Itzá）

1. 地理位置

墨西哥玛雅古迹

奇琴伊察是墨西哥玛雅城市遗址，位于墨西哥尤卡坦半岛尤卡坦州首府梅里达以东 120 千米处，是一座非凡的石头城。"奇琴"意为"井口"，天然井为建城的基础。现有公路把它分为两半。南北长 3 千米，东西宽 2 千米，城内有玛雅文化中期和后期的建筑物数百座，其中一些最古老的建筑和金字塔可以追溯到 1 500 年前，由托尔特克人和玛雅人建造，是古玛雅文化和托尔特克文化的遗址。它是美洲最发达、世界著名的古代文明之一，1988 年被作为文化遗产列入世界遗产名录。

2. 历史沿革

玛雅古迹建筑

奇琴伊察建于公元 514 年，公元 5 世纪至 7 世纪兴盛，在公元 600 年左右，即玛雅古典时期中期时是当地的重要城市，7 世纪被遗弃。

约公元 987 年，托尔特克国王 Quetzalcóatl（即羽蛇神之意）带领军队从中部墨西哥来到这里，并与本地玛雅盟友一起将奇琴伊察作为自己的首都。这一时期的艺术和建筑因此呈现有趣的玛雅和托尔特克混合的风格,属于复兴期。奇琴伊察快速发展和影响力巅峰则出现在中部低地和南部玛雅城市衰落之后,于11世纪到13世纪达到文明顶峰。1221年发生了大规模的起义和内战,考古学证据也显示市场和武士神庙的木制屋顶大约在这一时间被烧毁。奇琴伊察随着尤卡坦的统治中心移往玛雅潘而开始衰落,15世纪被毁灭。

奇琴伊察虽然未被完全放弃,但城市的人口减少了,也没有再兴建新的大型建筑。然而神圣的溶井还是保持了朝圣地的地位。

3. 古迹特色

玛雅人的建筑工程达到古代世界建筑水平的高峰,能对坚硬的石料进行雕镂加工。建筑以布局严谨、结构宏伟著称,其金字塔式台庙内以废弃物和土堆成,外铺石板或土坯,设有石砌梯道通往塔顶。其雕刻、彩陶、壁画等皆有很高的艺术价值,

与绿树交相辉映的建筑

著名的博南帕克壁画表现了贵族仪仗、战争与凯旋等,人物形象千姿百态,栩栩如生,是世界壁画艺术的宝藏之一。

南侧老奇琴伊察具有玛雅文化特色,有金字塔神庙、柱厅殿堂、球场、市场和天文观象台,以石雕刻装饰为主;北侧新奇琴伊察中多为灰色建筑物,具有托尔特克文化特色,有库库尔坎金字塔、勇士庙等,以朴素的线条装饰和羽蛇神灰泥雕刻为主。

4. 布局结构

卡斯蒂略金字塔(又称羽蛇神金字塔、城堡、玛雅金字塔,或墨西哥金字塔):高23米,雄居奇琴伊察的正中,是为羽蛇神而建的神庙。

武士神庙:按照托尔特克首都图拉的神庙而建,并由于玛雅建筑师的技巧而比其原型更加宏伟。武士神庙旁边是由柱子围绕的广场——

"大市场"。

残缺的建筑

球场:在奇琴伊察一共有7个中美洲蹴鞠球场,其中金字塔西北150米左右的球场最为引人注目。这是古代中美洲最大的球场,长166米、宽68米。球场内部两侧排列雕刻着球员形象的石板。奇琴伊察的球赛是一种宗教仪式。球场旁边是一个露天平台,侧面装饰着骷髅浮雕(穿在木架上的石刻头骨)。

大法师墓:一个缩小版本的卡斯蒂略金字塔。名称来自早期发掘者 E. H. Thompson 发现的贵族墓地。

修女院:奇琴伊察最令人注目的古典时期建筑之一,是一组精美的普克风格建筑群。虽然被西班牙人起了"修女院"的绰号,这组建筑实际上是奇琴伊察在古典时期的政府宫殿。东边不远是一座不大的庙宇,绰号"教堂"。

椭圆形天文台:在修女院北面,是一个方形大平台上的圆形建筑,又名"蜗台",得名于圆形建筑内部螺旋状的石头阶梯。

老奇琴伊察:位于城市中心以南的一组建筑。

其他建筑:城市的典礼中心周围约5平方千米的土地上密布着一系列建筑,城市周围还有几处辅助建筑群。

5. 旅游活动与体验

游客可以参观建筑遗迹卡斯蒂略金字塔、武士神庙、球场、天文台等。

金字塔的地基呈方形，四边依阶梯上升，直至顶端的庙宇。在春季和秋季的昼夜平分点，日出日落时，建筑的拐角在金字塔北面的阶梯上投下羽蛇神状的阴影，并随着太阳的位置在北面滑落下降。

卡斯蒂略金字塔

天文台是为掌管风和学习的羽蛇神而设，门设在可以观察春季昼夜平分点、月亮最大南北倾斜及其他天文现象的位置。玛雅人用太阳照射在门上在屋内形成的阴影来判断夏至与冬至的到来。在建筑的边缘放着很大的石头杯子，玛雅人在里面装上水并通过反射来观察星宿，以确定他们相当复杂且极为精确的日历系统。

6. 价值和意义

玛雅人在数学、天文、历法、医学、建筑、绘画、雕刻等方面都有突出的建树，玛雅文明的天文、数学具有很高的成就。玛雅文明的另一独特创造是象形文字体系，其文字以复杂的图形组成，一般刻在石建筑物，如祭台、梯道、石柱等之上，刻、写需经长期训练。现已知字符800余个，但除年代符号及少数人名、器物名外，均未完全释读成功。当时还用树皮纸和鹿皮写书，内容主要是历史、科学和仪典，至今尚无法完全释读。

奇琴伊察是玛雅人的圣地，其鼎盛时期在公元500年到700年，对整个乌松布拉河盆地有着重大的影响。典雅的建筑、高超的技术以及精致的浮雕都呈现出玛雅人的智慧，证明他们是这一文明的天才创造者。

建筑奇观

概 述

建筑是一道绝美的风景,恩格斯曾说:"希腊式建筑使人感到明快,摩尔式建筑使人觉得忧郁,哥特式建筑神圣得令人心醉神迷。希腊式建筑风格像艳阳,摩尔式建筑风格像星光闪烁的黄昏,哥特式建筑风格像朝霞。"不同风格的建筑通过色彩、线条、结构等要素的组合,构筑出富于节奏和变化的空间形态,在满足人们日常需求的基础上,展示出建筑自身的景观特征,并使之融入生活,成为一道不可或缺的亮丽风景。建筑景观是指具有深刻文化内涵和景观观赏价值的建筑物或空间,它集中反映了特定历史时期的科技文化和社会生活水平,是人类社会不断适应自然、改造自然的历史记录,是一种通过人们的艺术加工、创新技术而形成的产物,也是世界不同民族文化和性格的真实写照。

中国苏州拙政园香洲

1. 建筑景观的类别

建筑景观有着丰富的文化内涵,多样的形体类型,就时间跨度而言,可将建筑景观分为古代建筑景观和现代建筑景观两大类。

遵循其功能作用,可将古代建筑景观分为居住建筑、宫殿建筑、陵墓建筑、宗教建筑、园林建筑、工程建筑六种类型。将现代建筑景观大体可分为工业建筑、农业建筑、民用建筑三种类型。

当然,并非所有的建筑都是建筑景观,建筑只有拥有了景观价值才是真正的建筑景观。具有旅游意义的景观建筑主要强调建筑所拥有的景观价值,可供人们观赏、欣赏。

2003年版的《旅游资源分类、调查与评价》国家标准中,将建筑与设施列为八大主类之一,并细分罗列出塔、楼阁、石窟、长城段落、城(堡)、建筑小品、传统与乡土建筑、名人故居与历史纪念建筑、会馆、特色店铺、陵区陵园、墓(群)、桥、车站、航空港、水库等诸多建筑景观的基本类型。

法国埃菲尔铁塔

2. 建筑景观的特征

(1) 物质与精神的双重属性

物质性是建筑景观的首要属性,它体现在两个方面,一是建筑景观自身的功能。建筑在诞生之初,便是人类生活、交往、社会活动必需的场所,其使用功能和价值表现得十分明显;二是建筑景观蕴含的科学性。建筑本身是人类运用科学技术手段塑造出的作品,建筑的构造、用材、风格等均反映出不同时代的科技水平,因此可以根据不同时代的建筑,轻而易举地判断出当时科学技术的水平。

其次,建筑景观自身具有的精神性。建筑是人们按照美的规律创造的实体,它能够满足人们对美的渴望和需求。经典的建筑景观作品中,可以清楚地看到设计者独具匠心的艺术思想,世界著名的建筑景观无一例外地传达出浓厚的情感。建筑景观通过外在的形式和内在的装饰表达出对精神的追求,形成相应的文化氛围。

(2) 建筑景观的表现性

表现性是建筑景观的重要特征,它重在以建筑为语言和形式,去创造出某种氛围,以激发欣赏者内心的相应情感,诸如壮丽、雄伟的建筑景观容易激发起人们豪迈振奋之情,精致、华丽的色彩会形成建筑景观的高贵典雅格调,沉重、粗犷的风格则容易造成人们内心的压抑沉闷,而轻快、开朗的建筑风格极易激发人们活泼愉快的心情。

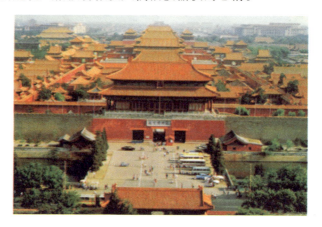

规模宏大的中国北京故宫建筑群

(3) 建筑景观的文化艺术性

法国著名作家雨果十分推崇建筑艺术,他在《巴黎圣母院》中写道:"人类没有任何一种重要的思想不被建筑艺术写在石头上……人类的全部思想,在这本大书和它的纪念碑上都有其光辉的一页。"建筑是与人类的发展紧密相关的,并具有最为广泛的生活基础。人类社会的全部生活,从最基本的物质生活到最细微的精神生活,都与建筑发生着紧密的联系,这也造就建筑景观的多样性。建筑景观是人类物质生产水平和精神发展状况明确而具体的衡量尺度,它拥有不同寻常的艺术表现力,其表现性和抽象性使它可以超脱具象的束缚而拥有巨大的张力。例如,北京故宫的宫殿就鲜明地体现了中国封建社会高度发展的专制集权意识和儒学所推崇的一整套宗法礼制观念;欧洲的中世纪哥特式教堂则体现了神权在生活中的绝对地位,尖瘦的高塔高耸入天,显示了宗教神权时代的狂热,而教堂自身蕴含的创造精神,又展现出处于觉醒中的市民阶层对自身力量的充分自信;中国的古典园林强调人和大自然的亲密融合,欧洲园林艺术则"强迫自然服从匀称的法则",以机械的几何式规则对自然进行重新布局,体现出人对大自然的征服力;到了现代,随着建筑材料的不断更新,现代建筑景观以简单的形体、整洁的墙面和灵活自由的空间,反映了现代人新潮的审美心态;随着后现代意识的崛起,后现代主义又重新提出了对历史、乡土和人情的关注,建筑景观也随之一变。所有这些都是建筑景观具有特殊文化艺术价值的例证。

3. 建筑景观的旅游功能价值

建筑是用砖、石、木等多种材料书写的史书,其发展与人类文明相伴相生,建筑景观的旅游开发正是出于认识历史、保护文化、促进发展的目的,对建筑景观中蕴含的厚重的历史文化、精湛的技术工艺以及世代传承的建筑理念等进行深入的发掘,不断打造以人文旅游资源为依托的旅游精品,以延长旅游产品的生命周期,提高旅游产品的市场品位,因此,明确建筑景观的旅游功能价值有着十分重要的意义。

(1) 建筑景观特有的价值和丰富的审美功能,能满足旅游者的多种需求

首先,建筑景观与历史进程紧密相关,具有突出的历史地位,可以满足旅游者仿古、求奇的心理需要;其次,建筑景观是艺术的表现,也是艺术的载体,如亭台楼阁等都具有较高的艺术价值,可以满足旅游者对美的追求;再次,建筑景观是不同时代科学技术的结晶,可以满足旅游者求知、求奇的需求;最后,建筑景观类型多样,蕴含着丰富的内容,可以极大地满足旅游者求新、求异的需求。

雅典卫城

（2）建筑景观承载着深厚的历史文化,合理开发可以深化旅游产品的文化内涵

建筑景观是人类历史文化传承的重要载体,建筑景观中的一砖一瓦、一草一木都凝结着人类的智慧,其布局、规模、建造、装饰、选址等无不是历史文化的体现和社会经济发展状况的反映。建筑景观的旅游开发,能够加深其文化内涵,提升品位,进一步丰富旅游者的体验,有助于推动和促进旅游业的可持续发展。

（3）建筑景观提供了大量的旅游资源,有利于提高旅游投入的针对性

人类文明史中形成的建筑景观类型多样,受地理环境、社会背景、经济条件、文化伦理的影响,各地区各时代的建筑景观具有明显的区域特色和时代特征,可以形成个性化的旅游产品,这为旅游开发提供了极大的资源选择空间。

4. 世界建筑景观发展概况

"建筑"一词,在拉丁文中原来的含义是"巨大的工艺",这表明建筑是技术与艺术的综合体。从上古的穴居时代到现代的高楼大厦,东西方

世界在漫长的岁月中,依循着各自的思想体系、文化传统、历史进程,在建筑景观艺术中表现出大异其趣的风格和鲜明的时代特色。

(1) 欧洲建筑景观发展概况

欧洲建筑景观艺术已有近3 000年历史,古希腊和古罗马的建筑文化是欧洲建筑的渊源。按时间顺序,欧洲建筑景观可分为古代建筑(古希腊和古罗马建筑)、中世纪建筑(拜占庭建筑、罗曼建筑和哥特建筑)、15—18世纪建筑(文艺复兴建筑、巴洛克建筑、古典主义建筑和洛可可建筑)、19世纪建筑(浪漫主义建筑、新古典主义建筑和折中主义建筑)和20世纪建筑(现代主义建筑和后现代主义建筑),各种类型的建筑景观共同汇聚成了欧洲建筑的不朽历史。

法国卢浮宫

欧洲建筑景观的特点是造型简洁、线条分明、讲究对称,强调运用色彩的明暗、鲜淡等来对视觉形成冲击,以华丽的装饰、浓烈的色彩、精美的造型达到雍容华贵的装饰效果,富有浪漫主义色彩,让人感到无限的崇高和向往,从而产生无尽的遐想。

欧洲建筑景观中著名的有圣玛利亚大教堂、卢浮宫、英国国会大厦等。

(2) 北美洲建筑景观发展概况

北美洲建筑景观以美国为代表,依据四个主要时期的建筑风格:古典时期、中世纪时期、文艺复兴时期和现代,其建筑呈现出多元融合、丰富多彩的国际化倾向,并融入美国人自由、活泼、善于创新等人文元素,其建筑风格注重建筑的细节,充满浓郁的古典情怀,外观简洁大方,融多种文化风情于一体。

北美洲建筑景观中著名的有芝加哥千禧公园露天音乐厅、旧金山近代美术馆、纽约帝国大厦等。

(3) 南美洲建筑景观发展概况

南美洲具有非常悠久的历史和辉煌的艺术传统,其建筑景观发展历经了古文明时期、殖民时期和现当代时期三个阶段。古文明时期以印第安文明为起点,经过1 500余年的发展,出现了玛雅、印加、阿兹特克三大文明,使南美洲建筑艺术发展到了繁盛时期;古文明时期的南美洲建筑多以宗教建筑著名,建筑呈金字塔形,顶部有平台,上建神殿,神殿模仿木构草顶的居住住宅,呈现出古朴、自然的特点。殖民时期的南美洲建筑在自身传统风格的基础上,融合了西班牙、葡萄牙的欧洲建筑元素,形成了独具特色的艺术风格。现当代南美洲建筑以巴西、阿根廷等国为代表,在展示本国风土文化的同时,融合现代主义、后现代主义等建筑思潮,塑造了别具一格的南美洲现代建筑。

南美洲建筑景观中著名的有巴西议会大厦、巴西利亚大教堂、墨西哥城市艺术教育中心等。

(4) 亚洲建筑景观发展概况

亚洲建筑以中国传统建筑为代表,以木结构为主,从建筑外观上看,每个建筑都由上中下三部分组成。上为屋顶,下为基座,中间为柱子、门窗和墙面。在柱子之上屋檐之下还有一种由木块纵横穿插、层层叠叠组合成的构件叫作斗拱。这是以中国为代表的东方建筑特有的构件,它既可承托屋檐和屋内的梁与天花板,又具有较强的装饰效果。

亚洲建筑景观中著名的有中国北京故宫、韩国景福宫、日本唐招提寺等。

(5) 非洲建筑景观发展概况

非洲地区疆域广大,给人以无尽的神秘感。作为非洲艺术的重要组成部分,其建筑景观显示出非洲大地的原始野性,充满着传统和原始的气息。非洲沦为西方殖民地后,西方建筑元素融入非洲建筑之中,形成了殖民地时期的非洲建筑特点;现代非洲建筑更多地将非洲本土建筑元素与西方建筑风格相结合,凸显出时尚、现代的气息。

俯瞰埃塞俄比亚岩石教堂

非洲建筑景观中著名的有埃及金字塔、埃塞俄比亚非洲大厦、埃塞俄比亚岩石教堂、南非音乐喷泉公园等。

一、埃及金字塔(Egyptian Pyramids)

1. 地理位置

埃及的金字塔数量众多,分布广泛,最集中的区域当属开罗西南、尼罗河以西的古城孟菲斯一带,其最著名的莫过于埃及首都开罗西南约10千米的吉萨高地上的3座金字塔,它们被称为吉萨金字塔,其中以古埃及第四王朝法老胡夫的金字塔为最大。

2. 建造时间

迄今为止,埃及共发现大大小小的金字塔约110座,其中大多数建于古埃及第三到第六王朝时期,在公元前2 700年至公元前2 500年之间。

3. 建造背景

建造规模巨大的金字塔,与古埃及人的信仰有着紧密联系。古埃及人认为,人的肉体和灵魂是不可分离的,两者不仅生前必须合一,死后也必须结合在一起。他们深信,当人死后,他的灵魂只是暂时离开躯体,一段时间

金字塔和狮身人面像

后又会返回，只要保存好死去的人的躯体，不让它腐烂，死去的人就能继续在来世生活，直到永远。因此，对古埃及人来说，如果人死后，躯体无法保存，那么灵魂将没有归依的地方，最后就会飘零远方，再也无法享受来世的生活。

作为埃及的最高统治者，历代法老都认为他们是神在人间的化身，因此他们在享受人间荣华富贵的同时，也幻想死后在来世继续享福，以庇佑现世中的子孙，再加上古埃及人对灵魂的信仰，因此他们十分重视死后的墓葬。为了妥善保存法老的遗体，不让其腐烂，于是古埃及便出现了制作木乃伊来保存遗体的方法。当法老去世后，他们的遗体都被制成木乃伊，放置于永世长存的陵墓中，以求不朽，因此法老的陵墓也就有了一个称号，叫作"永久的住宅"，而金字塔便是历代法老为自己准备的"永久"宫殿。在他们的认知中，高耸入云的金字塔不仅能保护法老的木乃伊，而且还能帮助法老的灵魂在死后升入天堂，因此法老从即位后便开始着手修建自己的金字塔。

让人奇怪的是古代埃及所有的金字塔都建在尼罗河西岸，这种特殊的布局与古埃及人独特的生死观有关。在古埃及人的心目中，尼罗河东岸是太阳升起的地方,象征着生命的开始;而尼罗河西岸则是太阳落下的地方,如同生命的结束,那里是属于亡灵的世界。

4. 建筑风格

古埃及是世界古代文明的发源地之一,其建筑风格的发展分为三个主要时期:古王国时期(公元前27世纪至公元前22世纪)、中王国时期(公元前22世纪中叶至公元前16世纪)、新王国时期(公元前16世纪至公元前11世纪),其中古王国时期的建筑就是以举世闻名的金字塔为代表。古埃及人对永

巍峨的金字塔

恒有着强烈的追求,再加上古埃及文明持续3 000余年的悠久历史,其社会发展保持了一种较为稳定的形态。这反映在古埃及的建筑艺术中,便是对静态和永恒的追求,三角形等一些稳固的几何形体被运用于建筑设计中,因为这些几何形体能获得最稳定的空间造型,并象征着永恒的主题。于是,古埃及的建筑师用庞大雄伟的规模、简洁沉稳的几何形体、明确清晰的对称轴线和纵深开阔的空间布局来凸显出金字塔的雄伟、庄严和神秘,形成震撼人心的效果,并最终让建筑获得永恒的生命力。

5. 结构特征

金字塔距今已有2 700多年的历史,由于它形似汉字中的"金"字,因而被称为"金字塔"。作为典型的陵墓建筑,金字塔的结构主要

茫茫沙漠中的金字塔

分为两部分：一是作为墓室的地下建筑，一是陵墓呈现的地上建筑。

（1）外部结构

金字塔规模宏伟，结构精密，从外部看，它呈现出高大的角锥体外形，每个侧面是三角形，而底座则为四方结构。以胡夫金字塔为例，胡夫金字塔高146.5米，四边各长230.37米，中心采用黄色石灰石块，塔身由约230万块石块砌成，平均每块约重2.5吨。石块全部经过细工磨平，石块之间没有使用灰泥之类的粘连物，完全靠石块本身的重量紧紧压在一起。历经2 700多年，胡夫金字塔依然十分牢固，其外形并没有发生明显的倾斜，棱角的线条仍然清晰可见。值得一提的是，最初在金字塔的周边还配套建有相当规模的建筑群，如神庙、宫殿等，因年代久远，如今只剩下高耸的金字塔了。

雄伟的金字塔

（2）内部结构

金字塔的内部结构十分复杂，以胡夫金字塔为例，最初的入口位于塔身北面离地面约18米的地方，但这一入口一直未启用，并处于封闭状态，于是后来在原入口的左下方距地面约13米处，开辟了另一入口进入塔内。入口处以4块巨大的石板构成人字形拱门，以均匀分散金字塔顶部100多米高的石块所形成的巨大压力，这类结构技术的运用表现出古埃及人高超的工程建造技术。通过拱门，一条长约100米的下坡甬道从入口处往下，穿过金字塔内部的石造物，深入塔底，通向未完工而废弃的地下墓室。地下墓室为石制结构，呈长方形，高约3米，距金字塔正中间地下约30米深处。在下降的甬道中，距入口处约20米的地方，另外开辟出了一条向上的甬道，在这条甬道的不远处又分成两条岔道，一条向西，水平通向一间人字形天花板的墓室，即所谓的"王后墓室"（高约6米，距地面约15米）；另一条通往向上的走廊（长8.4米、宽1.8米、高3.1米），走廊的尽头就是胡夫的墓室(高5.8米、宽5.2米,距地面约40米),整个墓室全部用花岗岩衬里做成屋顶。墓室上方有5个隔间,层叠在一起,用大块的花岗岩石板隔开,每层的高度仅1米,最上面一层的顶部呈三角形,古埃及人通过这种独一无二的结构来缓解墓室顶板所承受的石块压力。

6. 艺术成就

(1) 类型鉴赏——古代法老的超级陵墓

陵墓是古代帝王死后的葬身之所,各种类型的陵墓建筑展示出当时的社会经济状况。由于金字塔产生于古埃及的强盛时期,因此修建得庄严肃穆,显示出宏伟的气势,整体上给人以紧张、严肃、静穆的感觉。规模巨大的金字塔配上周围的神殿建筑,形成了庞大的陵墓建筑

高耸的金字塔

群,它象征着法老的无上权威和御控寰宇的霸气,而这巨大的规模也表达了法老对于永恒的追求。如此的规模,展现出了古埃及人杰出的建筑技术。

(2) 文化鉴赏——法老灵魂的登天通道

金字塔在古埃及文化中有着丰富的内涵。古埃及人十分崇拜猎户座,他们认为那是死去的法老在天堂的居所,而金字塔则是法老的肉体在人间的居所。他们相信,当法老死后,他的灵魂将会借助金字塔到达猎户座,因此金字塔内设计了众多复杂的甬道,这些甬道便是法老灵魂最重要的登天通道。《金字塔铭文》中记载道:"为他(法老)建造起上天的天梯,以便他可以由此上到天上。"同时,由于古代埃及太阳神的标志是太阳光芒,金字塔规整鲜明的角锥体形象便象征着刺向青天的太阳光芒,使得金字塔的外形中又蕴含了对太阳神的崇拜。透过文化内涵的挖掘,可以深深感受到古埃及文化的神秘厚重之美。

(3) 结构鉴赏——坚实绝妙的建筑奇迹

黄昏下梦幻般的金字塔

从建筑结构看,金字塔采用大块的石料建造,其单一的四面体斜线、宽大的平面、方形的台基和锐角的顶尖,给人以平稳踏实、坚不可摧且高不可攀的感觉,呈现出一种平稳、宽厚、踏实的美感,足以让人赞叹;从建筑体量看,金字塔呈现出的高大体量,给人以无比的雄壮感、神圣感和永恒感;就建筑的形式来说,金字塔采用四方锥体的主体建筑形式,以中轴对称为形式法则,方形的底座、角锥体的外形给人以稳定感,塔身四面为等腰三角形,线条结构高度简化,给人以光洁、平衡的美感。

(4) 环境鉴赏——梦幻迷离的沙漠奇葩

金字塔的周边是一望无际的撒哈拉沙漠,金字塔屹立在千里沙漠中,灰白色石块与黄色沙漠组合在一起,黄白相间,显示出和谐的壮美;金字塔高耸在几乎终年无雨的万里晴空之下,直刺云天,显示出壮阔的力度。可以想象沙漠中的奇特景观与金字塔高大、雄伟的外在形象结合,形成了一幅独具特色的沙漠奇观:灰白色的金字塔静静矗立在漫漫的大沙漠中,土红色的驼队慢悠悠地随着驼铃的节拍而到来,将凄凉荒芜的景色点缀得优美而富有生命力,构成一幅美妙的图画,成为大沙漠中不可缺少的一道风景线。

二、意大利罗马大斗兽场(Colosseum of Rome)

1. 地理位置

罗马大斗兽场位于意大利首都罗马市中心威尼斯广场的东南面,是古罗马帝国和罗马城的象征和标志性建筑。

2. 建造时间

罗马大斗兽场由古罗马皇帝维斯帕西安努斯于公元72年下令修建，历时8年，到公元80年始大功告成。罗马大斗兽场是罗马有史以来规模最大、结构最复杂的一座建筑，以其庞大、坚固、实用和精美而闻名于世，经历1 900多年的风风雨雨依然雄伟苍健，吸引着世人的目光。

雄伟的大斗兽场

3. 建造背景

罗马大斗兽场建于古罗马帝国动荡不安、岌岌可危之际，是古罗马帝国为取悦民众，赞颂帝国的伟大、力量与光荣而建造的，力图通过修建这一浩大的建筑，让民众重拾对帝国的信心，以稳定帝国的统治。它是古罗马时代建筑的代表，也是当时社会形态的写照。

令人惊叹的大斗兽场

公元54年，暴君尼禄统治了罗马帝国，此时的帝国疆域西起不列颠，东到耶路撒冷，面积广大，国力强盛，然而尼禄独揽大权，偏执多疑，引发罗马内乱，最终尼禄被处死，罗马帝国从此动荡不已。此后维斯帕西安努斯皇帝继位，开启了弗拉维奥王朝的时代，在脆弱的和平时期，维斯帕西安努斯需要罗马广大群众的支持。为了赢得民心，他极力展现出自己对民众的关爱，于是公元72年，他下令对尼禄的一座奢华的私人花园进行改造，随后便开始建造这座帝国历史上最宏伟精致的大斗兽场，其政治意图昭然若揭。

俯瞰大斗兽场

4. 建筑风格

古罗马建筑艺术是对古希腊建筑艺术的继承和发展。古罗马借助于更为先进的技术手段,发展了古希腊艺术的辉煌成就。古罗马建筑讲究"规例、配置、匀称、均衡、合宜及经济",以厚实的砖石墙、半圆形拱券、逐层挑出的门框装饰和交叉拱顶结构为主要特点,线条简洁明快,造型厚重敦实。

罗马大斗兽场属于典型的古罗马建筑风格,这种建筑形式起源于古希腊时期的剧场建筑。当时希腊的剧场依山而建,呈半圆形,观众席的分布依据山坡地形层层上升,形成一种围合结构。到了古罗马时期,建筑设计师将拱顶结构运用到了建筑的设计建造中。斗兽场的设计者使用拱顶将观众席层层架起,再将两个古希腊半圆形的剧场对接起来,形成了圆形围合式斗兽场建筑,观众席一层层形成圈式排列,逐层上升,而下部则用拱券结构支撑起整个斗兽场。外墙上采用拱券门形式,排列整齐,显出整个建筑的宏大气势,凸显了古罗马建筑成熟时期所具有的实用、坚固和美观特色。

华彩灯光下的大斗兽场

5. 结构特征

罗马大斗兽场规模宏大,设计精巧,是一座非常庞大的椭圆形建筑,长轴188米、短轴156米、周长527米、高57米,占地约2万平方米。

大斗兽场的结构分为四层,下三层各由80个圆形拱券组成,每两个拱券之间有壁柱,柱形极具特色,从第一层起,分别为多立克柱式、爱奥尼亚柱式、科林斯柱式[1]。三层不同的柱式没有实用意义,但美化了建筑的外观,使整个建筑显得富于变化,既雄伟宏大又装饰精美,节奏感十分强烈。斗兽场的第四层是顶楼,以小窗和壁柱装饰,使大面积的平坦墙面避免了单调呆板,同时,顶楼设有梁托支撑,可以架设遮篷,让观众免受雨淋日晒之苦。

在整个斗兽场椭圆形建筑的长短轴两端,分别设有一个主出入口,四个主出入口可直抵竞技场地。竞技场地的看台被设计为逐层向后退缩的阶梯式布局。斗兽场下三层的80个圆形拱券开设有80个入口,第四层则为80个小窗洞。下三层阶梯下设置有同心圆形的走廊,

壮观的大斗兽场

每隔一定间距有一定的纵向过道,过道呈放射状分布到观众席的斜面上,观众入场时按照自己的座位编号,首先由底层拱门入场,然后沿着楼梯找到区域,最后找到位子。入场通道结构的设计十分周到,非常方便观众快速就座和离场,不至于发生拥堵混乱等现象,这种入场设计方式依然被今天的大型体育场所沿用。

角斗场的中心是"中央表演区",长轴86米、短轴54米,外面围着层层看台。共有60排阶梯座位的观众席,可容纳8万观众。观众席分为四大区域,供不同身份的人使用,地位越低的人越坐在高处,最下层是贵族(如元老、长官、祭司等)区,第二层供罗马公民使用,第三层给普通自由民使用,最后的第四层是给底层人使用的,全是站席。中央表演区比最

---

〔1〕 科林斯柱式:柱头是倒钟的形状,并且倒钟的四周有装饰性的锯齿状叶片,一般用的是忍冬草的叶子,有时中间还有成对的卷涡,看起来比爱奥尼亚柱式更加修长,装饰更加丰富,更显高贵和奢华。

下层的贵族区低5米多,上面覆盖有木制地板,地板上铺撒沙土。地板下面则隐藏着洞口和管道,并有用厚墙分隔成小间的地下室,用来储存道具,关押野兽和角斗士,开始表演时就将角斗士或野兽吊起到地面上。表演区的周围设有铁栅栏,以保证观众的安全。令人称奇的是,地下室内布满了各种管道,可以在其中放满水,表演由3 000人进行的水上战斗。

大斗兽场巨大的外墙

从建筑材料上看,大斗兽场以砖石材料修筑,底下两层由巨型石柱和石墙组成,可承受巨大的压力,牢固耐磨;上面三层则全用水泥,外表用石灰华石进行装饰。重量自下而上逐渐减轻,下层最牢固,但上层也很坚实。整个斗兽场的外墙采用灰白色石灰岩材料,形成了庄严肃穆的视觉效果。

6. 艺术成就

(1)外形鉴赏——文化融合带来的视觉震撼

结构复杂的大斗兽场内部

从外观看,斗兽场呈现的是盛世的恢宏气势,椭圆形结构,表现出单纯、明确、浑然一体、无始无终的特点。罗马建筑师融合了古希腊的建筑艺术,设计了高高的立面,四层的结构,自上而下则采用多立克柱式、爱奥尼亚柱式和科林斯柱式,并进行了重新拼装,以层层柱式分割了建筑的立面,避免了建筑的单调和乏味,使这座雄伟的建筑呈现出秀巧和柔美的一面,而人们在这座庞然大物般的建筑面前也能感到亲切和悠然自得,表现出古典的人本主义内涵。历经千余年历史风云的大斗兽场,既是希腊文化与罗马文化充分融合的佐证,也显出当时建筑装饰的精美。

(2)结构鉴赏——巧妙设计展现的独特艺术

整个斗兽场建在平坦的场地上,它以砖石材料为基础,巧妙利用力学原理,采用跨空承重结构建成,尤其是成功运用了立柱与拱券,不仅减轻了整个建筑的重量,而且让建筑物具有一种动感和向外延伸的感觉,这种建筑形式对后世影响极大,是世界建筑史的一座丰碑。

在建筑材料选用上,基础部分以坚实的熔岩为骨料,构成类似混凝土的材料,同时用凝灰岩砌筑墙体,拱顶则采用比重较小的浮石材料;在建筑结构上,以层叠的拱形支撑,减轻了墙体的承重,使砌筑高体量的墙壁成为可能。场内可依墙内层叠安排供数万人观看演出的观众席,采用环形拱和放射形拱是整个角斗场空间关系的巨大成就,集中反映了古罗马建筑对材料的使用、技术的应用及结构功能处理的水平,整个建筑实现了结构、功能和形式三者和谐统一。

罗马大斗兽场规模宏大,设计精巧,具有极强的实用性,其高超的建筑水平令人惊叹,欧洲的许多地区直到千年以后才出现了同等程度的建筑。同时,大斗兽场的建筑结构、功能和形式是露天建筑的典范,在体育建筑中一直沿用至今,可以说现代体育场的设计思想就是源于此。

三、印度泰姬陵(Tāj Mahal)

1. 地理位置

泰姬陵全名为泰姬·玛哈尔陵,它坐落在距印度首都新德里东南约200千米的圣河——亚穆纳河南岸,与著名的阿克拉堡隔河相望。

2. 建造时间

泰姬陵从公元1631年开始动工建造,历时22年,到1653年完工,共耗资4 000多万卢比,差

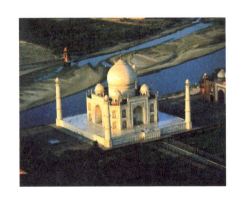

俯瞰泰姬陵

役2万多名工人。

庄严肃穆的泰姬陵

3. 建造背景

泰姬陵是莫卧儿王朝第五代皇帝沙·贾汗（1628—1658年在位）为纪念皇后蒙泰姬·玛哈尔而建造的陵墓，被誉为"完美建筑"。关于泰姬陵，还有着一个美丽的爱情故事：沙·贾汗登基后，迎娶了美丽的蒙泰姬·玛哈尔。但是，蒙泰姬·玛哈尔1629年因为难产去世，沙·贾汗悲痛欲绝，当他问妻子临终时有什么遗愿时，蒙泰姬·玛哈尔提出了三项要求：好好抚养她的14个孩子，终生不再续娶，还要为她建造一座举世无双的陵墓。沙·贾汗一一应允。为了设计和建造这座精美绝伦的陵墓建筑，沙·贾汗调集了全印度最好的建筑师和工匠，还聘请了多国的建筑师和工匠来参与设计和施工，其中，主要的建筑师是乌斯达得·穆哈默德·伊萨·埃赛迪。

4. 建筑风格

泰姬陵是一座印度伊斯兰与古代波斯建筑风格相融合的陵墓建筑。伊斯兰建筑艺术是世界建筑艺苑中的一枝奇葩，其设计强调奇想纵横，建筑庄重而富有变化，雄健而不失雅致，泰姬陵的建筑风格充分体现了这一特点。同时，伊斯兰建筑艺术在陵墓建筑设计上还有一些十分独有的特征：表现手法上，整个建筑力求简洁、明快、庄重、典雅，十分强调色彩的运用，以及建筑与周边环境的和谐一致，从而营造出庄重、肃穆的整体氛围；在建筑的整体布局方面，强调以陵墓为中轴的对称，以凸显陵墓建筑的主体地位。整个建筑富于哲理，是一个完美无缺的艺术珍品。

5. 结构特征

泰姬陵陵区呈长方形结构,南北长580米,东西宽305米,占地17万平方米,整体布局由前庭、正门、花园、陵墓主体以及左右两座清真寺组成,整个建筑绚丽夺目、美丽无比。

无与伦比的泰姬陵

泰姬陵的陵园四周由一道红砂石墙围绕,分为前后两个庭院:前院种植了大量的树木花草,院内古树参天,奇花异草芳香扑鼻,显得开阔而幽雅,宁静而安详;后院占地面积大,主体建筑就是泰姬的陵墓。陵墓的基座为一座高7米、长宽各95米的正方形大理石,陵墓边长近60米。整个陵墓用洁白的大理石筑成,顶端是巨大的圆球,下部为八角形陵壁,上下总高74米,圆球的四角矗立着高达40米的圆塔,以防止塔倾倒后压坏陵体。圆塔庄严肃穆,塔内有50层阶梯。墓室内有一扇由中国巧匠雕刻得极为精美的门扉窗棂。墓室共分5间,墙上有构思奇巧的用珠宝镶成的繁花佳卉,使墓室更显光彩照人,墓室的中央放着泰姬和沙·贾汗的两具石棺。墓室的拱形大门象征着智慧,用黑色大理石镶嵌的半部《古兰经》的经文置于拱形大门的门框上。在陵墓的东西两侧各建有清真寺和答辩厅,两座建筑式样相同,对称均衡,左右呼应。一条用红石铺成、宽阔笔直的甬道连接大门与陵墓,甬道两边为两条人行道,左右对称,布局十分工整。人行道中间修建了一个十字形的喷泉水池,由喷水池中一排排的喷嘴喷出的水柱交叉错落,如游龙戏珠。水池两旁种植有果树和柏树,分别象征着生命和死亡。

6. 艺术成就

泰姬陵是世界七大建筑奇迹之一,被列入联合国世界遗产名录。泰姬陵集中了印度、阿拉伯、波斯的建筑艺术特点,堪称印度古代建筑艺术的顶峰。

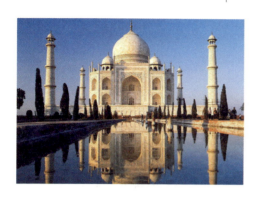

平静而美丽的泰姬陵

(1) 建筑群布局完美,体形端庄优美

正方形的台基、圆形的穹隆、三角形的门洞、笔直的圆柱、挺拔的圆塔等各种几何形体被巧妙地糅合在一起。拱形的门窗不但增加了立面深度,而且造成有趣的阴影。斜抹过去的两角,丰富了建筑立面的明暗变化,使整个建筑在阳光照耀下显得洁白无瑕,好像镶嵌在绿地和蓝天之间,如真如幻,营造出一种"羽化登仙"的意境。在色彩运用上,建筑以红砂石的围墙、大门和清真寺作为衬托,有力地烘托出陵墓的纯净洁白,加强了它作为主体建筑的地位,主次关系了然分明。建筑群的色彩沉静明丽,湛蓝的天空下,青青草色托着晶莹洁白的陵墓和高塔,两侧赭红色的建筑物把它映照得如冰如雪。倒影清亮,荡漾在澄澈的水池中,当喷泉飞溅、水雾迷蒙时,它闪烁颤动,倏整倏散,飘忽变幻,景象尤其迷人。

(2) 陵墓形象肃穆而明朗

泰姬陵的布局稳重而又舒展,台基宽阔,与主体约略成一个方锥形,但四座圆塔又使轮廓空灵起来,与天空相互穿插渗透。它的体形洗练,各部分的几何形状明确,相互关系清晰,虚实变化无穷。

泰姬陵的比例和谐,主要部分之间有大体相近的几何关系。例如,塔高(连台基)近于两塔间距离的一半,主体立面的中央部分的高近于立面总宽度的一半,立面两侧部分的高近于立面不计抹角部分的宽度的一半,其余的大小、高低、粗细也各得其宜。

泰姬陵主次分明,穹顶统率全局,尺度最大;正中凹廊是立面的中心,尺度其次;两侧和抹角斜面上的凹廊反衬中央凹廊,尺度第三;四角的共事尺度最小,它们反过来衬托出中央的阔大宏伟。此外,大小凹廊造成的层次进退、光影变化、虚实对照,大小穹顶和高塔造成的活泼的天际轮廓,穹顶和发券与柔和的曲线,等等,使陵墓于肃穆的纪念性之外,又具有开朗亲切之感。

(3) 熟练运用构图的对立统一规律,使建筑丰富多姿

陵墓方形的主体和浑圆的穹顶在形体上对比强烈,但它们却是统一的。它们都有一致的几何精确性,主体正面发券的轮廓与穹顶相呼应,立面中央部分的宽度和穹顶的直径相当。同时,主体与穹顶之间的过渡联系很具匠心,主体抹角向圆接近,在穹顶的四角布置了小穹顶,它们形成了方形的布局,小穹顶是圆的,而它们下面的亭子却是八角形的,与主体相呼应。

陵墓为整个建筑的垂直轴线,四角配以体现伊斯兰特征的尖塔,外部以象征圣洁的白色为主色调,与前方广场象征生命的绿地、水池、喷泉相呼应,绿白相衬,静动相宜,错落有致,宛如幽雅的小夜曲,实为伊斯兰陵墓建筑艺术的经典之作。在内部装饰上,注重色彩的搭配,精雕细琢,大量使用彩砖,巧妙地构成各种书体的《古兰经》经文及精美的几何、花纹图案。

四、美国帝国大厦(the Empire State Building)

1. 地理位置

美国帝国大厦是世界最著名的高层建筑之一,它耸立在美国纽约市中心区曼哈顿繁华的第五大道350号。这里位置优越,交通便捷,熙熙攘攘的往来人群见证了帝国大厦的风云变幻。

2. 建造时间

帝国大厦于1930年3月17日开始建造,9月22日钢结构全部完工,到1931年4月11日整个大楼全部竣工。从大楼动工到使用只用了短短14个月的时间,这在建筑史上堪称奇迹。

3. 建造背景

帝国大厦所在地早年是一座农场和一家旅馆。关于大厦的建造还有一个故事:20世纪30年代的大萧条时期,美国民众生活十分困苦,而此时华尔街的富豪却十分热衷于修建摩天大楼。一天,百万富翁拉斯科布为显示自己的富有,决意修建一座世界最高的摩天大楼,于是他找来

高耸的帝国大厦

著名的建筑师威廉·拉姆,问大楼能盖多高。拉姆沉思片刻后回答说:"320米。"拉斯科布对这个高度很不满意,因为这仅仅比当时纽约新建成的克莱斯勒大厦高1.2米。于是,建筑师设法增加了一节61米高的圆塔,使帝国大厦的高度为381米。

帝国大厦由国际知名的纽约希雷夫、兰勃、哈蒙联合建筑设计事务所设计,由史德雷特兄弟和艾肯事务所,以及贝尔康工程公司共同合作建造,而帝国大厦的主要投资者便是百万富翁拉斯科布和杜邦,由于纽约市所在的纽约州有一个别名,称"帝国州",大厦因此而得名。

4. 建筑风格

帝国大厦综合表现了20世纪30年代世界建筑科学的技术水平,其建筑风格是美国"装饰艺术运动"的产物,并融入了现代主义风格。

装饰艺术运动其实是一个装饰艺术方面的运动,却最终影响到了建筑设计的风格。它源于1925年巴黎世界博览会,20世纪30年代在美国流行,其建筑设计重视几何的形体、重复的线条,以及曲折线的表现形式,强

暮色中的帝国大厦

调线条的表现、结构的对称、大块整洁的建筑立面,以强烈的视觉魅力和独特的韵律感对人们的视觉形成冲击。装饰艺术运动不仅融合了立体派、表现主义、未来派,以及构成主义等当代艺术的特色,而且更强烈地受到当时社会的影响,引入了工业时代兴起的机械美学思想,以机械式的、几何的、单纯的线条来表现,如扇形辐射的太阳光等。因此装饰艺术派设计的建筑物高耸、挺拔,给人以拔地而起、傲然屹立的非凡气势,体现出工业革命技术革新所带来的不断克服地心引力以达到新高度的能力,表现出不断超越的人文精神和力量。

5. 结构特征

帝国大厦是一栋超高层的现代化办公大楼,它也是纽约的标志性建筑之一。

帝国大厦建在基岩之上,其双层基础深达88米,地基是一个长方形结构,长130米、宽60米,5层以下占满整个地基面积,大厦从第6层开始收缩,长度收缩为70米,宽度收缩为50米。30层以上再次收缩,到第85层时,缩小为长40米、宽24米的结构。85层以上是一个直径约10米、高61米的圆塔,塔高相当于17层楼的高度。因此,帝国大厦共有102层的高度,塔的顶端距地面381米,加上塔上的电视天线,整个大厦高约448.7米。

巍峨的帝国大厦

帝国大厦全部采用钢结构,总体积达96.4万立方米,有效使用面积为16万平方米,结构用钢5.8万吨,总重量达30万吨以上。这在世界建筑规模和用地效率上是以往任何建筑都无法比拟的。

帝国大厦内部功能结构十分复杂。整个建筑总容积为1 306 800立方米，租赁面积达 242 000 平方米，自地面到第 102 层共有 1 860 级台阶。整个大厦共装有电梯 73 部，其速度达每分 182～364 米，电梯井总深度为 11.2 千米。大厦的电话与电报线路总长 5 600 千米，自来水管总长 9.6 千米。整个大厦装备的管网之复杂，运用设备的先进程度，使之可以站在当时世界科技的前沿。

大厦建筑内装饰是典型的装饰艺术派风格，特色鲜明，墙壁镶有来自意大利、法国、比利时和德国等国不同颜色的大理石，大厦一楼的大厅聚集陈列有各种艺术品，堪称世界艺术品的殿堂，诸如珍藏有号称"世界八大奇观"的八件艺术珍品原作，这是艺术家罗伊·斯巴基亚和他的妻子雷妮·内莫诺夫共同绘制的，其他陈列的珍品数不胜数，都成为帝国大厦无与伦比的艺术宝藏。

霞光照耀下的帝国大厦

6. 艺术成就

在美国建筑师协会公布的美国人最喜爱的建筑中，帝国大厦排名第一。整个大厦无论是建设速度还是建设技术，在大萧条时期都具有划时代的意义。大厦采用"搭积木"式的建造方法，所有的建筑构件全部在宾夕法尼亚的工厂里预装配好，然后运到纽约，逐层安装，直到 1972 年世贸中心的双塔建成之前，帝国大厦一直是纽约最高的建筑。

帝国大厦展现出浓郁的装饰艺术派风格，在外在形象上，整个大厦给人以哥特式建筑特有的向上升腾感，凝重中不乏威严，刚硬中不乏柔和，外形由极其简单的竖向线条构成，规整而不单调，充满了向上生长的丰富生命力，而大厦的顶部和底部结构富于变化，错落有致，大厦中部则表现得平整一致，高大的主体身躯给人以一泻千里的气势，展现出的和谐之感如同古典短诗式的黄金比例。大厦的平面呈四方对称，并有意强调其立面结构,充满了对古典艺术的缅怀。帝国大厦顶部的形式倾注了设计者的大量心血,顶部在设计上更多地注重水平因素的构图,因此,在这里可以看到多利亚檐壁[1]式风格的影子。

由于大厦建成的时候正好是大萧条时期,再加上它的位置距离公交设施比较远,所以入住率很低,被戏称为"空置大厦"。从1931年至今,已经有超过一亿名游客来到大厦的观景台参观。帝国大厦顶楼经常会亮出不同颜色的灯来庆祝纪念某些特殊的日子,如2009年的时候,亮出红色和黄色的灯,祝贺中华人民共和国成立60周年。

五、澳大利亚悉尼歌剧院(Sydney Opera House)

1. 地理位置

悉尼歌剧院占地约18 000平方米,长183米、宽118米,矗立在澳大利亚新南威尔士州悉尼市贝尼朗岬角上,因为三面环海,又称海中歌剧院,西边紧靠着著名的澳大利亚海港大桥,南端与悉尼市植物园和政府大厦遥遥相望,为悉尼市的标志性建筑。

2. 建造时间

悉尼歌剧院是从20世纪50年代开始构思兴建的,1959年3月正式开始建造,1973年10月20日完工并开幕,共耗时14年。

3. 建造背景

悉尼歌剧院的建造计划始于20世纪50年代。当时,悉尼市的戏剧表演大多在悉尼市政厅举行,由于场地范围狭小,于是时任悉尼交响乐团常任指挥和乐团总

优美的悉尼歌剧院

---

〔1〕 多利亚檐壁:是多利亚柱式的一部分,称为中楣,位于柱子上部,上承屋顶,由三陇板和间板构成,三陇板是长方形板面,上刻浮雕。檐壁是多利亚柱式中最富装饰的部位。

监的尤金·古森斯提议政府,在悉尼建造一个专供交响乐团使用的音乐厅,并为此积极与政府磋商协调。1954年,古森斯成功取得了新南威尔士州州长理约翰·卡西尔的支持。1955年9月13日,由卡西尔组织发起了关于悉尼歌剧院的设计竞赛,不久共收到来自32个国家的233件参赛作品。1956年,丹麦37岁的建筑设计师约恩·伍重看到了澳大利亚政府向海外征集悉尼歌剧院设计方案的广告,他凭着从小在海滨渔村的生活积累所迸发出的灵感,完成了设计方案,被当时的评委会主席艾罗·萨里宁所欣赏。1957年1月,评委会宣布伍重的方案击败所有竞争对手,获得第一名。

4. 建筑风格

悉尼歌剧院的整体设计充分展现出浓郁的后现代主义艺术色彩,堪称现代建筑艺术的经典之作。

贝壳状的悉尼歌剧院

后现代主义设计思潮产生于20世纪50年代,其建筑思想具有三大典型特征:强调装饰,蕴含象征性或隐喻性,注重与现有环境相融合。后现代主义强调建筑设计应具有历史的延续性,但不拘泥于传统的逻辑思维方式,注重对造型手法的探索创新,凭借非传统的混合、叠加等手法和象征、隐喻等方式,以求创造出一种融感性与理性、集传统与现代、糅大众和行家于一体的建筑和环境。

悉尼歌剧院最突出的特点是整个建筑的象征性,设计师的出发点就是针对整个建筑造型的雕塑性和象征意味。从外观上看,整个歌剧院外表采用洁白的瓷砖材料,放眼望去,从不同角度欣赏,可以看到悉尼歌剧院呈现出形象各异的多彩画面。

(1) 贝壳

整个歌剧院三面环海,如同一个置于海边礁石上巨大的贝壳,生动形象,而白色的壳片又会让人联想到盛开的白色花朵,整个造型给人以清新自然、明快轻盈的感觉。

(2) 船队

多个白色壳片结构高低排列,像一组迎风扬帆的船队,与海湾中的片片白帆相互掩映,富有诗意,充满了浓郁的浪漫主义色彩。

(3) 修女

从歌剧院的建筑外形看,构成三个三角形翘首于海滨之地,如同翘首遐观的恬静修女,形象生动,趣味盎然。

5. 结构特征

悉尼歌剧院是澳大利亚全国的表演艺术中心,它设计新颖,功能齐全,深受大众欢迎,作为现代建筑的典型代表,在整体上呈现出其特有的结构特征。

(1) 外部特征——壳片状构件组合

悉尼歌剧院造型奇特,它的底部是一个南北长 186 米、东西最宽 97 米的钢筋混凝土基座。基座上耸立着三组巨大的壳片状构件,最高处距海面 67 米,相当于 20 多层楼的高度。歌剧院的顶部结构通常被称为"壳",由弯曲状混凝土预制件构成,整个歌剧院建筑共有 2 194 块这样的预制件,每块重 15.3 吨,整个顶部重量为 2.7 万吨,由钢缆拉紧拼成,外表覆盖有 105 万块白色或奶油色的瓷砖,从远处看,显得非常洁白。整个歌剧院的入口在南端,入口处是一条用赭色花岗岩铺成的台阶,宽达 91 米,而车辆入口和停车场等设施均在台阶的下面。

(2) 内部特征——多功能厅堂组合

悉尼歌剧院建筑总面积达 88 258 平方米,建筑内部主要由四个功能厅组成:大音乐厅、歌剧厅、剧场和小音乐厅,此外,还包括排演厅、接待厅、展览厅、录音厅,以及戏剧图书馆和各种附属用房(如餐厅、商品销售部等),整个建筑共有大小 900 多个房间。

大音乐厅是歌剧院内最大的厅堂,可容纳 2 679 名观众,舞台呈梯形结构,临近观众的部分较窄,为 14 米,最深处宽度为 17 米。该厅通常用于举办交响乐、室内乐、歌剧、舞蹈、合唱、流行乐等各类文化表演活动。大音乐厅的最特别之处,就在大厅的正前方,那里摆放着澳大利亚艺术

悉尼歌剧院内的大音乐厅

家罗纳德·夏普设计建造的一个大管风琴,号称全世界最大的机械木连杆风琴。此外,在厅内装饰方面,整个音乐厅使用澳大利亚本土产的白桦树木板,这种木板能够吸收多余的反射回音,呈现出澳大利亚自有的独特风格,让游人和听众能完全沉浸在澳大利亚的文化氛围之中。

歌剧厅拥有1 547个座位,主要用于歌剧、芭蕾舞等表演。歌剧厅内部陈设新颖华丽,墙壁由暗光的夹板镶成,地板和天花板用澳大利亚本土产的黄杨木和桦木制成,弹簧椅蒙有红色光滑的皮套,通过材料的运用,使演出呈现出圆润的音响效果。厅内舞台宽11米、高7米、纵深17.5米,专门配有转台和升降台,舞台的顶部装有可使演员腾空而起的机械系统及电脑控制的灯光系统。歌剧厅内的幕布由两幅华丽的法国造毛料幕布组成,一幅犹如道道霞光普照大地,被称为"日幕",其图案由红、黄、粉红三色构成;另一幅由深蓝色、绿色、棕色三色组成,仿佛一弯新月挂于云端,取名"月幕"。

剧场是一个拥有544个座位的舞台剧院,座位呈直线排布,座椅由

悉尼歌剧院内的大厅

白桦木做成,上面铺设羊绒坐垫与靠背。墙壁被涂成深色,整个舞台宽13.5米、高4.8米、纵深14米,内有各类道具、机械等设备,主要表演话剧、歌剧、音乐剧等。

小音乐厅有398个座位,最初是为表演室内乐而专门设计的,后来在使用中

发现,该厅同样适合用于各种表演,于是在小音乐厅内也上演一些话剧、歌剧等。

6. 艺术成就

丹麦设计师伍重根据他的奇特想象和精心设计,构筑了悉尼歌剧院这一建筑史上的绝妙组合,他将白帆般的壳体和悉尼港的优美风景有机地融合在一起,和谐自然,具有极高的艺术价值。

(1) 造型之美——生动形象、简洁流畅

歌剧院建筑的外形曲线虽然呈现不规则形式,却十分流畅,线条错落有致,节奏韵律明快,极富现代气息,其建筑整体颜色为白色,虽然显得色调单一、缺少变化,却没有给人单调、呆板的印象,反而形成一种清爽、冷峻、大气、神圣之感。

远观悉尼歌剧院的所在,碧海蓝天之间,歌剧院静卧于三面环海的小半岛之上,在阳光照映下,整个建筑造型显得新颖奇特、雄伟瑰丽。歌剧院巨大的白色壳片外形,既像紧立着的贝壳,又像巨型的海上白帆,还如一簇簇盛开的花朵,荡漾在蔚蓝色的海面上,与蓝色的海洋和天空融为一体,显得婀娜多姿,轻盈皎洁,让人不禁赞叹建筑与自然结合的完美,"船帆屋顶歌剧院",名副其实。

(2) 结构之美——组合统一、布局巧妙

悉尼歌剧院的建造采用"壳"状结构,建筑布局精致巧妙,组合堪称完美,大音乐厅、歌剧厅、剧场等主要厅堂并排而立,建立在巨型基座之上,其他房间则巧妙地布局在基座之内。由于整个歌剧院采用的是集成式设计体系,所有的地板都是水泥预制件,随时可以拆卸,因此为建筑的后期维护及增添功能创造了条件,是整个建筑设计的重要

悉尼歌剧院与海港大桥

特色之一。

(3) 环境之美——相映成趣、和谐融洽

造型独特的歌剧院是悉尼市的标志,同时歌剧院的位置、体量、多维立体设计、整体形象、色彩等无不充分考虑与周边环境的和谐融洽,这也使歌剧院成为建筑史上巧妙处理建筑与环境关系的成功典范。

悉尼歌剧院强调环境的和谐统一,贝尼朗岬角三面环水,位置极佳,近距离与海水亲近,茫茫蓝海,显得遥远又空旷,设计师以白色的主色调,创新采用"壳"状结构,如贝壳、如白帆的造型,使歌剧院建筑恰到好处地融入海滨环境之中,矗立于海天之间,相融相谐,美轮美奂。

歌剧院背后便是澳大利亚著名的海港大桥,它们隔海相邻,将歌剧院与大桥连成一体欣赏时,雄伟和婀娜、深色和浅色、直线和曲线构成了一幅反差强烈又协调一体的美丽图画。

静静矗立在海洋之滨的悉尼歌剧院,向人们传达着自然和谐、与世无争的思想,无论在建筑造型、周边环境等方面,正如澳大利亚悉尼歌剧院评委们对设计草图的评价,"伟大的简单布局,统一的结构表现,惊人的建筑构图",足以堪称现代建筑的经典之作。

城市风情

概　　述

1. 城市的概念及发展状况

城市是非农业产业和非农业人口的集聚区,人口密集,工商业发达,通常是周围地区政治、经济、文化的中心。城市的出现,是人类走向成熟和文明的标志,也是人类群居生活的高级形式。完善的配套设施、便利优越的生活条件吸引着人们不断向城市集聚,全球城市的数量和规模也在不断增长和发展。目前,在全球众多的城市中,一些个性比较鲜明的城市依托自身悠久的历史文化、代表性的景观建筑或独特的风俗民情,逐步在世界城市大格局中确立了自己的地位,形成了一批世界名城。今日的世界是以城市为主导的世界。城市生活作为人类的一种生存方式,已经逐渐取得主导地位。就地域而言,城市数量越来越多,城市规模越来越大,占据了地球上越来越多的空间。就人口而言,20世纪初全世界有1.5亿人居住在城市,占世界人口不足10%,到21世纪初,世界城市人口接近30亿人,在100年间增加了近19倍,几乎占世界人口的一半。就功能而言,城市日益成为人类活动的中心,城市生活深刻地影响着人类的发展。

2. 城市风情的特点

总体来说,每个城市都有着自己特定的发展历程和个性风情,有着

中国丽江古城

不同的规模体量、不同的地理区位、不同的文化脉络、不同的风俗习尚，每个城市都是地区文明最有代表性、最有说服力的名片。

从城市所处的自然地理位置来看，有沿海城市、内陆城市、热带城市、寒温带城市、高原城市、盆地城市、山地城市、平原城市等。从文化地域来看，城市存在中西方文化差异、民族文化差异、宗教文化差异等。从城市规模来看，有国际化旅游都市、中等旅游城市、特色旅游城镇。可见，我们只有了解了城市的自然环境、文化特色、发展脉络，才可以深入体会城市的现在、对话城市的过去、展望城市的未来。

当然城市的风情最终还是体现在城市的文化上。离开了文化，我们不可能享受到城市的风情，更不可能产生"直抵人心"的妙想。美国学者刘易斯·芒福德在他的名著《城市发展史——起源、演变和前景》一书开篇即连续问道："城市是什么？它是如何产生的？又经历了哪些过程？有些什么功能？它起些什么作用？达到哪些目的？"他还指出：如果我们仅研究集结在城墙范围以内的那些永久性建筑物，那么我们就还根本没有涉及城市的本质问题。言下之意，文化是城市灵魂和精神的要义。以下介绍的城市,不仅有着繁华的都市印象,美妙绝伦的独特建筑风貌,更是一部部具有深厚文化积淀的历史教科书,需要静下心来品味与怀想。

3. 世界城市风情概述

在城市旅游目的地中,中国的北京和西安、美国的纽约和华盛顿、日本的东京和京都、法国的巴黎、泰国的曼谷、奥地利的维也纳、埃及的开罗、英国的伦敦、俄罗斯的莫斯科、澳大利亚的悉尼等,都是国际化旅游大都市。然而,每个国际化旅游大都市也有自己独特的城市风情。比如:① 纽约是美国第一大都市和第一大商港,是享誉全球的不夜城。一个多世纪以来,纽约市一直是世界上重要的商业和金融中心,影响着全球的媒体、政治、教育、娱乐以及时尚界。由于联合国总部设于该市,因此纽约又号称"世界之都"。纽约市还是众多世界级博物馆、画廊和演艺比赛场地的所在地,使其成为西半球的文化及娱乐中心之一。② 京都则是日本一座幽雅秀丽、历史悠久的传统文明古城,是日本文化艺术的摇篮和著名的观光城市。京都以山水园林驰名国内外,那五步一寺和十步一庙的名胜古迹,使京都的旅游观光事业久盛不衰。为了吸引游客,京都每年要举行各种名目的祭祀活动。③ 泰国有"黄袍佛国"的称号,曼谷因僧尼众多、寺院遍布而被誉为"佛教之都"。漫步城中,映入眼帘的是巍峨的佛塔,红顶的寺院,红、绿、黄相间的泰式鱼脊形屋顶的庙宇,充满了神秘的东方色彩。④ 维也纳则是"多瑙河的女神",环境优美,景色诱人。随着贵族生活的盛行,音乐成为维也纳重要的城市文化。但是在维也纳发展的前期,音乐只是维也纳的一个文化特色。只有当维也纳在近代开始利用音乐这一资源后,音乐这一城市特质开始上升为城市的主题文化,维也纳才逐渐成为世界名城。⑤ 俄罗斯首都莫

美国纽约曼哈顿街景

斯科是一座有着800多年历史的名城。它建立在7个高低起伏的山丘上,整个城市就像一个大蜘蛛网。莫斯科的街道呈环形和放射形,一环环自市中心向外延伸。莫斯科气温较低,以前树木很少,曾被称为"沙漠城市"。1928年开始进行大规模绿化,建立了从市中心向郊外辐射的八条绿色林带。市内有很多大小公园和街心花园,还在市郊建立了11个自然森林区,过去曾一度绝迹的野鹿已繁殖到几万头。如今莫斯科摘掉了"沙漠城市"的帽子,成为全世界所羡慕的绿色首都。⑥沙漠古都开罗是非洲最大的城市、埃及共和国的首都,也是著名的旅游城市。开罗既有反映阿拉伯民俗传统风格的老城,也有按西方现代建筑风格建设起来的新城;现代文明与古老传统相互融合、彼此并存,是开罗的一大特色。伊斯兰教是埃及的国教,开罗全城分布着一千多座清真寺,寺顶的塔尖好似满天星斗点缀在城市上空。开罗这个沙漠古都因而又获得了"千塔之城"的称号。开罗西南郊的大金字塔和狮身人面像,更使开罗成为令全世界游人非常神往的历史名城。

可见,每个旅游城市都是一部文明史书,值得我们好好地观赏和品味。

一、美国纽约(New York)

1. 地理位置

纽约是美国最大的城市及最大的商港,也是世界第一大经济中心,号称世界之都,位于纽约州东南部哈得孙河口,濒临大西洋。纽约市由五个区组成:曼哈顿、布鲁克林、皇后区、布朗克斯和斯塔滕岛。

2. 城市历史

纽约的开拓与发展历史与其他世界级城市相比,要晚许多,只有300多年。纽约地区最早的居民是印第安人,他们居住于曼哈顿岛的南端。1609年,英国人亨利·哈得孙驾驶"半月"号帆船,到达纽约湾沿河上溯,并将这条河流命名为"哈得孙河"。1626年,荷兰人从印第安人手中廉价买下曼哈顿岛,并在哈得孙河口开始建造城堡、教堂、交易市场和手工业作坊,将其命名为"新阿姆斯特丹",将之逐渐发展为一个贸易发达的市镇。到1664年,号称"日不落帝国"的英国殖民者率军舰开进新阿姆斯特丹海域,势力衰竭的荷兰无力抵抗,只好把新阿姆斯特丹拱手送给了英国人。英国国王查理二世将这片土地赐给了他的弟弟詹姆士·约克公爵。詹姆士·约克公爵从英国旧领地约克城迁移到这里,并将其改名为"纽约"。"纽"英文是"新","约"就是"约克城","纽约"即"新约克城"之意,并一直沿用至今。在英国殖民者统治之下,纽约面积不断扩大,并发展成为北美最大的港口,1686年设立纽约市。

美国独立战争以后,华盛顿在此宣誓就职,曾定纽约为首都,凭借政治中心的优势,纽约发展很快,人口迅速增加,及至1825年,联系哈得孙河和五大湖区的伊利运河通航,沟通了美国中西部与大西洋沿岸的经济联系,内陆地区的农牧产品和矿产资源全都依赖纽约进行贸易,使之发展为北美的第一商埠。

3. 城市形象

人们习惯上称纽约是"水泥的森林""站着的城市",形容其摩天大楼之多。被称为美国象征的曼哈顿区,摩天大楼鳞次栉比。早在20世纪20年代,克莱斯勒大厦就以318.8米的高度,超过法国巴黎埃菲尔铁塔,成为当时世界上的最高建筑。1931年建成的帝国大厦,高达381米,曾保持最高纪录达42年之久,直到1973年"世界贸易中心"大厦建成,最高"桂冠"才被夺走,还有71层的曼哈顿银行以及高259米、地上70层的奇异电器大楼(原名RCA大厦)等。这一系列高楼大厦构成了纽约城市建筑的一大特点,密集的高层建筑使城市街道成了"林中小道"。我们徜徉在这些高及云天的建筑中,仰头上望,真是蓝天如线,不得不为如此精湛的建筑艺术所折服。纽约,堪称现代建筑的一座大型博物馆。

4. 城市文化与城市景观

纽约,以其短暂的发展史走到世界大都会的前列,它不仅向世人展示出美国人民的智慧,而且也展示了一种美国精神。纽约享有美国门户和世界金融之都等种种美誉。纽约是世界上有名的国际化大都市,生活着各种肤色的人们。纽约既有一掷千金的亿万富豪,也有无数无家可归的流浪汉。纽约既有成片的摩天大楼,也有破烂的贫民窟。早在20世纪20年代,爵士歌手就用"大苹果"来吟唱纽约,这个绰号随着歌声传遍四方。

自由女神像

当游客乘船抵达纽约港时,首先映入眼帘的是自由岛上的"自由女神"像,它的正式名称是"照耀世界的自由女神"。这是世界第二大雕塑,是纽约的"陆标"。这是法国在1876年赠送给美国的独立100周年的礼物,她是雕像所在的自由岛的重要观光景点。法国著名雕塑家巴托尔迪历时10年艰辛地完成了自由女神像的雕塑,女神的外貌设计来源于雕塑家的母亲,而女神高举火炬的右手则是以雕塑家妻子的手臂为蓝本。

自由女神穿着古希腊风格的服装,所戴头冠有象征世界七大洲及七大洋的七道尖芒。女神右手高举象征自由的火炬,左手捧着刻有1776年7月4日,象征《独立宣言》的石板,脚下是打碎的手铐、脚镣和锁链。她象征着自由、挣脱暴政的约束,在1886年10月28日落成并揭幕。雕像锻铁的内部结构是由后来建造巴黎埃菲尔铁塔的居斯塔夫·埃菲尔设计的。自由女神像高46米,加基座为93米,整座铜像以120吨钢铁为骨架、80吨铜片为外皮,以30万只铆钉装配固定在支架上,总重量达225吨。自由女神的底座是著名的约瑟夫·普利策筹集10万美元建成的,现在的底座是一座美国移民史博物馆。1984年,自由女神像被列为世界文化遗产。

华尔街是纽约市曼哈顿区南部一条大街的名字,长不超过1.6千米,宽仅11米。它是美国一些主要金融机构的所在地。它掌握着西方经济的命脉,在世界金融领域起着重要的作用。华尔街上的联邦厅曾是美国第一届国会的所在地,首任总统华盛顿就是在这里宣誓就职的,如今大门前耸立着华盛顿像以资纪念。不过华尔街作为政治中心只是短暂的一瞬,而作为金融中心却一直辉煌夺目,经久不衰。

纽约的中央公园是全世界大都市中有名的城市公园,有湖、树、花、鸟等迷人景观。它在第五大道和中央公园西道,从59街区到110街区,名副其实地坐落在纽约曼哈顿岛的中央。3.4平方千米的宏大面积使它与自由女神、帝国大厦等同为纽约乃至美国的象征。中央公园号称纽约的"后花园",是一

中央公园

块完全人造的自然景观,每天有数以千计的市民与游客在此进行各项活动。1857年,纽约市的决策者就在这座城市预留了公众使用的绿地,为市民忙碌紧张的生活提供一个悠闲的场所。公园四季皆美,春天嫣红嫩绿,夏天阳光璀璨,秋天枫红似火,冬天银白萧索。

纽约是美国的文化中心、世界艺术爱好者的汇集之处。市内有美国最大的大都会艺术博物馆,美术馆内收藏艺术珍品达36万件,还有1869年创立的自然史博物馆,藏书达800万册的纽约公共图书馆。位于中央公园西侧的林肯中心是纽约音乐与舞蹈艺术的圣地,大都会歌剧院是世界上最佳歌剧院之一。纽约有57家广播电台,美国三大广播网——国家广播公司、哥伦比亚广播公司及美国广播公司总公司都设在纽约。纽约出版的书籍占美国全部出版书籍的四分之三,新闻出版机构每天用几十种文字出版各种报纸。纽约还有许多高等学府和科学研究机构,如纽约大学、哥伦比亚大学等。对于艺术家们来说,纽约无疑是一个世界性的大舞台,全长29千米,由东南向西延伸斜穿曼哈顿岛的百老汇大街,

是表演艺术的殿堂,从这里生产了许多驰名世界的经典影片,也诞生出众多家喻户晓的影视演员。

5. 旅游活动

纽约有许许多多的知名酒吧,每天总有两次、星期日总有一次处于高峰时期。午餐时间,总是人满为患。下班后又同样是这些人到酒吧去享受更悠闲的"快乐时光"。酒吧犹如地铁车站一样,是纽约生活的镜子。去感受一下纽约的咖啡馆生活,无论是清淡的还是浪漫的,无论是文雅的还是喧闹的,或是在户外,或是在篝火旁,都能感受到多民族的生活色彩。

纽约是世界上无与伦比的娱乐城市。芭蕾、古典音乐、歌剧、大型音乐会、爵士音乐、摇摆舞、戏剧、电影、卡巴莱歌剧、迪斯科、钢琴演奏——应有尽有,生动活泼,扣人心弦。

二、法国巴黎(Paris)

1. 地理位置

巴黎地处法国北部,塞纳河西岸,距河口(英吉利海峡)375千米,是欧洲大陆上最大的城市,也是世界上最繁华的都市之一。狭义的巴黎市只包括原巴黎城墙内的20个区,面积为105平方千米。大巴黎地区则包括分布在巴黎城墙周围、由同巴黎连成一片的市区组成的上塞纳省、瓦勒德马恩省和塞纳-圣但尼省等。作为首都的巴黎市,位居巴黎盆地中央,属温和的海洋性气候,夏无酷暑,冬无严寒。

2. 城市历史

巴黎的历史最早可追溯到公元前3世纪末,一个凯尔特人的部落沿着塞纳河来到了西岱岛,并且选择在岛上定居,称为巴黎斯人,西岱岛在字面上的意思就是城市里的岛,而今天,西岱岛正是巴黎市的中心。公元508年,弗兰克斯-克洛维一世国王联合了高卢人成立了王国,将原先被称为巴黎斯人部落的这一区域改称为"巴黎",并设为首府。

巴黎在中世纪时期非常繁荣,12世纪时曾建造了很多世界闻名的不朽建筑,如先期建造的、总共持续20年才完工的巴黎圣母院。举世闻名的卢浮宫则建造于13世纪初。索邦神学院（巴黎大学的前身）创立于1253年，华丽的圣礼拜教堂建造于1248年。

法兰西第三共和国标志着法国走入了辉煌的"美好时代"。"美好时代"以新艺术建筑和一系列艺术与科学的创新而闻名。到了1930年，巴黎已成为世界著名的前卫派艺术中心，被誉为自由学术思想的发源地。从1900年开始，现代科学发明不断传入巴黎，如电、电梯和中央暖气系统等，轻松

埃菲尔铁塔

和欢乐的生活方式使巴黎的城市建设迅速地发展起来。1889年，巴黎成功地举办了世界博览会，建造了著名的埃菲尔铁塔，巴黎成为世界文化和建筑的创造之都，时髦的造型艺术、剧院和电影院使巴黎充满了现代气息。世界各地艺术家创造的艺术作品，很快就会被移植到这里，并被安置在城市中。

然而，1940年纳粹德国的入侵打断了城市发展，直到1944年8月25日巴黎才从纳粹的蹂躏中解脱出来。1949年，巴黎得到优先于全国改造和恢复城市建设的应允，到了20世纪60年代，巴黎已经初步显露出国际大都市的端倪，而此时巴黎又获得了非常有价值的、建设现代化城市所需设施的捐赠，以建设高速公路、奥利机场、戴高乐国际机场、与观光旅游业相配套的酒店业等。

如今的巴黎就像一颗璀璨的明珠，每年吸引着数以万计的游客来这里观光和度假。游客最喜欢的观光景点是埃菲尔铁塔、卢浮宫、凡尔赛宫、蓬皮杜国家艺术中心、奥塞博物馆、科学工业城和巴黎圣母院。

3. 城市形象

巴黎是建筑艺术的代表，是古城保护的楷模，是文化环境的典范，更

是生态文明的样板。在巴黎城市的各个社区中,到处可以看到博物馆、影剧院、花园、喷泉和雕塑,文化环境非常优美。巴黎人的文化生活丰富多彩,娱乐形式优雅,艺术气氛非常浓厚。

巴黎是艺术之都,也是鲜花之都。无论是在房间里、阳台上、院子中,还是在商店里、橱窗前和路边上,到处都有盛开的鲜花,到处都有迷人的芳香。

4. 城市文化与城市景观

文学家里尔克曾说过:巴黎是一座无与伦比的城市。整个巴黎不仅自然景色优美宜人,而且到处散发着艺术气息。巴黎的博物院、展览馆数量众多,大街小巷中遍布古老或现代的艺术作品。

塞纳河水将整个巴黎分为左岸和右岸两个区域。右岸是巴黎的金融、贸易、消费中心,左岸以知识和活力取胜。巴黎的市中心是全城最古老、最活跃、最热闹的地区——被塞纳河环绕的"西岱"。巴黎圣母院和巴黎法院、协和广场、马德兰大教堂、巴黎歌剧院、杜伊勒里公园以及卢浮宫等都集中在这里。

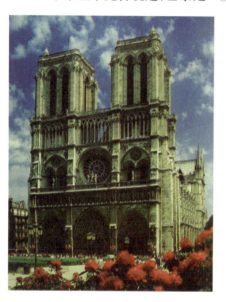

巴黎圣母院

100多年了,巴黎人依然走在19世纪的碎石路上,在这条大道的沿线,点缀着这些名字:协和广场、凯旋门、卢浮宫、巴黎圣母院……在这条大道上走过的是雨果、波德莱尔、居里夫人、毕加索、乔伊斯……大多数游客心中向往的,是一个古老而浪漫的巴黎,也就是沿着卢浮宫—香榭丽舍大街—协和广场—凯旋门这条完美的中轴线开始他们的旅行。

巴黎一年四季充满活力,游客可以选择在任何季节来这里游览观光。春季,花园鲜花盛开,四处弥漫着浓郁的香气;夏季,可以安详地坐在塞纳河畔的咖啡店,一边享用香气扑鼻的咖啡,一边欣赏塞纳河的美景;秋季,可以找一个晴朗的午后,踩着满地金黄的落叶,从埃菲尔铁塔出发,经过战神广场公园,再到熠熠生辉的香榭丽舍宫;冬季的晚上,可以在城市大饭店的户外溜冰场痛快地溜一场冰。

5. 旅游活动

巴黎享有非凡品位和优雅的声望主要应归功于这里的时装店、首饰店和香水店。巴黎作为时装、艺术和美食的圣地,独自演绎着法国式的高雅艺术和生活,同时凭借一如既往的人气和独特的氛围,成为一座独一无二的大都市。但巴黎之所以是巴黎,依靠的还是普通巴黎人

凯旋门

生活的小街小巷、面包店里飘来的热面包香味,这一切使巴黎这座灯火辉煌的欧洲大都市又染上了生活的气息。在这里尤其应该仔细体味地道的巴黎人的习惯:每天早上上班前站在咖啡馆的柜台前来一小杯浓咖啡。

巴黎是举世公认的时尚之都,一流品牌的聚集地,有时间参加几场艺术品拍卖会,一定是难忘的体验。

从秋到春,整整半年的演出季里,以巴黎歌剧院为首的各大剧场演出排期表令人眼花缭乱,巴黎没有一天是在没有音乐、舞蹈、戏剧的冷清中度过的。康康舞带来的是另一种只属于巴黎的声色冲击。豪华的布景、宏大的场面、热火朝天的音乐、健美奔放的女郎,也许不够高雅,却充满欢乐和活力。巴黎当然并非只有演出,游客可以去法国小人国,花一天时间环游法国,也可以去迪士尼乐园。

三、奥地利维也纳(Vienna)

1. 地理位置

维也纳,奥地利首都,位于奥地利东北部阿尔卑斯山北麓维也纳盆地之中,三面环山,波光粼粼的多瑙河穿城而过,四周环绕着著名的维也纳森林,面积约414.65平方千米。在世界各国中极少有一国的首都像奥地利的首都维也纳一般,距离邻国这么近,且偏居在国土的一侧。被多瑙河由北而东斜贯的维也纳,距离捷克和匈牙利都在40千米左右。从地形上来看,它既是匈牙利大平原的西边起点,也是阿尔卑斯山北支的东方末梢,正好是两种地理现象的复合区,因而兼有山、河、平原、森林各类型的优点,景色丰富而优美,素有"多瑙河的女神"之称。

2. 城市历史

维也纳是一座拥有2 000多年历史的古老城市,始建于公元1世纪的罗马帝国,罗马人曾经在此建立城堡。13世纪末之后,维也纳长期是哈布斯堡皇室的所在地,并迅速发展,宏伟的哥特式建筑如雨后春笋般拔地而起。随着19世纪奥匈帝国的强盛,维也纳也成为当时欧洲一个重要的都会,进入了最辉煌的时期。第一次世界大战中,奥匈帝国解散,欧洲政治结构发生了变化,奥地利失去了昔日的光彩。第二次世界大战后更被美国、英国、法国和苏联共同占领了十年之久。1955年,奥地利签订条约成为中立国后,维也纳才再度发展起来,并成为奥地利最重要的商业及交通中心。

3. 城市形象

音乐之都、装饰之都、文化之都、建筑之都……形容维也纳的词语很多,维也纳似乎是一切生活情调的源泉:保存完好的老城区中遍布优美的文艺复兴式、巴洛克式和洛可可式建筑,无论从哪个角度看过去都有不同的意境;在空中萦绕飘荡的动人音乐,空气中浮动的咖啡浓香……维也纳不像巴黎那样繁华漂亮,但它的确美丽、明快,宛如维也纳的华尔兹。

漫游古城,从美丽的戒指路开始。戒指路是一条环绕老城的长约4千米的道路,有轨电车1号及2号线以缓慢的速度在此路上行驶。维也纳市由23个区组成。因为主要的景点都集中在市中心,所以步行或乘坐方便的有轨电车、地铁就可以简单地游览一遍。对游人来说,这是一个非常适于步行的城市。

4. 城市文化与城市景观

音乐是维也纳的灵魂,从音乐天才莫扎特到贝多芬,从海顿到舒伯特,从约翰·施特劳斯到马勒,这些欧洲伟大的作曲家都曾以维也纳为家。维也纳几乎一天也离不开音乐,维也纳人不会错过任何可以尽情享受浪漫的华

国家歌剧院

尔兹的机会,大到歌剧院舞会,小到音乐聚会。人们在漫步时,随时可以听到那优雅的华尔兹圆舞曲。夏天的夜晚,公园里还举行露天音乐演奏会,悠扬的乐声掺和着花草的芬芳,在晚风中荡漾。维也纳的许多家庭有着室内演奏的传统,尤其在阖家欢乐的时候,总要演奏一番,优美的旋律传遍街头巷尾。更有趣的是,在举行集会、庆典甚至政府议事时,会前会后也要各奏一曲古典音乐,这几乎成了惯例。维也纳这一优秀的人文遗产一方面体现在无数的音乐节和音乐会上,另一方面则通过一些保存完好的城市地标体现出来,像舒伯特的出生地、莫扎特和贝多芬的故居等。

建筑艺术同样也是维也纳的标志,市内有许多巴洛克式、哥特式和罗马式建筑。维也纳从地图上看,以史蒂芬教堂为中心,主要景点与教堂等呈圆形展开。老城中心是理想的漫步场所,美泉宫花园依然如故地显示出玛丽亚·泰瑞莎时期哈布斯堡王朝的帝国辉煌。闻名遐迩的建筑物,如国家歌剧院、帝国王宫、"金色大厅",共同构成维也纳的城市风景。市西有幽雅的公园、美丽的别墅以及其他宫殿建筑。众多宫殿宅第和博物馆把辉煌的传统和现代的生活紧密联系在一起。

5. 旅游活动

维也纳的旅馆除了豪华高档的五星皇家大酒店外,更值得一提的是只供几人住的家庭式旅馆,虽小,服务却一流。房间整洁卫生,经济实惠,还可亲自下厨,与房东共进晚餐,让你出门在外亦有家的感觉。

维也纳的许多菜肴都是很久以前传入的,经过不断改良融合而成,如维也纳煎牛排、煮牛肉、红烧辣牛肉,精致的糕点也是一大特色,如苹果卷、皇家蛋饼、空心圆蛋糕等。新酒是维也纳最后收割的葡萄所酿成的酒,是奥地利人的最爱。新酒必须小口浅尝,据说可以治疗身心失调,饮后会开怀快乐。在酒窖中品酒,木桶与发酵的葡萄传出阵阵酸味,烛光在拱形的天花板上摇曳生姿,乐师手持吉他及手风琴,演唱维也纳歌曲助兴,很有浪漫情调。

维也纳最繁华的商业街是位于旧城区和西客站之间的玛丽亚希尔费大街。这条大街吸引了成百上千的时装、首饰和饰品商人。不管是玛丽亚希尔费大街还是战壕街,是跳蚤市场还是百货商场,抑或是卖纪念品和奇珍异物的小店,都是购物的首选之地。逛逛皇家家具城,可以大饱眼福,看看贵族宫廷的家具设计和式样。

四、俄罗斯莫斯科(Moscow)

1. 地理位置

俄罗斯首都莫斯科是世界上最大的城市之一,也是俄罗斯政治、经济、科学文化及交通中心。莫斯科位于俄罗斯平原中部、莫斯科河畔,跨莫斯科河及其支流亚乌扎河两岸。地势平坦,仅西南部有捷普洛斯坦斯卡亚高地(最高点253米),大陆性气候。全市绿化面积约占总面积的三分之一,是世界上绿化最好的城市之一。

2. 城市历史

莫斯科是一座历史悠久和具有光荣传统的城市,始建于12世纪中期,名字来源于莫斯科河。莫斯科市作为居民点最早见诸史册是在公元1147年。1156年,莫斯科奠基者尤里·多尔哥鲁基大公在莫斯科修筑泥木结构的克里姆林城堡。"克里姆林"一词,一说源出希腊语,意为"城堡"或"峭壁";一说源出早期俄语词"克里姆",是指一种可以做建材的针叶树。后来在克里姆林城堡及其周围逐渐形成若干商业、手工业和农业村落。13世纪初成为莫斯科公国的都城。14世纪俄国人以莫斯科为中心,集合周围力量进行反对蒙古贵族统治的斗争,从而统一了俄国,建立了一个中央集权的封建国家。

15世纪中期,莫斯科已成为统一的俄罗斯国家的都城,一直到18世纪初。1712年,彼得大帝迁都圣彼得堡,但莫斯科仍是俄罗斯最大的经济、政治和文化中心,仍发挥着俄国第二都城的作用。

克里姆林宫的钟楼

1812年拿破仑率领的法军占领莫斯科后,这个城市在大火中被焚毁,但很快又重新建设起来。1813年成立莫斯科城市建设委员会,开始大规模城市改建。1922年12月莫斯科正式成为世界上第一个社会主义国家即苏维埃社会主义共和国联盟的首都。1991年12月21日苏联解体,莫斯科成为俄罗斯联邦的首都。

3. 城市形象

波光粼粼的莫斯科河像一条蓝色丝带,静静地从城市中间流过;克里姆林宫的尖顶和众教堂巨大的金顶在阳光下闪闪发光;古老建筑和现代建筑在白桦树影中显现——这就是莫斯科。

走在莫斯科的街道上,随处可见的文化名人雕塑(尤里、普希金、列宁、托尔斯泰等)、各种各样的文化广场以及文化场所,让人感到文化气息十分浓厚。莫斯科的地铁车站由各种建筑材料装饰出具有不同艺术风格的大型壁画及各种浮雕、雕刻,再配以各种别致的灯饰,简直就是一座富丽堂皇的宫殿。在乘坐地铁的时候,你会发现周围的莫斯科人都手捧一本小书,在认真地读着。俄罗斯人自己也自豪地说:"俄罗斯人是世界上最爱读书的人。"

4. 城市文化与城市景观

莫斯科作为俄罗斯的政治、经济、金融、科学、艺术中心,整个城市以红场、克里姆林宫为中心,市区被环城高速公路包围。俄罗斯人自己说:"莫斯科不是一个城市,莫斯科是一个世界。"

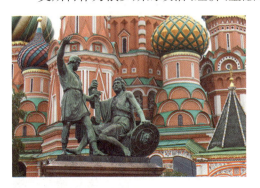

红场

古建筑群克里姆林宫建于14—17世纪。十月革命前是俄国沙皇的宫殿;革命后,克里姆林宫一直是苏联党政中央机关所在地,现在是俄罗斯联邦政府所在地。建于15世纪后期巍峨壮观的圣母升天大教堂,一直是俄皇举行加冕大礼的地方。建于16世纪的天使大教堂,是彼得大帝以前莫斯科历代帝王的墓地。81米高的伊凡大钟楼是克里姆林宫最高的建筑物。离钟楼不远处陈列的"钟王"和"炮王",据称是世界上最大的钟(重200多吨,高达10米)和世界上最大的铁炮(重40多吨)。克里姆林宫北角有古兵工厂,现为兵器陈列馆;南角是古武器馆,现为武器博物馆。

红场紧依克里姆林宫墙,是莫斯科的中央广场,全长700米、宽130米,总面积9万多平方米。17世纪中叶起开始称"红场"。17世纪以来,这里既是莫斯科的商业中心,又是沙皇政府宣读重要诏书和举行凯旋检阅的场所。十月革命后,红场成为苏联庆祝重要节日的地方。

列宁墓是红场上最重要的建筑,位于红场西南方。初建时为木结构,1930年改用石建。陵墓一半埋在地下,一半露出地面。墓前刻有"列宁"字样的碑石净重60吨。

五、埃及开罗（Cairo）

1. 地理位置

开罗,埃及首都,横跨尼罗河,气魄雄伟,风貌壮观,是整个中东地区的政治、经济和商业中心。开罗由开罗省、吉萨省和盖勒尤卜省组成,通称大开罗。大开罗是埃及和阿拉伯世界最大的城市,也是世界上最古老的城市之一。开罗位于尼罗河三角洲以南约14千米处。

2. 城市历史

开罗的形成可追溯到公元前约3000年的古王国时期,作为首都,亦有千年以上的历史。中世纪时,开罗曾是拜占庭帝国的一个军事要塞。

开罗的前身是福斯塔特城,641年由阿拉伯人创建。969年,从突尼斯入侵的一支阿拉伯人在其北建立了一个长方形新城——

城市风光

曼苏里耶城。973—974年,法蒂米德哈罗定都于此,并更名为开罗(阿拉伯语为胜利之意)。1179年,萨拉丁王朝时期得到扩展。自1260年开始,成为马穆鲁克王朝的都城,修建了大量建筑物,有的保存至今,成为埃及人民宝贵的文化遗产。14世纪中叶,开罗达到极盛时期。1517年土耳其入侵埃及,开罗成为省会,开始衰落。1805年穆罕默德·阿里王朝定都于此。近代城市建设始于19世纪30年代。伊斯梅尔下令在中世纪旧城以西兴建欧洲式样的新城,使开罗西方化。

20世纪以后,开罗人口激增,城区迅速扩展,工业、商业、金融、交通运输等也得到迅速发展。1956年第二次中东战争爆发,开罗受到较严重的破坏。后经过修整,开罗重新焕发出新的活力。

3. 城市形象

开罗是现代文明与古老传统相交融、东西方色彩相辉映的城市。郊外的荒漠、骆驼以及屹立在眼前的金字塔,仿佛把人带回到三四千年以前的法老时代。而遍布街头的广告牌、招贴画和鳞次栉比的超级市场又使人感到强烈的现代气息。

4. 城市文化与城市景观

在开罗的大街上,既能看见身裹连帽黑袍、脸上黑纱覆盖、只露双眼的传统穆斯林女子,也可见到身穿牛仔短裙、袒肩露臂的时髦女郎。埃及男人的传统服装为浅色长袍,头上缠着白布,而喜爱时尚的青年,尤其是接触国外文化较多者大多西装革履,还有很多休闲装。

金字塔

开罗是一座古迹遍布的城市。距市中心 13 千米处的吉萨地区是举世闻名的金字塔所在地。近 80 座金字塔散布在尼罗河下游西岸。开罗东部的穆卡塔姆山坡上,有一座巍峨壮观的萨拉丁城堡。萨拉丁城堡建于 1176 年,是国王萨拉丁在位修建的古建筑。城堡上有穆罕默德·阿里清真寺,独具土耳其建筑风格。

开罗西部以现代化建筑为主,具有当代欧美建筑风格,东部则以古老的阿拉伯建筑为主,有 250 多座清真寺集中于此。城内清真寺随处可见,故开罗又称为"千塔之城"。现代开罗最明显的标志是高约 187 米的开罗塔,从这里可以俯瞰全城。吉萨金字塔、狮身人面像等就坐落在开罗的西南郊。

开罗这个非洲最大的城市并不如我们想象的那样酷热难耐,由于属海洋性气候,气候温和宜人,夏天晚上也显得很凉爽。开罗给人印象最深的是无处不在的宣礼塔和高音喇叭里每天播放的韵味悠长、亦唱亦诵的《古兰经》诵经声。

主题公园

概　　述

主题公园以其独有的色彩纷呈的主题场景、惊险刺激的游乐设施、回味无穷的欢声笑语吸引了越来越多的大众目光，成为人们忘却烦恼、舒展身心、寻找快乐的必选之地。据 2007 年世界主题景点业界发布的《TEA/ERA 主题公园入场人次报告》，当时全世界年游客数量超过百万人次的主题公园已达百个，人们对主题公园的钟爱程度可见一斑。世界旅游组织更是称其为当前及未来国际旅游发展的三大趋势之一。

1. 主题公园的产生

主题公园萌芽于 17 世纪欧洲节庆聚会场所的娱乐公园，主要包括观看表演、参与游戏和乘骑等娱乐活动，这些娱乐公园主要出现在欧洲一些大城市的近郊。建成于

美国迪士尼乐园

1894年,位于美国芝加哥南部的保罗·波顿水滑道公园收取门票且以乘骑为主要吸引物,是第一个有现代娱乐园概念的娱乐公园。世界上第一个主题公园马都洛丹诞生于荷兰。1952年,马都洛丹夫妇将荷兰的120多个名胜古迹与当代建筑按1:25的比例缩建于海牙市郊,以纪念在二战中牺牲的爱子。这个被称为"小人国"的主题公园以微缩景观这种全新的表达方式成为主题公园真正意义上的鼻祖。1955年,美国人沃尔特·迪士尼凭借其非凡的想象力和创造力,将其制作动画电影所运用的色彩、魔幻、刺激、惊悚与游乐园的特性相融合,使游乐形态以一种戏剧性、舞台化的方式表现出来,用主题情节串联各个游乐项目,使游客进入角色,成为"英雄"或"坏蛋"、"公主"或"王子"等卡通人物,在美国加州构建了一个梦幻而奇妙的欢乐世界——迪士尼乐园。迪士尼乐园的出现,标志着世界上第一个具有现代概念的主题公园的诞生。迪士尼乐园的开幕引起了巨大的轰动,游人纷至沓来。此后,主题公园迅速风靡世界,在全球范围内刮起了欢乐旋风。

2. 世界各地主题公园的发展

(1) 美国主题公园

作为世界主题公园的先驱,目前美国主题公园的发展已进入稳定成熟期。美国的主题公园按照人口的区域分布进行布局建设,几乎每个大城市都建有大型主题乐园,许多小城市和购物中心也设有小型游乐场和家庭娱乐中心。除了全球知名的迪士尼乐园和环球影城等超级主题公园之外,六旗游乐园等大型主题公园就有二十几个,众多中小型主题公园更是不胜枚举,每年吸引的国内外游客不计其数。无论是公园数量、年接待人次、人均花费,还是公园平均年收入都名列前茅,是当之无愧的主题公园霸主。

美国式主题公园的概念也进一步推广至全世界,并结合各国的文化传统、自然特色和经济状况产生了许多新的类型。

(2) 亚洲主题公园

主题公园的世界性推广在亚洲获得较快发展。

① 日本主题公园。日本将主题公园作为一种西方文化来输入,最初

用于建设博览会。1983年，东京迪士尼乐园开园揭开了日本大规模发展主题公园的序幕，它完全以美国佛罗里达州的迪士尼世界为样板，引进了同样的创意、设施与管理。东京迪士尼乐园丰富的主题和展示方式给日本的娱乐业带来巨大的震撼，而后，众多企业纷纷投资主题公园。1983年长崎的荷兰村、1986年日光江户村等大规模主题公园相继开业。2008年，日本已开发了116个大型海洋公园和水族馆、21个海豚表演场以及80多个大中型旅游主题公园，年接待量接近1亿人次，年收入约15亿美元，而且主题公园的经济收入持续保持平均每年5%以上的速度增长。日本的主题公园在发展过程中也逐渐形成了自己的特色，最突出的一点就是注重设计独特的家庭参与活动，而这种家庭参与极其符合亚洲人的口味，具有强大的感召力和吸引力。

日本迪士尼海洋公园

② 新加坡主题公园。新加坡主题公园建设在亚洲名列前茅，培育了一个昔日不毛之地的奇迹。20世纪70年代，新加坡建设了一个投资几十亿美元的圣淘沙旅游主题公园，继而又辟出1平方千米的土地建设了鳄鱼公园和世界上最大的飞禽公园。新加坡海底世界开业经营五年后，就用所获利润又在澳大利亚兴建了一个投资12亿美元的海底世界。2010年，全球第四个、东南亚首个环球影城在新加坡开幕，为新加坡争做亚洲主题公园霸主带来了新的契机。

③ 中国主题公园。中国主题公园在20世纪70年代才有了雏形，而真正开始与世界水平接轨的主题公园是1989年深圳的锦绣中华，其惊人的游客数（高峰时每日达1.5万至2.0万人次）和丰厚的经济效益引起了巨大轰动。随着经济的发展，主题公园如雨后春笋般在全国各地涌现。然而，20世纪90年代的主题公园开发由于对市场的把握不足、主题

发掘不够深入、受发展软环境等多方面复杂因素的影响,多半以失败告终。2011年4月,以上海迪士尼乐园破土动工为标志,我国新一轮主题公园开发热来临。如何科学引导、合理开发主题公园,探索中国主题公园发展的成功之路,是需要深入研究的重大课题。

1977年建成开园的中国香港海洋公园是当地最大的游乐公园和水族馆之一,占地就达87万平方米。中国台湾是亚洲建设主题公园的一个热点地区。中国台湾主题公园兴起于1983年亚哥花园的落成开园。随后,相继建设了小人国、六福村、九族文化村、台湾民俗村、剑湖山世界、八仙乐园等20多家具有一定规模的主题公园。

韩国乐天世界

④亚洲其他地区主题公园。韩国建造了"雕塑公园""乐天世界"等10多个旅游主题公园,并探索导入了"民俗村"概念的主题公园模式。近年来,东南亚国家为了配合旅游业发展也开始建设主题公园,大部分以浓郁的民俗风情和独特的地域文化为表现题材。

(3)欧洲主题公园

1992年,法国巴黎迪士尼乐园建成开业,无往不胜的迪士尼破天荒地在巴黎遭受了挫败。但经过几年的经营管理,而今巴黎迪士尼乐园是欧洲最具影响力的主题公园之一。1999年10月,意大利在港口城市萨莱诺附近动工兴建大型海洋公园——地中海海洋公园,这是欧洲第一个海洋主题公园。英国的主题公园始于海滨度假区,然后向内陆发展,奥尔顿塔就是一个年接待游客达200多万人次的内陆主题公园。与其他国家和地区不同的是,英国的主题公园大多是私人所有。此外,德国的欧洲主题公园、法国的"未来世界""阿斯特克"、丹麦的"里瑟本""趣伏里""乐高"等主题公园也各具特色,深受游客喜爱。

世界主题公园在长期的发展过程中,优胜劣汰,一些成功的主题公园历经风雨,脱颖而出。

3. 主题公园赏析说明

主题公园不同于一般的旅游景点,其自身的特殊性不容忽视。特别是对于世界著名的主题公园来说,要保持经久不衰的吸引力和生命力,就必须不断地更新设施设备,像迪士尼乐园一直奉行的就是"三三制"原则,即每年淘汰三分之一的设备,新建三分之一的项目。因此,不排除读者阅读本书时,一部分游乐设施或主题活动由于种种原因已不复存在,不过这些设施或活动无论如何更换,无非都是希望游客参与其中能获得心灵上的触动,获得身心的愉悦,设施更换并不影响主题公园赏析的整体效果。

一、美国迪士尼乐园(Disneyland,USA)

1. 公园简介

提起迪士尼乐园,无人不知无人不晓,米老鼠、唐老鸭这些活泼可爱、淘气顽皮的卡通形象早已深入人心,而迪士尼乐园则是这些在银幕上深受大家喜爱的"国际巨星"在现实世界的安乐窝。目前,全世界一共有六个迪士尼乐园,两个在美国,分别在加州的阿纳海姆和佛罗里达的奥兰多,其余分别位于日本东京、法国巴黎、中国香港和上海。

洛杉矶迪士尼乐园位于美国加利福尼亚州阿纳海姆市迪士尼乐园度假区,于1955年7月17日开业,是世界上第一个迪士尼主题乐园,也是世界上第一个具有现代概念的主题公园。作为世界主题公园的旗帜,加州迪士尼乐园号称"地球上最快乐的地方"。自1955年开园以来,加州迪士尼乐园一直是世界上最受欢迎的主题乐园之一,以米老鼠为首的迪士尼家族,每年都在接纳新的家族成员。极具高科技含量的硬件设施、神奇梦幻般的美妙场景、个性化的贴心服务、温馨浪漫的独特体验,使其具有独特而又持久的吸引力,成为加州不容错过的必游景点。迪士尼度假区的范围主要包括迪士尼乐园、迪士尼加州探险乐园和三间度假

洛杉矶迪士尼乐园

酒店等。园区共分为8个各具不同特色的主题区,包括探险世界、未来世界、童话城堡、西部垦荒时代、米奇卡通城等。

2. 历史沿革

作为家喻户晓的米老鼠和唐老鸭之父,沃尔特·迪士尼在现实世界里也是一个可爱可亲的父亲。当他发现女儿常常去玩的小公园的环境非常糟糕时,心中产生了一个伟大的梦想,建造一座神奇的公园,一个孩子与父母都热爱的地方,他称之为"Magical Park(魔幻公园)"。20世纪50年代,他在距洛杉矶30千米处投资1 700万美元,买下了一块土地,修建了一座富有魔幻色彩、供家庭游乐的主题公园,迪士尼动画片中的各类角色在乐园里欢聚一堂,诸如米老鼠、唐老鸭、白雪公主和七个小矮人等。园中采用了全息照相和自动控制的三维动画人物等高新技术,给游客带来了前所未有的感官刺激和无与伦比的欢乐体验。

1955年7月17日,洛杉矶迪士尼乐园开园。开园那天氛围空前热烈,虽然事先只发出6 000份请柬,但到中午就已有2.8万人进入了这个魔幻王国。仅在开放的前6个月里,就有300万人纷至沓来,包括11位国王、王后,24位州政府首脑和27位王子、公主。

在修建洛杉矶迪士尼乐园的同时,沃尔特·迪士尼摄制并播出了《米老鼠俱乐部表演》和《迪士尼献礼》等电视片。电视片的播出加强了动画造型的影响力,使迪士尼乐园获得更大的成功。自1955年迪士尼乐园建成开放以来,每天到此游玩的人约4万人,最多时可达8万人。仅一天的门票收入就近百万美元。再加上园内各项服务行业,其收入更为可观。当 1965 年迪士尼乐园 10 岁生日时,它的游客总数达到了 5 000 万人,收入高达 1.95 亿美元之多。

1964 年,更大规模的奥兰多"迪士尼世界"开始筹建,1966 年正式动工,经过 5 年营造,迪士尼世界于 1971 年 10 月正式对外开放。这个耗资 7.66 亿美元,位于佛罗里达州奥兰多郊外的主题公园是一座老少咸宜的游乐中心,由 7 个风格迥异的主题公园、6 个高尔夫俱乐部和 6 个主题酒店组成。这个位于美国东南部的迪士尼世界与西部的迪士尼乐园一样,开园后立马引起了轰动。

之后,迪士尼乐园开始不满足于国内市场,其品牌已经具有国际价值,遂逐步开拓国际市场。1983 年日本东京迪士尼乐园建成开园,1992 年法国巴黎迪士尼乐园、2005 年中国香港迪士尼乐园相继建成。全球第 6 个、中国第 2 个迪士尼乐园落户中国上海川沙镇。上海迪士尼乐园不但拥有与全球迪士尼旅游目的地度假区一致的设施,还具有中国本土的神奇特色。

米老鼠和朋友们

3. 公园特色

(1) 欢乐的海洋

迪士尼乐园这个被称为地球上最快乐的地方绝对不是浪得虚名。迪士尼乐园从不强调寓教于乐,而是设法让每个人都放松,注意力纯粹集中在玩乐上,同时提供了丰富多样的参与性项目,让人们在参与中享受最大的玩乐体验。各个年龄段的人们都可以在其中找到适合自己的放松方式。这个梦幻般的欢乐海洋有着神奇的时光隧道,能将你带入充满未知的魔幻世界当中,抑或变身为童话世界里的人物,一切仿佛都被施了魔法,如此美好,如此奇妙,在那如梦亦幻般的真实体验中,在这样一个人间的伊甸园里,享受无尽的快乐。

（2）永不落幕的迪士尼

迪士尼主题乐园的娱乐项目不仅有趣,而且不断更新。迪士尼幻想工程师们不断发明增添最新的游乐项目,新景点和新项目的更换频率甚至可以达到三年内将游园项目翻新一遍,有"永不落幕的迪士尼"之称。经过多年的调查,他们发现主题乐园中每年会有大约三分之一的项目是不太受游客喜欢的,因此他们将淘汰三分之一的游乐设施的习惯保留下来。迪士尼也因此专门设立了一个庞大的研发部门,这个部门集中了各个领域的人才,鼓励大胆创新。迪士尼乐园所有的设备和道具都做得非常精致,游客每次去都会发现一些重大的改变,不会有厌烦和重复的感觉,真正做到了"永不落幕"。

迪士尼的个性化服务

（3）细致入微的个性化服务

迪士尼乐园的又一个特色在于令人印象深刻的个性化服务,其中最重要的一点就是平等对待孩子和大人。迪士尼乐园非常重视孩子的感觉,比如园内的工作人员不会站着跟他们讲话,都是蹲下来,与孩子平视,以求让孩子感到平等和受尊重。这些体贴的小细节对游客非常具有吸引力。

4. 游乐设施或主题活动

（1）美国街

美国街仿照100多年前的美国景观所建,一草一木相当具有古味,让人仿佛回到了百余年前的美利坚合众国。而对参观游客而言,美国大街是进入迪士尼不同主题园区的第一站,同时也是迪士尼拥有最多服务设施、商店和餐饮的区域。在这条兼具美国近代和现代韵味的特色街市上,游客既能感受到山姆大叔的沉稳内敛,又能体味到自由女神的兼收并蓄,真可谓名副其实的"时光隧道"。

(2) 米老鼠卡通城

米老鼠卡通城是米老鼠和他所有好朋友的家园。在米老鼠卡通城，游客不仅可以参观米奇和米妮的家，而且还有机会跟他们合影留念。米奇卡通城所有的建筑都和他们的主人一样，五颜六色、造型大胆、个性十足，卡通人物经常在此

米老鼠卡通城

出没。如果不满足于在乐园内偶然邂逅，米老鼠卡通城是迪士尼迷与心仪偶像亲密接触的最佳场所。除了买签名簿请他们签名之外，还可以与可爱的卡通人物来个热烈的拥抱。

(3) 动物天地

动物天地，顾名思义就是迪士尼动画影片中动物角色集聚的天堂。这些爱憎分明、可爱可敬的卡通动物角色们是动物天地的最大亮点。这里没有主角、配角之分，所有的动物明星都是当之无愧最闪亮最耀眼的主角。在这个令人激动的动物天地中有一座总是让人尖叫不已的飞溅山，乘坐在设计独特的原木小船里，迂回前进于室内外流域，最后从货真价实的瀑布呈90度垂直俯冲，将紧张气氛烘托到最高点。

(4) 新奥尔良广场

新奥尔良广场以美国路易斯安那州的新奥尔良市为背景，而新奥尔良市深受法国殖民文化的影响，因此呈现出别具一格的当地文化特色。其中拥有绝佳观景位置的法式风格露天咖啡座最负盛名，品味着香浓馥郁的咖啡，感受着温馨浪漫的法式情调，还可以随时与乘坐在加勒比海海盗船上的游客打招呼，这样轻松惬意的休闲氛围如何不吸引人呢。

明日世界

(5) 明日世界

想预知未来世界的风云变幻,抑或要感受浩瀚宇宙的星际争霸?迪士尼乐园明日世界呈现出的未来世界超乎想象、值得一探究竟。搭乘高速行进的火箭进入未来世界,飞驰于有地标之称的"太空轨道车"的轨道上,置身于让人翻天覆地的3D立体电影,再乘坐明日世界最具人气的游乐设施云霄飞车"太空山",体验全方位的神奇太空之旅。

(6) 边域世界

边域世界的背景设定在美国早期刚开垦的时代,旨在展现美国早期移民的开垦精神。边域世界里最受欢迎的就是"霹雳过山车",故意做得破旧不堪的采矿车,在布满红色石头的危险河床或是庞大狰狞的恐龙肋骨中穿梭而过,最后还要经历开垦时常见的山崩场景,滚滚巨石伴随着天崩地裂般的轰隆声迎面扑来,非常惊险刺激。

梦幻世界

(7) 梦幻世界

梦幻世界耸立在乐园正中央的睡美人城堡中,这个承载着无数王子公主梦的睡美人城堡与童话故事最密不可分,是整个迪士尼乐园的精神象征和地标,同时也拥有数量最多的游乐设施。其中的小小世界是迪士尼乐园的经典之作。

(8) 探险世界

探险世界最受欢迎的游乐设施就是 1995 年揭幕的"印第安琼斯探险",其灵感来自脍炙人口的《法柜奇兵》系列电影,充分展现了非洲丛林奇景和大自然的狂野奇趣。另外,在这个区域内,还有一处四周被数棵热带丛林巨树环抱的"泰山树屋",深受小朋友喜爱。

二、瑞典里瑟本游乐园(Liseberg Amusement Park)

1. 公园简介

里瑟本游乐园是瑞典最大的游乐园,也是北欧同类型中最大的游乐园,位于瑞典最美丽的城市哥德堡的市中心,于 1923 年世博会时建成。里瑟本游乐园从来都没有沉闷的时候,因为这儿有着世界上最陡峭的木质过山车,吸引着无数大胆的游客来此体验惊险刺激。特别是在旅游旺季的盛夏,乐园里经常充斥着人们做自由落体运动时的连连惊叫声。这里还有一个看似寻常实则惊悚的鬼屋,鬼屋里的鬼均由真人扮演,经常出其不意地吓人。那些大胆的游客自然不会放过如此绝佳的"鬼混"机会,于是一幕幕暗夜心慌的凄厉剧情不断上演。自 1923 年建立以来,里瑟本游乐园的游乐设施已经增加到了 35 种。该游乐园每年都会吸引大约 300 万名游客前来游玩,是北欧地区同类型公园中的第一,也是《福布斯杂志》评选的世界十大游乐园之一。

2. 历史沿革

里瑟本游乐园的名字"里瑟本"来自这个不动产最初的所有者——约汉·安德斯·里瑟本。1753 年左右,里瑟本专门划出一片区域,用其妻子的名字"丽萨"命名为"丽萨之山"。现在的名字是后来才改的。1908 年,哥德堡城将该不动产买

里瑟本游乐园

下。1923年,哥德堡城的休闲公园和国会公园建成。起初,公园只是一个临时景点,但是在短短的一个多月的时间里,公园接待的游客超过了80万人次,这大大超出了人们的预料。于是,这个"临时"景点不仅成为了"永久"景点,而且还持续扩大。1924年11月24日,哥德堡市议会通过决议,决定花费100万美元购买里瑟本游乐园。

3. 公园特色

(1) 主题公园里的不老神话

里瑟本游乐园拥有悠久的历史,其开放时间在世界范围内都是数一数二的,拥有如此悠久历史而吸引力依旧的主题公园更是少之又少,因此里瑟本游乐园绝对是主题公园里的不老神话。

(2) 挑战心跳上限

作为全球十大主题公园之一,里瑟本游乐园屹立百年而魅力不减,其招牌游乐项目木质过山车功不可没。在以木质过山车为首的系列惊险刺激游乐项目的吸引下,游客接踵而至,挑战心跳上限。

(3) 风景如画

里瑟本游乐园位于瑞典哥德堡市中心,瑞典自然环境极其优美,而哥德堡则是瑞典最美丽的城市。处在绝佳的优美的环境当中,里瑟本游乐园本身也是世界上著名的绿色主题公园之一。在绿树掩映、花香四溢的林荫

木质过山车

小道上漫步,在此起彼伏的尖叫声中抑或是潺潺流水声中静思应该别有一番滋味。

4. 游乐设施或主题活动

里瑟本游乐园的木质过山车高36米,全长1 070米,是乐园的标志性游乐项目,也是世界上最大的最令人惊悚的木质过山车。每年数以万

计的游客来体验这座举世闻名的木质过山车。虽说到乐园中玩得就是"心跳",但要挑战这座木质过山车还是需要很大勇气的。习惯了游乐设施钢筋构架的玩家们光是看到这种木质结构恐怕心里就发怵了吧!更何况这座过

里瑟本游乐园风景如画

山车最高时速可达 90 千米,以 70 度俯冲而下,体验全程 128 秒的极速。

(1) 跳楼机(Atmosfear)

这个名为"Atmosfear"的跳楼机于 2011 年开始对游客开放,高 116 米,可同时乘坐 36 人,最高时速能达到 110 千米。这个跳楼机的英文名字非常值得一提,将"atmosphere(气氛)"后面的音节改为谐音的"fear(害怕)",或许可译为"恐惧氛

里瑟本游乐园一角

围"。"Atmosfear"不仅名字巧妙,设计建造也同样具有巧思。2010 年,在乐园中服务了 20 年的里瑟本塔宣告退休,设计者独具匠心地将观景用的里瑟本塔加以改建,成为全欧洲最高的悬挂式跳楼机(据说世界上能与之媲美的同类型项目只能在澳大利亚找到)。而将跳楼机设计为悬挂式,无疑可以让游客充分体验自由落体的惊险刺激。在 3 秒内从 116 米高空全速下降到地面,连呼吸都来不及。

(2) 鬼屋(Gasten Ghost Hotel)

里瑟本游乐园的鬼屋也是具有鼎鼎大名的,许多玩家慕名而来。有别于其他鬼屋的是,里瑟本游乐园鬼屋里的"鬼"均由真人扮演,往往在游客防范意识最差的时候出其不意地吓人。鬼屋的故事背景倒也比较

简单:一个神秘的小旅馆里住着一群神出鬼没的人们,没有人知道他们每天在干什么,只知道住进这个旅馆的人是否有机会离开从来都是个未知数。就是这样一个寻常的鬼屋,却因为有着一群聪明机灵的"鬼怪"而闻名遐迩,令人着迷。

(3)三维立体电影院

北欧最大的三维立体电影院在里瑟本游乐园,到这儿看场电影是乐园游客必做的一件事。这个三维立体电影院的配置在主题公园中绝对是数一数二的。对于游客来说,一番惊心动魄之后平心静气地看场电影,可以享受到"劫后余生"的温馨。

演出场地

(4)演出场地

作为一个老牌的游乐园,里瑟本游乐园拥有自己的表演艺术家,同时,瑞典及国际的艺术家们也时常被邀请至里瑟本游乐园进行表演。音乐会、演出和戏剧是乐园的主要魅力之一,这儿的舞台欢迎任何形式的音乐,无论是重金属乐迷,还是歌剧爱好者,都能在里瑟本游乐园中欣赏到对口味的演出。

奥尔顿塔风景

三、英国奥尔顿塔(Alton Towers)

1. 公园简介

奥尔顿塔公园位于英国英格兰中部的斯塔福德郡美丽的乡村中,它是世界上著名的垂直降落过山车的起源地。园中有各种刺激的游戏和优美的环境,还有一个海洋馆便于游客观赏,各种稀奇古怪的海底动物应有尽有。公园占地0.33平方千米,各种餐厅、超市、酒店等配套设施一应俱全。奥尔顿塔是英国最大的主题公园,是欧洲十一个最多游客游览的主题公园之一,也是世界十大游乐场之一。

2. 历史沿革

奥尔顿塔公园以奥尔顿塔得名,该塔为一座有着200多年历史的古老城堡,后来传说拥有城堡的这个家族遭诅咒,成员相继死去,一时间成为众人的禁地。不过现在此塔一部分区域允许游客入内。后来,有人买下了这块地,于1980年建了奥尔顿塔主题公园。随后,奥尔顿塔的螺旋过山车成为当时全英最新潮最热门的机动游戏。1998年,它开放世界上第一个垂直俯冲的过山车X–SECTOR,第一日运行,等候的队伍整整绕园一圈。据统计,当时每天每人排队的平均等候时间为6个小时。奥尔顿塔受欢迎的程度不容小觑,当然这也与游乐园每年增加新型的游乐项目密不可分。2009年,奥尔顿塔又新增了水族馆。

3. 公园特色

(1) 机动游戏王国

奥尔顿塔公园是全英国民众非常愿意去的游乐场,以许多刺激且独一无二的游戏闻名。有人用"灵魂出窍"来形容乘坐奥尔顿塔游乐设施的感觉,恐怕个中滋味只有亲身体验之后才会了解。游乐园每年都会增加新型的游乐项目。园内项目根据惊险程度分为四个等级,方便游客自由选择游玩。

(2) 古树古堡园中立

到奥尔顿塔不仅可以尽情地游玩先进的游乐设施,还可以欣赏到美丽的自然风光。坐落于山林中的奥尔顿塔,与山势相辅相依,园中心有一个幽深静谧的城堡,旁边的城堡花

奥尔顿古堡

园满园芬芳,还有心形的花坛,甜蜜而浪漫,这里无疑也是情侣约会的好场所。参天古树、潺潺溪水、气势宏伟的古堡,山水结合的幽雅环境和精致的花园,让奥尔顿塔别有一番味道。

(3)"Your Day"个性化视频记录

奥尔顿塔通过射频识别(RFID)腕带和摄影机为游客提供个性化视频,记录他们在公园里的游玩经历。这套影像纪念品被称为Your Day,每位进园的游客都会分到一条射频识别(RFID)腕带。腕带激活分散在公园各处的36台照相机对游客进行拍照,并将底片储存在被照人的个人账户下。一天结束后,客人可以选择购买他们行程的光盘,没有人认领的底片将于

表演

当天删除。游客可以选择视频,从一段旅程到整段旅程,标价不同。较快的一段视频可以以慢速播放,也可在背景中加入音乐和声响。

4. 游乐设施或主题活动

(1)跳楼机

其他主题公园的跳楼机都是坐着直上直下,而奥尔顿塔这个名为"遗忘"的跳楼机则是经过上下翻转后,再以90度垂直往下冲进一个深不见底的黑洞。这样面朝地面掉下去,完全模拟跳楼的感觉,让游客充分体验自由落体的惊险刺激。在旁边看着,都觉得毛骨悚然。

(2)速度皇后

"丽塔"号称"速度皇后",为2005年增加的项目,它的广告词是"比法拉利还快"。"丽塔"的发射时速高达372千米,从0加速到时速120千米,仅用2.5秒,且途中满布盘旋与急弯。在乐园网页留言上,有游客说,乘坐这个项目感觉眼球像要从脑袋里飞出来。"丽塔"可能会让游客体会到心从嗓子眼里出来的感觉,把游客吓得魂不附体。据说许多游客

都是笑着上去,吐着下来。

(3)"天谴"

"天谴"是欧洲第一个翻滚过山车。这是个与过山车类似的游戏项目,最大和最本质的不同是,过山车是坐在车子里面上下翻滚,"天谴"则是悬空翻滚。乘客们摇晃于类似滑雪升降机的座位上,全程经历无数次倒转翻腾。因此坐过的人无不认为过山车和这个比起来完全是小儿科,以至于许多过山车达人都对"天谴"俯首称臣。

"天谴"

度假天堂

概 述

度假旅游是一项融合性、多样化、外延性广泛的旅游产品,是一种更高形态的综合型旅游方式。由于度假旅游外延的广泛性与不确定性,方方面面的旅游资源都可以纳入到度假旅游资源的范畴,游历名山大川等自然风光足以怡情,探寻古城旧镇等人文古迹足以长智,无论是自然资源,还是人文资源,都可以让旅游者达到休闲、消遣的目的。度假旅游适应了消费领域精神主体化、行为个性化、需求高层次化的趋向,因而被认为是一种经久不衰的旅游方式。如果说度假旅游标志着社会发展的进步、文明程度的完善、生活质量的提升,那么分布在全球各地各种类型的度假天堂,正是人类美好梦想的体现和重现。

1. 旅游度假地的概念和特征

旅游度假地是指旅游资源集中、环境优美,具有一定规模和游览条件,旅游功能相对完整独立,为游憩、休闲、休养、康复等目的而设计、经营的,通过提供娱乐设施和服务项目,特别是以亲切、友好的态度,根据游客的不同情况提供高水平的服务来为游客创造一种特殊环境与经历的有机组合体。早期欧美发达国家的度假旅游地是先开发海滨和温泉旅游度假活动,往往带有保健和治疗的目的,最后才发展成为社会交友、康体休闲和游憩的地方。

一个良好和成熟的旅游度假地必须具备以下基本条件和显著特征。

(1) 区域经济水平较高,基础设施完善

区域经济发展水平的高低直接影响旅游度假地的投资大小和建设周期的长短,是决定旅游度假地开发区位的最主要因素。而旅游度假地的水、电、气、暖、道路、邮电等旅游基础设施与饭店、宾馆、游乐等旅游专用设施的建设水平更是决定着旅游度假地发展的成败。

(2) 客源分布合理,目的地可进入性强

旅游度假地的可进入性具体体现为旅游度假地离主要客源市场或旅游度假地离所依托的中心城市的距离,以及中心城市到旅游度假地的交通、运输条件。旅游度假地的经济效益在很大程度上取决于度假旅游客源充裕的程度以及客源圈的合理性。

(3) 具备丰富独特的旅游度假资源

具有良好的度假资源是旅游度假地的基础条件,度假资源应包括自然环境资源、人文环境资源和心理环境资源三个方面。独特的有吸引力的自然环境资源:旅游度假地的所在地区必须空气清新、气候适宜、环境僻静、风光秀丽,因此,旅游度假地多选址于海滨、湖滨、山区和森林地带,如美国的夏威夷、西班牙的加那利蓝岛、韩国的庆州波门湖度假区等;独特的人文环境资源:保持人文环境资源的差异性是旅游度假地成功的一个不可忽视的方面,考察、评价旅游度假地文物古迹、社会风情、风味特产、现代设施的典型特征与集聚性状,可以为游客提供更为广泛的游憩机会;舒适安全的心理环境资源:因为度假旅游更加强调休息,在一地停留的时间相对较长,国外常将旅游度假地称为"家外之家",因此营造安全、舒适、放松的宜居氛围是吸引度假旅游者的重要心理环境要素。

(4) 旅游功能配套齐全,参与性强

旅游度假地是以康体休闲、恢复体力精力、发展游憩技能为主要功能,游乐项目强调创造性、新奇性和参与性,突出传统文化和地方特色,才能吸引度假旅游者前来观光度假。旅游功能配套齐全是指旅游度假地除了必要的度假功能外,接待设施要配套,即游览、娱乐、住宿、餐饮、购物设施完善。世界各地的旅游度假地都力图集休憩、娱乐、医疗保健、体育运动、增长知识为一体,将旅游度假地办成新型的多功能旅游综合体。

（5）重视与生态环境的高度融合

旅游度假地在开发中越来越注重旅游度假地的长远发展和旅游资源的永久性使用。旅游度假地在开发和经营中必须贯彻环境意识,尽量减少对环境的破坏,同时还要有治理环境污染的措施,制定一整套环境影响评估标准,对环境进行全面的衡量,这是旅游度假地可持续发展的根基。此外,旅游度假地在形象塑造方面也要按照生态旅游的理念,极力突出人与自然的和谐匹配,给度假旅游者以充分享受回归自然的宁静空间。

回归自然的宁静空间

（6）卓有成效的管理和周到齐全的服务

旅游度假地的持续发展的关键要靠卓有成效的管理以及周到齐全的服务。旅游度假地所追求的重要目标之一,就是将不同社会、民族与文化背景的人聚集在一起,创造一种"人人平等和谐融洽"的气氛,通过优质服务的传递,以满足超过游客期望值的体贴和舒适,使游客获得丰富而有意义的度假体验。

2. 旅游度假地的发展和类型

（1）旅游度假地的发展

19世纪以来,大众化的休闲度假在欧美等国家日益活跃,具有医疗性质和保健性质的、环境质量优越的地域成了人们在闲暇时间度假首选的地区,因此出现了海滨度假、湖滨度假、山地度假和温泉度假等不同资源类型的度假地。进入20世纪60年代,伴随着度假旅游的大发展,在加勒比海沿岸、地中海沿岸、东南亚国家的海滨地区、夏威夷、澳大利亚的海滨地区形成了以夏季休闲度假为主要目的的海滨旅游度假区;在欧洲的阿尔卑斯山、韩国首尔附近的山地,出现了以冬季山地运动、健身为主要目的的山地度假旅游区。20世纪70年代后期,大多数欧共体国家有一半或一半以上的人口每年离家休假至少1次。到20世纪末,欧美一些国家的度假旅游甚至成为各类旅游产品中居主导地位的产品。20世纪后半期,随着亚太地区经济的快速发展,休闲度假旅游也成为该区域的新时尚,热带、亚热带海滨度假地是休闲度假的最主要去处。我国真正大众化的休闲度假以1992年国务院批准建立的12个国家级旅游度假区为标志。

从出现时间的先后来看,温泉旅游度假区出现最早,随后依次出现海滨、滑雪以及其他类型的旅游度假区。从经营季节上看,旅游度假区由夏季型发展到冬季型,再发展到四季型。从空间上来看,欧洲最早开发旅游度假区,然后依次向北美洲、南美洲、非洲、大洋洲和亚洲扩散。

(2) 旅游度假地的类型

依据所依托的旅游资源类型划分,可以分为城郊休闲型、历史文化型、湖山型、滨海型、海岛型、温泉型和滑雪型旅游度假地。

① 城郊休闲型旅游度假地:以优美的自然风景或以名胜古迹文化遗址观光区为基础开发,以功能性开发区建设为目标,综合规划,成片开发,集宾馆以及相关的商贸服务为一体,建设现代化的娱乐设施和舒适完善的疗养及健体设施,如加拿大的温哥华、法国的夏纳等。

② 历史文化型旅游度假地:以历史文化为主要特色,如希腊的爱琴海等。

③ 湖山型旅游度假地:以内陆湖泊、山地为主要吸引物,如新西兰的南北岛、韩国庆州的波门湖等。

④ 滨海型旅游度假地:以海滨风情为主要吸引物,主要依赖于沙滩的质量和范围、景色、气候以及水上体育运动,是世界各国旅游度假地的主要类型,如印尼的巴厘岛、墨西哥的坎昆、中国三亚的亚龙湾等。

⑤ 海岛型旅游度假地:以海岛风情为主要吸引物,如马尔代夫、塔西提等。

马尔代夫是上帝散落的一串珍珠

⑥ 温泉型旅游度假地:以温泉资源为主要吸引物,如英国的巴斯、北京的小汤山等地。

⑦ 滑雪型旅游度假地:以滑雪资源为主要吸引物,对环境的要求较高,包括要有适宜的气候、覆雪和山地(至少是坡地),有供暖设备的旅游住宿接待设施,装置机动运送设备、造雪机和扫雪机,夜间文化娱乐活动设施和餐饮设施等,如瑞士阿尔卑斯山滑雪旅游度假区等。

度假旅游地多是以一个旅游度假区开始,随着这个度假区的不断发展和扩大,逐渐形成一个以度假功能为主,集康体、休闲、娱乐、健身、观光、社交多功能于一体的度假胜地。

3. 世界主要旅游度假地魅力概述

旅游度假地的魅力也许源于它是大自然的鬼斧神工、世事轮回的沉淀累积;也许是人类文明的辗转沉浮、沧海桑田的变换更迭。在这个星球上,除了上天馈赠给我们的许多天堂美景之外,还有一些被岁月精雕细琢而遗留下来的精神财富,让我们用心去品味和欣赏。

欧洲的度假天堂是在现代文明中透露出的一种古典的浪漫和神奇,爱琴海湛蓝的海水抚慰着特洛伊古城的忧伤,月牙般的贡多拉摇动着威尼斯千百年的风情,梦幻般的天鹅堡守候着凄婉动人的故事,一望无际的紫色花海勾画出普罗旺斯的妩媚,繁华的巴黎弥漫着古韵幽情,科西嘉岛流露出法国贵族的度假气息。

非洲的度假天堂在广袤旷野中隐藏着一种神秘和震撼的力量:矗立在漫漫黄沙中的金字塔诉说着法老的荣光,突尼斯的美丽与忧愁是回荡在历史长河中的幽灵,失落在东非大草原的动物乐园是肯尼亚的生命之源,纯净的塞舌尔风情演绎着梦想中的天堂,沉醉在卡萨布兰卡的酒吧中任时光悠悠流淌。

亚洲的度假天堂处处散发着历史的璀璨光芒和浓浓的人文气息:泰姬陵的空灵绝美让人体验穿越时空的思念和爱情,"高棉的微笑"吴哥窟是看透红尘世俗的通透与豁达,神秘纯美的香格里拉构筑了人们心目中的伊甸园,茶马古道上幽幽的驼铃声传送着历史的轮回交替,宁静而祥和的丽江古

宁静悠远的新西兰风光

城让人在岁月的长河中短促驻足,冰火两重天的北海道是抵挡不住的美丽诱惑,普吉岛、长滩岛、巴厘岛、马尔代夫等滨海度假胜地又是天堂的精华荟萃。

美洲大陆地理跨度的跳跃使之充满着多元素的度假气息:落基山脉的自然之风是现代人心灵的庇护之所,休闲随意的温哥华是永不厌倦的生活之城,光怪陆离的拉斯韦加斯是迷离诱惑之都,鸟语花香、浪漫恣意的夏威夷是放逐激情之地,独特的拉美风情和滨海风光让坎昆成为绝佳的流连忘返之处。

大洋洲独特的原始风光、晶莹剔透的海水世界、纯净空旷的自然秘境、闲适温馨的可人氛围是一种配搭和谐、水乳交融的度假佳所,塞班岛、大堡礁、新西兰、塔西提处处让人感受精彩绝伦的体验。

一、爱琴海(Aegean Sea)

1. 度假名片

享受纯净,体验浪漫;圣托里尼岛,米克诺斯岛,蓝白之城。

2. 地理位置

爱琴海是地中海的一部分,位于希腊半岛和小亚细亚半岛之间,南北长610千米,东西宽300千米。爱琴海的东北部经达达尼尔海峡与马尔马拉海相连。爱琴海海岸线非常曲折,港湾众多,共有大小约2 500个

南欧灿烂阳光下的爱琴海

岛屿,所以爱琴海又有"多岛海"之称。爱琴海的岛屿可以划分为七个群岛:色雷斯海群岛、东爱琴群岛、北部的斯波拉提群岛、基克拉泽斯群岛、萨罗尼克群岛(又称阿尔戈-萨罗尼克群岛)、多德卡尼斯群岛和克里特岛。

3. 美丽传说

爱琴海在希腊语中的词源是波浪,合起来的意思是波浪起伏的海。关于爱琴海名称的起源有各种解释:其一源于古爱琴城;其二,源于一位名叫爱琴的亚马逊女王,她葬身于海中;其三,源于忒修斯王子的父王爱琴斯,他误以为忒修斯死了,心碎得跳海自尽;其四,源于一个美丽哀婉的爱情故事。琴是希腊有名的竖琴师,国王慕她之名心生爱意,相爱的人终成眷属。但在新婚之夜,无情的战争却迫使两人生离死别,琴每天都到他们曾约会的地方拨琴给远方的国王听,最终却等来了国王战死沙场的消息。琴就在那天披上国王染血的战袍,奔赴战场,指挥军队反攻,终获大胜。此后,每天晚上琴都会对着夜空拨琴,她希望在天堂的国王可以听到。而清早,她就收集散落的露珠,那是国王对她爱的回应。许多年后,直到她永远睡去不再醒来的那天,人们把琴用一生收集的 5 213 344 瓶露水全部倒在她沉睡的地方,奇迹发生了:涌出的清泉变成小溪,小溪汇成河,由河聚成了一片清澈的海,人们就叫它"爱琴海"。

一个蓝白色的纯美童话世界

爱琴海,不仅是欧洲文明

的摇篮,更是一片充满浪漫气息的海,碧蓝的海水拍打着弯曲绵长的海岸线,沿线有牧歌式的渔村、橄榄树园。蓝色天空下星罗棋布点缀着片片白帆和千座小岛,洁白的海滩和一望无际的蔚蓝相连。爱琴海象征唯美圣洁的爱情,爱情像海无边无际,从爱琴海上吹来的海风使人慢慢地融入这蓝白相衬的无尽浪漫之中。清晨,置身海边,抬头望着那片蔚蓝色的海面,闭上眼睛,张开双臂,深吸一口气,再轻轻呼出,那种感觉干净而又透明——如爱情,纯洁而又高尚;傍晚,漫步海边,聆听着海浪拍打沙滩的声音,美妙而又动听,感受迎面拂来的海风,轻盈而又恬淡——如爱情,浪漫而又细腻。传说爱琴海就是神灵的故乡,从希腊神话开始,这里的空气中弥漫了浪漫的味道,如今遗落凡间,成为抚慰人们心灵的温床,滋生浪漫的圣地。蓝色的爱琴海边,"柏拉图的永恒"承诺了一千年的执着,一千年的守候,只留下回忆中美好的片段,化作永恒!

4. 度假足迹

(1) 圣托里尼岛:寻找浪漫的胜地

爱琴海上再没有比圣托里尼更神秘、更特别的岛屿了,它是传说中于公元前1500年因火山爆发而失落的文明亚特兰蒂斯的残留部分。与其说它是一个岛,不如说是由很多小岛组成的岛群,环绕着海水形成了一个大礁湖,形成一幅任何照片、油画都无法完整描绘的世间美景。在这个岛上只用四种颜色就勾勒出三幅世界上独一无二的自然景观:南部佩里萨的黑色沙滩,中部蓝白相间的建筑群,还有北部伊亚金黄色的日落。相传远古时火山爆发而致地层变动,产生断层现象,使岛的西岸形成一个陡峭的崖岸,而菲拉镇就建于这个崖岸上,犹如上帝的一幅美丽杰作。在那高约300米的崖边,沿着陡峭的山壁修建了一座座造型各异的白色小屋,

浪漫惬意的爱琴海

爱琴海傍晚的玫瑰色天空

延绵数里,正对的大海与天空没有穷尽,刹那间这无尽的蓝白沁人心扉,无限地蔓延开去。坐在小屋前的葡萄架下,喝上一杯葡萄酒,极目远眺爱琴海迷人的幽蓝,静静地坐着,就这样享受着安静悠闲的感觉。偶尔从蓝顶小教堂中传来一阵钟声,顷刻间洗尽了心中的烦躁。而伊亚则是看日落的最佳地方,遥望落日跳入爱琴海,四周寂静悄然,仿佛听见水火激荡,溅起余晖,通红漫天,分不清哪里是海,哪里是天。

圣托里尼的美,展现在它多姿多彩的地形和村落。村落的建筑是典型的基克拉泽斯群岛特色,白色的房体搭配深蓝色的圆屋顶。蓝色在天空和海水之间充分展现着温暖的主题,而白色在深深浅浅的蓝色和明亮妩媚阳光的调和下为这幅水彩画增添了透明纯净的基调。一切是清新的、温馨的,仿佛等待着前生约定的浪漫故事的发生。

(2) 米克诺斯岛:极致浪漫优雅的风景

米克诺斯岛传说是巨人破碎的身体变成的,因此它的美具有神话般的力量。它本身就是一座奇幻多姿的白城,一丛丛犹如白花花蜂巢似的两层白屋随着小岛的地形错落起伏,中间还点缀着红、黄、蓝、绿的灿烂。希腊人约定俗成地将房屋刷成白色,代表了内心的空灵与纯洁,并将其视为撑起希腊灵魂的"白色脊椎"。房子多为两层,小巧精致,楼梯建在房外,窗

蓝色与橘色编织的梦幻

户、门、阳台都漆上了明艳的色彩,墙壁上大多刻有独特的希腊式花纹和图案,有的院子或阳台上还会加一个陶罐或形状独特的石块,古典与雅致在这里得到完美结合。米克诺斯岛的居民大多信仰希腊东正教,拜占庭式圆顶教堂在米克诺斯岛上比比皆是,教堂的圆顶以蓝色居多,偶尔也有暖红色的,柔和地点缀着这座活色生香的小岛,仿佛是童话故事的再版。其中最让人牵挂的是由五个雪白小教堂组成的巴拿吉亚教堂,房檐下悬挂的各色铃铛在微风的吹拂下发出悦耳的声音,成为爱琴海风情的代表风景。

沿着一湾布满大大小小鹅卵石的沙滩走去,一长列雪白的房子顺着海岸边蜿蜒伸展,海水浸没了房子的基石,几乎漫到了地平面,类似威尼斯的水边建筑就是仙境小威尼斯湾。在小威尼斯到处有餐厅或咖啡馆,在这里可以一边享受着希腊美味,一边欣赏着落日余晖中米克诺斯的标志——五个基克拉泽式风车的剪影,仿佛迎面吹来的海风中都夹杂着极致浪漫的迷人气息。天堂海滩上的"天体海滩"是岛上的一大特色,在深邃的爱琴海边、在金色阳光的

面朝大海,春暖花开

爱抚中、在椰棕太阳伞下可以体验心无杂念的旷世之美。

(3)罗得岛:爱琴海的花束

罗得岛是位于东部爱琴海中的佐泽卡尼索斯群岛中最大的岛屿。希腊语"罗得"意为玫瑰,它讲述了海神波塞冬美丽的女儿罗得的爱情故事。岛上土质肥沃,橄榄葱绿,玫瑰片片,木槿花、夹竹桃花、含羞草、茉莉花等花开似锦,因而有"爱琴海的花束"之称。风光明媚的罗得岛既有保存最为完好的中世纪遗址,也有让人怦然心动的鹅卵石小径,已被足迹修饰得平坦了的石头一颗挨着一颗向远处排去,一起延伸的还有那日

童话般璀璨的灯光

日夜夜走不完的浪漫。在小城现代的那一部分,闻名的不只是那些布置了烛光晚餐的小餐厅,还有意大利式的建筑。在古老的曼卓基港的入口之处,可以看到一对雌雄铜鹿的雕像,它们是古代罗得岛灯塔的遗址,也是这座岛的标志。罗得岛有着数量众多的漫长金色沙滩,有的拥挤,有的悠远,有的新潮。

(4) 爱琴海上的岛屿各具特色

被誉为"海上花园"的克里特岛是欧洲文明的发源地,荟萃了各地的文化成就,有着无数神话故事,岛上的克诺索斯迷宫是希腊古代文明的象征;有摄影师天堂之称的波罗斯岛风光秀美,在柠檬树和橄榄树的青翠葱茏中掩映着式样古拙的白色屋檐,在白墙的氛围中不时透出烂漫的花丛,云涛海浪中,一条石板铺就的甬道蜿蜒而上,渐行渐远;伊兹拉岛是艺术家之城,小岛细长,小巷幽静,毛驴载着游人悠闲地晃来晃去,海就在身边,明艳艳的鲜花就在眼前,遥看远处明黄的柠檬果压弯了枝头,体验一种乐到骨子里的享受;宙斯情人居住地的爱琴那岛,有历史斑驳遗迹的阿派伊亚神庙,是远望爱琴海的最佳视角;莱斯沃斯岛又称米蒂利尼岛,一直是哲学和艺术的中心,至今仍吸引着一些极富创造力的人前来度假。无数的人们来到希腊的海岛上,听着海浪拍打回忆起过去的故事,享受着从前的人们保留下来的自然美景,温暖的阳光在浪漫的气息中愈发馨郁,而微波的大海却在深蓝色的调和下透出它的平静,像是怕打扰了岛上人们惬意闲适的生活。

5. 心灵体验

海是湛蓝的,天是湛蓝的,连远方岛屿上民居的门窗也漆成一色的湛蓝,那里的世界蓝得自在而放纵,令人心神荡漾,这就是被诗人荷马形容成"醇厚美酒颜色"的爱琴海。能够与这种极致的蓝相得益彰的也只有纯净的白色了,层层叠叠、高低错落的白色屋舍,与海天构成白色与蓝色相间的简单符号,在每一处都凝固成美丽的乐章,拨动着人们柔软的心弦。蜿蜒街道上的白色栏杆,依山傍海高低错落的白色房屋,蓝色窗户中偶尔露出一角的白色窗纱……一切都在不经意间使你整个心灵亦变得如这梦幻蓝白般的澄明空灵。爱琴海的魅力不仅仅在于海水与颜色,还有那些充满神话和文化色彩的岛屿与传说。断了臂依然风姿绰约的维纳斯,引发特洛伊战争却仍被千古惊羡的海伦……回味已经远去的美丽故事,邂逅或者享受自己的浪漫情怀,行走在这样的海岛上,聆听远处飘来的几缕希腊音乐,心已被迷人的蓝色的梦幻般的爱琴海感动而包围着。

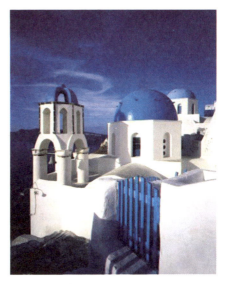

梦幻般蓝白色建筑

二、美国夏威夷(Hawaii)

1. 度假名片

美好愉悦的感受亘古不变;阳光,大海,鲜花,草裙舞。

2. 地理与气候

充满热带风情的夏威夷群岛,原为波利尼西亚人的栖居地,起名"夏威夷",意为"原始之家",在1959年成为美国的第50个州。它是由124个小岛和8个大岛组成的新月形岛链,弯弯地镶嵌在太平洋中部水域,被马克·吐温盛赞为"停泊在海洋中最可爱的岛屿舰队"。主要的8个火山岛屿是夏威夷岛、毛伊岛、卡胡拉韦岛、拉奈岛、莫洛凯岛、瓦胡岛、

世界著名旅游景点赏析

夏威夷最佳海滩之地的浪漫

夏威夷美食

考爱岛、尼豪岛。夏威夷属热带气候,四季阳光充足、雨量充沛、空气清新、林木茂盛,各种热带植物争奇斗艳,是大自然最原始、最恣意的无穷魅力的展示。

3. 美丽诱惑

夏威夷的一切都是美好的,得天独厚的美丽的风光、独特的波利尼西亚风情、当地人传统的热情友善和诚挚,到处飘扬着和谐悦耳的歌声,到处充满着夏威夷花环的扑鼻沉香,令人感觉生活原本就该如此的赏心悦目、岁月本来就应这样轻松充实地度过。夏威夷风光明媚,海滩迷人,日月星云变幻出五彩风光:晴空下,美丽的威尔基海滩,阳伞如花;晚霞中,岸边蕉林椰树为情侣们轻吟低唱;月光下,波利尼西亚人在草席上载歌载舞。夏威夷的花之音、海之韵,为游客奏出一支优美的浪漫曲。远离大陆,深藏在太平洋中的海岛夏威夷早已是举世闻名的度假胜地。

4. 最佳之旅

夏威夷是热带里的大自然画布,造物主在那里画下了翻卷的蔚蓝色大海和平静的银白沙滩,画下了棕榈树宽大的叶子和天堂鸟花的神奇造型,画下了明亮的阳光和多情的月亮,但最终完成完美画卷的是世界上各种肤色人们汇集的热情活力和浪漫梦想。

(1)最佳海滩之地

夏威夷岛上的每一个角落几乎都有让你惊艳的沙滩,每一个沙滩形状、大小、浪潮和沙的颜色都不尽相同,各有妙处,每一个沙滩都可以提供划独木舟、小皮艇、水肺潜水、体验潜水、浮潜等丰富多彩的水上运动；又或者，只是躺在沙滩上，享受一下那美好的阳光。威尔基海滩是夏威夷最负盛名的海滩，一年四季阳光明媚、椰影婆娑，蓝中带绿的海面透明得能够看清海底的礁石，远处的海水蓝中带黑，深不可测。沙滩边高大的棕榈树下，精致的小道边，修剪整齐的草坪上，散落着一个个散发着浓郁香气的烧烤台。傍晚时分，坐在沙拉吧或餐馆的落地窗边看落日，层叠的海水片刻之间被浸染得通红，远处的钻石山被裁剪成镶着金边的黑色剪影，短暂但震撼的大自然奇景每天都在重复上演，只有放松心情的人们才能从中体验到人生的灿烂和美好。

(2) 最佳体验活火山之地

到夏威夷大岛的国家火山公园，游客可在最近的安全距离内观看火山喷发的壮观，但必须穿上坚实的登山鞋，因为冷却了的火山熔岩是很锋利的。该公园每天24小时开放，值得驻足停留的有：火山瞭望台、火山女神之家、火山溶洞等。

最佳活火山喷发之地的震撼

(3) 最佳冲浪之地

每年的9月到次年4月，世界顶级冲浪选手都会来到瓦胡岛的北海岸来冲浪，因为这里的浪可达到9米高。如果你有足够的勇气和技巧，也可以尽情参与其中，体验冲浪、风浪板、风帆、滑水的刺激乐趣；如果不擅长的话，也可以尽情地

夏威夷海岸最佳冲浪之地的激情

欣赏有着健硕肌肉的勇敢者惊心动魄地与大浪搏击的水上舞蹈表演。这项体育运动展现的力量之美带给我们的视觉冲击，足以让我们为人类坚忍不拔的精神而折服。

(4) 最佳赏花之地

夏威夷特殊的热带海滨气候造就了无数珍稀物种，一年四季各种奇花异卉满山遍野绽放着，犹如花的海洋，令人赏心悦目。蓝花楹叶形似蕨类，初一看以为是紫藤，十分美观；凤凰花有着鲜红骄人的颜色，在翠绿的枝叶中愈发显得美艳欲滴；合欢的叶子小巧细碎，花色粉红，纤细柔弱，惹人怜爱；天堂鸟花更是夏威夷独有的神奇之花，"叶如飞凰之羽，花若丹凤之冠"，如展翅欲飞的天堂鸟，黄橙色的花瓣、紫色的花蕊、深橙色的蕊心、翠绿的花托、绿色叶子上米色和墨绿色的斑纹，色彩艳丽，美得令人炫目。

最佳怀旧之地的沉迷

(5) 最佳怀旧之地

最具有夏威夷风格的岛屿是莫洛凯岛。岛上没有一栋建筑物的高度超过一棵椰子树，目前也只有 7 000 多人定居于此，所有旅馆的房间总共才 700 多间。在这个岛屿上可以放慢脚步，散步、骑车或骑马，尽量使自己融入当地文化之中，尝试感受简单生活的魅力。对历史感兴趣的人当然要到位于檀香山西侧的珍珠港，亚利桑那号战舰白色纪念馆的形状修长而优美，海水中亚利桑那号战舰的残骸仍清晰可见。《珍珠港》电影让我们感叹的不仅有战争时期的凄美爱情，还有战争的残酷以及人类为今日的和平所付出的惨重代价。

(6) 最佳浪漫之地

夏威夷语中其实没有"浪漫"这个词语，最接近的词是"Hoonanea"，它却比浪漫更加浪漫，意为"度过欢愉的时光"。牵手在灯笼和火把映照出的神秘光影下一同散步,在倒映着橘色温柔月光的沙滩上嬉戏踏浪、迎着海风、骑着马踏在亮白的浪花上看棕榈树在柔和的微风中摇曳,或者在榕树下随着夏威夷四弦吉他的小夜曲轻柔地摇摆身躯,又或者席地而坐相拥沉醉在茉莉花的香气之中。在考爱岛 Mahaulepu 沙滩的南海岸,还可以找到沿岸木麻黄树开凿的只能容纳两个人的山洞,在这里边可以用餐边欣赏海边的落日,静静地享受两人世界的温馨浪漫。或者去考爱岛围绕着岩石悬崖仿佛与世隔绝的鲁玛海滩,体验堪称夏威夷最为宁静、最具田园风味的热带伊甸园风光。

（7）最佳潜水之地

夏威夷的潜水天堂绽放着无限蔚蓝色的魅力,穿上潜水服,戴上面镜,背上氧气瓶,潜入这最美的海底世界,在珊瑚礁旁与色彩斑斓的热带鱼相见,像条自由自在的美人鱼,尽情地探索欣赏丰富多彩的海底花园;或者在卡哈

夏威夷最佳潜水之地的大海龟

卢乌国家公园,沿着海岸只要进入海洋 1 米左右,肯定会看到像轮胎一样大的绿海龟,非常适合初学浮潜者;或者干脆参加潜艇旅行,在 150 米深的水下观赏鱼类、其他海洋动物以及海底废墟。

（8）最佳远足之地

考爱岛的那波利海岸有天然的热带雨林,是世界上最美丽的远足之地。Kokee 州立公园可以带人们进入 Kokee 荒原,人们可以看到稀罕的夏威夷植物,如桃金娘花、芙蓉花、夏威夷相思木。

（9）最佳逃离尘嚣之地

去拉奈岛需要坐岛上飞机或从毛伊岛坐渡船,因此很少有人会来这里。拉奈岛是夏威夷群岛中开放给观光客的各岛屿中,面积最小的一座。岛上将近98%的土地是由"凯瑟尔与库克度假村"企业集团所有,

而这个企业已经将此岛发展成为纯粹的休闲度假胜地。这里就像一个私人拥有的公园,在荒废的呼罗普沙滩游泳,在高尔夫球场打球,在未开发的路上行驶,那么这里就是理想的逃离一切尘嚣之地。

(10) 最佳民俗文化参与地

多种文化融合的夏威夷始终保持着自己的原住民文化——波利尼西亚文化。瓦胡岛上的波利尼西亚文化中心依山傍水,热带植物繁茂,人工湖将中心分为夏威夷、萨摩亚、斐济、汤加、塔西提、马克萨斯、毛利等七个村落,代表波利尼西亚七种不同的文化,各村落建筑均保持几百年前的传统风貌,从不同侧面反映民族文化特色。换下时髦衣着,穿上夏威夷人的草裙,戴上花环,随着篝火闪动、音乐激荡,毫无顾忌地参与到草裙舞风情万种的表演中,尽情地融入到"火山女神"狂舞的疯狂呼号里,体验着波利尼西亚文化的热情和狂放,享受着阿罗哈精神的快乐。

风情万种的夏威夷草裙舞

(11) 最佳夜生活之地

夏威夷的夜生活应该始于火奴鲁鲁。晚会从日落的第一杯鸡尾酒开始,当地的年轻人喜欢去唐人街附近的市中心,因为那里有很多酒吧和现场音乐会。

夏威夷之夜

(12) 满足一切需求之地

毛伊岛是夏威夷群岛中的第二大岛,以其山谷的秀丽著称。它受到游客欢迎是有原因的,因为每个人都可以在这里找到自己的乐趣:喜欢登高的游客可以租车沿公路开到海拔3 000米高的火山口交汇顶上,体验似乎站在月球上的感觉;想拥有私人空间的客人可以到马可那荒废的马卢卡和奥尼拉沙滩;背包客愿意在哈来亚咔拉国家公园远足;骑单车的人会在休眠火山上滑下;美食家可以在这里找到最正宗的餐厅;热爱航海和浮潜的游客更加不会失望。

三、印度尼西亚巴厘岛（Bali Island）

1. 度假名片

众神的杰作,自然的宠儿;世外桃源般的乐园。

2. 地理位置

巴厘岛是印度尼西亚17 500多个岛屿中最耀眼的一个岛,位于印度洋赤道南方8度,爪哇岛东部,小巽他群岛的西端,大致呈菱形,地势东高西低,山脉横贯,有10余座火山锥,东部有有"世界肚脐"之称

巴厘岛的歌舞

的阿贡火山,海拔3 142米,是全岛最高峰。居民主要是巴厘人,信奉印度教,以庙宇建筑、雕刻、绘画、音乐、纺织、歌舞和风景闻名于世。

3. 度假理由

巴厘岛以典型的海滨自然风光和独特的风土人情而闻名,素有"花之岛""诗之岛""天堂岛""神仙岛""神明之岛""绮丽之岛""艺术之岛"等美称。巴厘岛最令人迷恋的是热带雨林的暖风和碧蓝清澈的海水。无尽的海景风情、参差错落的水稻梯田、人迹罕至的庙宇以及丰富多样的食物、木雕、蜡染、油画、纺织、舞蹈和音乐,让人沉醉其中;活火山的特性丰富了巴厘人的性情,恣意灿烂的暖阳燃起了巴厘人的无尽热情,一切鲜活而明亮的色彩让人时刻感受到一种蓬勃的生命

浪漫度假

金巴兰海滩边的落日熔金

力。"巴厘"在印尼语中的意思是"再回来",但去巴厘岛度假最强烈的感受是"不回去",这里沙滩细洁、绿树成荫,岛上一年四季鲜花盛开,空气清新,美食荟萃,有如人间仙境。

4. 美景阅览

(1) 在巴厘岛的浪漫度假生活由海滩开始

在库塔海滩冲浪,享受水疗,品尝美食,在鳞次栉比的小店中体验购买充满民族风情工艺品的快感;在萨努尔海滩欣赏亮丽的海上日出,更可以在柔软的沙滩上漫步、独坐、发呆;在努沙杜瓦海滩选择一间有私家泳池的房间,在绿树掩映中面朝大海,使身体和灵魂都彻底释放;傍晚时分在金巴兰海滩一边观赏壮丽的落日,一边听着歌手们演唱各国歌谣,享用着烛光晚餐海鲜烧烤,别有一番情趣。

(2) 与大自然的亲密接触

在巴厘国立国家公园可以尽情观赏涵盖了火山、热带雨林、草原、沿海滩涂、海岛等诸多原始地貌的生态环境;而德格拉朗一带以田间点缀的椰树和雄伟的火山为背景的梯田风光又是独树一帜的风景风貌;到圣猴森林公园看猴子爬在古庙石像上,当地人平静安详地坐在大榕树下,感动于动物、人和神明自然的融合与交流;位于巴厘岛中部北边山区的京打马尼是以海拔 1 717 米的巴都鲁山为中心的高原地区,坐在标高

1 524 米的山顶餐厅内,透过玻璃窗便可以欣赏到雄伟壮观的巴都鲁火山和巴都鲁湖的美景,也可骑马到湖畔散步慢行;巴厘岛最南端有个乌鲁瓦图断崖,站在船头形状的悬崖上迎着凉爽的海风沉浸在"情人崖"的凄美爱情故事中,同时也可以在附近蓝点湾的玻璃教堂内目睹成对的新人在此海誓山盟,见证爱情故事的生死轮回。

(3) 互动过程中的乐趣

黎明时分,坐长角船到拥有独特黑色沙滩的罗威那观看壮观的"海豚军团"的集体觅食表演;到亚洲最大的蝴蝶园里欣赏多种多样的蝴蝶翩翩起舞,沉醉在色彩绚丽的美丽世界中;搭乘玻璃底的游船,一路悠哉地喂食海中成群的各色热带鱼并观赏船底瑰丽多彩的珊瑚礁群,不知不觉中就来到了

从海神庙小亭远眺海天一色的景象

海龟岛,参与惊心动魄的斗鸡大赛,试试运气如何。喜欢运动,可以到河岸高峻、植被繁茂的爱咏河漂流,既可在水流平缓处安心饱览美景,又有急流险滩处的惊险刺激;而到有 22 处急流点的阿勇河漂流就有不同的感受,迎面而来的景观,忽而是茂盛的树林,忽而是辽阔的田野,忽而是阴森的蝙蝠洞,忽而是美丽的瀑布,变幻无穷,令人赞叹不已。想要体验潜水的乐趣到图兰奔,不需出海直接就能下潜,水流平缓,水质清澈,能见度很高,是世界上最美的潜水胜地之一;或者干脆住宿在巴厘岛野生动物园内的木质小别墅里,体验与豹子"共眠"的乐趣与新奇。

(4) 分享巴厘岛人的快乐

静坐在孤零零矗立在海水中的海神庙小亭中,远眺落日美景的辉煌;用千年依然清澈的圣泉寺中的泉水驱逐病痛、洗涤心灵;穿行过布撒基寺庄严宏伟的善恶之门,体察巴厘岛人善恶等同的精髓,或许当人们听着音乐走进这一道道门里的时候,就渐渐洗净了铅华,忘却了宠辱,神

布撒基寺庄严宏伟的善恶之门

的殿堂众生平等;选个雾气弥漫的清晨,到位于巴杜尔湖畔供奉湖泊女神达努的水神庙游览,人少安静的时分最能体会出精神寄托的含义。深信万物有灵的巴厘岛人以接纳天地万物的胸襟迎进印度教,早晚供奉的规矩和沐浴的习惯经年不变。工作时认真工作,用餐时喜悦地吃,睡觉时安详地睡,与万物和平相处,心无旁骛地过每分每秒,生活自然逍遥,一生当然快意。

(5) 徜徉在民俗艺术的海洋中

巴厘岛传统手工艺品甚多,木雕、石雕、绘画等精湛作品随处可见,甚至在庙宇的墙壁、神龛、横梁、石基上,皆有各种飞禽走兽、奇异花草等浮雕,令人目不暇接。流连在充满浓郁艺术气息的乌布,惊讶于现代风格与神秘宗教气息的水乳交融;巴土布兰的石雕很有特色,用质地柔软的火山岩雕刻成神像和各种庭院装饰;马斯村盛产用檀香木、黑檀木和柚木雕刻的面具、乐器和神话人物等木雕;苏鲁村人打造银饰的手艺细腻精湛。另外,巴厘岛的绘画艺术也独具魅力,无与伦比的色彩结合了东西方绘画艺术的精髓。这样一座具有厚重文化积淀的岛屿为当代艺术家们提供了无数灵感,处处流露出东方神韵的无穷魅力。

(6) 享受巴厘式的水疗

在巴厘岛的日子是舒适而惬意的,美丽精致的庭院风景、清新的泳池风景、怡神的稻田风景、开阔的河谷风景……这些户外水疗都是半开放式的,讲究的是天人合一的感觉,空气中弥漫着熏香的阵阵清幽,汩汩流水声温和地夹杂在叮咚悦耳、神秘悠扬的金巴兰音乐声中,享受草药按摩或是芳香疗法,在棕榈树的环抱中神经放松悄然入睡,一切都是从容、舒展而惬意的。水疗及其环境的优雅不只提供一个健身的场所,还可减轻工作、年龄和环境所造成的压力。温泉与海水的水疗、热疗与药草理疗所产生的奇妙效果,给人以无比舒适的宁静之感:全身埋在洒满玫瑰花瓣的浴缸中,脸上则覆盖着调和成的面膜,旁边就是盛开的一朵朵的鸡蛋花和攀上墙头的藤蔓,空气中弥漫着清新的薰衣草的香味,如入仙境。

5. 心灵体验

巴厘岛悠久的历史和文化、多样化民族背景协调在生活中,巴厘岛的淳朴虔诚和外来的时髦开化,东方的从容和缓与西方的奔放热烈,无一不在巴厘岛兀自绽放。巴厘岛有众多的雕塑,很多是神像,可是巴厘岛的寺庙里却往往没有神像,这里的人们更相信神是无形的,是无处不在的。巴厘岛人的宗教信仰是融入生活之中的:那些密密麻麻地雕满花纹的墙壁,屋檐砖瓦,庙门廊柱,形态奇异的神像雕塑,混合布满着苔藓和热带气候腐蚀的斑

巴厘式水疗

巴厘岛人的精神家园是宗教信仰

驳古旧,在静静盛开的各种兰花、热带植物的点缀和遮掩下无不透着神秘。即使你无法从精神深度去了解巴厘岛,也可以从这里的空气中嗅到那份灵异,那种巴厘岛本身所散发出的信仰奇观、魔力魅咒。这里不仅是远离扰攘的世外桃源,而且是寄放心灵的圣洁天堂。

四、突尼斯(Tunisia)

突尼斯纯净的沙滩

迦太基古城遗迹

1. 度假名片

神创造的祥和秘境;迦太基古城,西迪布撒以德,海上睡莲。

2. 地理位置

突尼斯位于非洲大陆最北端,北部和东部面临地中海,隔突尼斯海峡与意大利的西西里岛相望,扼地中海东西航运的要冲。东南与利比亚为邻,西与阿尔及利亚接壤。突尼斯的气候温和,地理环境优越,是世界上少数几个集中了海滩、沙漠、山林和古文明的国家之一。

3. 度假理由

地中海南岸的北非国度突尼斯,似乎是专为度假休闲而创造的。无论是历史遗迹、热情好客的风土人情、神话传说带来的臆想,还是迷人的沙滩、温和的气候、丰富多样的资源,使突尼斯成为悠久文明和多元文化的融合之地。迦太基古城、麦地纳的阿拉伯市场、艾尔吉姆的古罗马斗兽场、犹太教堂、地中海沿岸苏斯和哈马麦特海滨度假地、撒哈拉沙漠的奇丽风光,在地中海灿烂阳光的照耀下编织着人世间最动人的梦境……在沙漠与大海的两极渲染交织中邂逅一种缠绵悱恻的华丽,两种看似相互矛盾的个性展现的却是一种变幻无穷的魔力。

4. 心灵感动

(1) 迦太基——历史的辉煌和悲凉

迦太基是突尼斯的标志。古老的迦太基古城遗迹紧傍地中海岸。迦太基,腓尼基语的全称是"卡尔特-哈达什特",意为"新城"。公元前3世纪到公元7世纪,腓尼基人、罗马人、汪达尔人、拜占庭人,先后占领过迦太基,并在这里建立国都或首府,最后此地归于阿拉伯人手中。每次争夺都非常残酷,迦太基都遭受极大重创。今人看到的迦太基古城是被罗马人重新修复的,虽然这里现在只剩下残垣断壁,但昔日的繁华风韵仍依稀可辨:零星散落的古迹残痕,厚重巨石砌成的墙

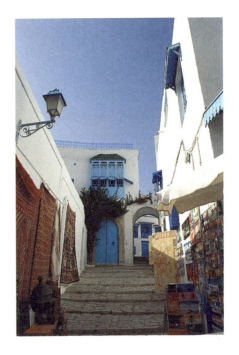

恬静的西迪布撒以德小镇

基,断裂的花岗石圆柱,雕刻着花篮、卷叶、荷花、棕榈叶等各种装饰花纹的柱头,显示出当时古建筑的宏伟与辉煌,也散发出一种衰败而残缺的美。一步踏过去,不小心激起的该是悠久历史的灰白色尘埃吧,也许,它也在回首迦太基的故事与尘烟,三千年的晨昏,一切都变了样。金色的阳光穿透空气静静地照射在海边孤独的残柱上,悲壮但不凄凉,平平静静淡若千年的时光就这样被永久地凝固。遗址不大,按书索引去寻觅那旧日的剧场、公共浴室、祭坛、别墅和渡槽,看那海风吹蚀的斑驳墙壁,黛多与埃尼亚斯的传奇故事如遗迹尘烟里埋藏的一朵艳丽花朵,赋予了这

北非神秘国度无尽的生命力,使人们在面对沧桑的迦太基遗址时想象不再虚无。

(2) 西迪布撒以德小镇——恬静浪漫的港湾

漫步于堪称地球十大浪漫小镇之一的西迪布撒以德,安达路西亚风格的白屋蓝窗小屋,加上满街飘香的丁香花瓣,你已不由自主走进诗一般的画境中。在这里,没有大都市的繁华丽景,没有奢华的霓虹灯闪烁,更远离了城市的喧嚣,只有小镇的恬静,薄荷茶的清香,小咖啡馆的长凳。坐在能眺望大海的露天咖啡座上,看着突尼斯的夜景,细细品味着口中的突尼斯咖啡,突然发现自己开始眷恋眼前的这个地方。据说每年夏天都有上百万的欧美游客慕名而来,就是要为他心爱的人买朵紫色的丁香花戴在她的头上,这样浪漫的小镇让人不想到爱情都难。

(3) 突尼斯市——海上的一朵白色睡莲

突尼斯首都突尼斯市是一座阿拉伯古老建筑与现代建筑艺术融为一体的迷人城市。一道城门把市区分为现代化的新城和具有民族传统的旧城。新城里,随处可见高耸林立的大楼和繁忙的商品市场。漫步于贝尔韦代尔公园树木葱茏的山坡上,满眼的芳草如茵,鲜花盛开;徜徉于这个号称天然植物标本的公园内,有种返璞归真的愉悦感。旧城

海上的白色睡莲突尼斯

区,被当地人称为麦地纳。在阿拉伯语里,"麦地纳"意为"城市",又有"城中之城"的解释,它主要是商业、手工业和民用住宅三位结合的城区。麦地纳旧城区是城市规划最协调的典范之一,反映出精湛的阿拉伯建筑艺术,也充满着当地独特的传统:在这里最高的房屋仅有两层,狭窄弯曲的街道中走过穿着长袍、披着面纱的阿拉伯女子,悠扬的古乐飘荡在麦地纳的上空,仿佛又回到了《一千零一夜》里描绘的如梦似幻的仙境

之中。

突尼斯市给人的第一印象是遍地金色的阳光,热情奔放而有着梦想和无穷创造力的突尼斯人,他们把欧洲的古堡、阿拉伯的传统完美地结合在一起,融合为一种另类的建筑艺术,有梦幻、有传说、有故事。白色的屋顶、白色的墙壁、白色的砖石……这些铺天盖地的白色把棕榈树的绿色、椰枣树的茂盛、橄榄树的招摇、鲜花的艳丽衬托得更加恣意狂放,突尼斯——仿佛一朵盛开在碧蓝海水上的美丽白睡莲,永不凋谢。

(4)巴赫多的马赛克——古老传统艺术的灵魂

突尼斯有一个震撼人心的地方是巴赫多博物馆,灯火辉煌中展示着世上数量最多的、构图最完美的古罗马镶嵌画,那一幅幅色彩绚丽、栩栩如生的马赛克拼画,让人感叹古老艺术的魅力和神奇,感受历史长河中这片国土曾经的荣光和骄傲。在这个地球上,所有的蓝图都可能随着时光的打磨被埋葬了过去,所有的故事都仿佛随着新事物的滋生而长眠在了以往,但不同国家、不同时代、不同民族的人们用勤劳的双手创造的艺术瑰宝却散发出同样夺人眼目的光芒,人类共同缔造的文明精神永无止境。

5. 旅游心得

(1)美食

在突尼斯,中餐馆鲜见,当地的食物以阿拉伯饭为主,外地人一般吃不惯,最有名的小吃叫"COUSCOUS",是将肉类与蔬菜煮熟再掺进香料后,上面铺上小米饭。

(2)交通

中国没有直达突尼斯的航班,游客一般可以在欧洲各大主要城市转机。突尼斯国内出租车并不多,但是公共交通发达。其国家级高速公路从北方的地中海岸一直通到南方的撒哈拉沙漠的深处,公路质量很好。

(3)禁忌

突尼斯是信奉伊斯兰教的国家,禁食猪肉,参观清真寺或博物馆时,不可穿露背装、短裤和高跟鞋等,应尊重当地的宗教习俗。

突尼斯手工艺品

（4）特色商品

突尼斯的手工艺品制造者是极富创造力的，雕刻精美的武器架；刺绣精细的马鞍、涂漆木箱；"茉莉花、天竺葵、玫瑰精油"等香味的香水，连瓶子也小巧精美；陶器、陶瓷砖、传统式样小罐子、餐盘、餐碗和黄色铜纸做成的灯笼；带有东方色彩的凯鲁万的小蝴蝶结、小地毯；贝督因文化留下的纺织品；典型的杰鲁巴银饰等。主要购物区在布尔吉巴大街、突尼斯伊斯兰教区。

五、墨西哥坎昆（Cancun）

蛇形岛坎昆

1. 度假名片

欢乐和幸福的象征；玛雅遗址图伦，库库尔坎金字塔，加勒比阳光。

2. 地理位置

墨西哥坎昆位于加勒比海北部，尤卡坦半岛东北端海滨，是一座长21千米、宽仅400米的美丽岛屿。整个岛呈蛇形，西北端和西南端有大桥与尤卡坦半岛相连，隔尤卡坦海峡与古巴岛遥遥相对。

3. 城市简介

在玛雅语中，坎昆意为"挂在彩虹一端的瓦罐"，被认为是欢乐和幸福的象征。坎昆市划分为国际机场、市区和旅馆区三个部分。市区的各行各业都为旅游业服务。坎昆的景区规划中旅馆区呈7字形，建有100

多家国际著名集团的度假村,里面没有居民,只有旅馆、酒吧和娱乐场所。昔日的玛雅港口今日变成了真正的生态旅游天堂。

4. 气候条件

由于坎昆地处热带,全年平均气温27.5℃,每年仅有雨、旱两季,全年晴天240余天,每年的3月到5月是旅游旺季。当7月至10月雨季来临时,几乎天天阵雨不断,但是雨过天晴时,天边美丽的彩虹让人陶醉,坎昆市也因此而得名。

5. 历史感怀

在坎昆,历史的痕迹和现实的美景、文化的积淀和自然的渲染完美融洽地结合在一起。这里有世界上目前唯一尚存的加勒比海边玛雅和托尔特克人的古城遗迹——图伦,古城因其三面城墙环绕,另一面面对大海,所以玛雅人称图伦为墙。历经风霜、饱受战火的图伦,现在只剩下断壁残垣,但

一座遗迹就矗立在海边的高崖上

无言的石堆记载了古城多少青春岁月的辉煌,走进这里就仿佛轻轻地走进了悠远的记忆:有新出炉的世界新七大奇迹奇琴伊察,其中闻名世界的库库尔坎金字塔展现了玛雅人精湛的工艺技巧,光影蛇形的神秘景象让人们叹为观止。库库尔坎在玛雅语中意为"羽蛇神",被当地人认为是风调雨顺的象征;有热带丛林里的玛雅古迹科巴,科巴的道路网让人惊叹玛雅人建筑水平的高超;有世界闻名的国家公园伊施卡瑞特生态主题公园,园内有颇多景点——墓地、教堂、玛雅村落、蜂场、鸟园、丛林小道、蝴蝶房、动物园、水族馆……展示了完整的玛雅人生活画卷;还有风光旖旎的女人岛,可以在吊床上晃悠,体验潜水的快乐,参与"海豚发现"之旅……虽然我们都是匆匆过客,但在这些昔日宏伟壮观的景象面前却久久无法释怀。

洁白的坎昆海滩

6. 阳光海滩

坎昆是世界上公认的十大海滩之一,在洁白的海岸上享受加勒比海的阳光是人们休闲假期的最高境界。这里的海面平静清澈,因其深浅、海底生物情况和阳光照射等原因,呈现出白色、天蓝、深蓝、黑色等多种颜色。选择一家全色式酒店入住,躺在纯白沙滩边浪漫的四角床上,听波涛汹涌,看白云飘浮,感触温柔海风;享受墨西哥侍者热情体贴的服务,品尝各国美味佳肴;躺在游泳池的水床上,畅饮玛格丽特,对着陌生人微笑闲聊……或者什么都不做,任阳光轻轻拍肩,暖暖柔柔,澄澈的蓝天、阳光、音乐、微笑、情调融合在一起,让人恍惚,醉人心扉。

风情度假生活

7. 魅力体验

走进坎昆,在奔放狂野的音乐声中感受墨西哥人的热情如火,在品尝正宗墨西哥菜肴时欣赏戴着大檐帽的艺人在身旁游走高歌,在坎昆服务人员全程热情洋溢的微笑中体验休闲度假的轻松愉悦,在温柔的海边夜色中细数天空中低垂的星月,寻找或编织属于你自己的曼妙童话故事。抑或让玛雅的神秘意境带你入梦,体验古韵幽情,感叹千年时光只不过是瞬间而逝。坎昆是加勒比海上一颗璀璨的明珠,因为它蔚蓝色的海洋和细柔如毯、洁白如玉的沙滩,因为它海天一色的炫目和蛇形岛屿的蜿蜒,更因为它饱经沧桑却永远不会湮没在历史长河中的文明遗迹。坎昆是个无法用时间来分割的美丽故事,有历史的影子,有文化的积淀,有大自然的馈赠,有民俗风情的张扬,有现代繁华的映衬……在这里,让玛雅遗迹的神秘传说拨动心底的幽怨情思;在这里,用阳光碧海的浓烈热情填满休假的甜蜜时光。

可持续旅游消费

一、可持续旅游消费内涵

1. 可持续旅游消费的定义

旅游消费是指人们在旅行游览过程中,通过购买旅游产品来满足自身享受和发展需要的行为和活动。它是在人们基本生活需要满足之后而产生的更高层次的消费需要。但旅游不仅仅是一种精神体验,还是一种物质享受消费过程,旅游消费是一种综合的消费类型。它通常包括以下五个方面:保健性旅游消费、基础性旅游消费、文化性旅游消费、享乐性旅游消费和纪念性旅游消费。旅游消费与旅游者收入水平、旅游者结构密切相关,也与旅游产品结构和产品质量密不可分。

人与动物和谐相处

可持续旅游消费是新型消费观——可持续消费观在旅游消费领域中的反映和体现,强调了旅游活动的非破坏性,是一种健康积极的消费方式。可持续发展、可持续旅游发展已经成为引领当今社会经济文化和旅游发展的一种主导理念。

然而,可持续理念在具体旅游消费环节的贯彻实施中,仍有很长的路要走。这也决定了我们强调可持续旅游消费的必要性,它应是一种长期不懈的努力方向。

可持续旅游消费概念提出的历史不长,它是在可持续旅游理论深化、旅游消费实践问题导向和旅游消费行为规律探析的综合背景下提出的。1994年,联合国环境署在肯尼亚首都内罗毕发表的报告《可持续消费的政策因素》中,将可持续消费定义为"提供服务以及相关的产品以满足人类的基本需求,提高生活质量,同时使自然资源和有毒材料的使用量最少,使服务或产品的生命周期中所产生的废物和污染物最少,从而不危及后代的需求"。1996年,世界旅游组织、世界旅游理事会和地球理事会联合制定的《旅游业21世纪议程》指出"消费问题是环境危机的核心",并呼吁"所有国家均应全力促进可持续的消费方式"。

在商品社会,可持续旅游消费和可持续旅游生产是双向互动的关系,是可持续旅游发展中的有机统一、不可分割的两方面。旅游资源的供给总量是有限的。只有加倍珍惜,加倍保护,才能有可持续旅游消费的发展。反过来,对于我们这些旅游主体而言,旅游活动已慢慢成为一种生活方式,旅游消费也成为一种基本消费类型。在旅游消费过程中,应加强理性消费,避免盲目消费;在观赏体验旅游景点的过程中,做一名负责任的游客,拥有保护旅游资源的意识并付诸行动。只要每个人都做到健康、理性、可持续消费,就能实现旅游让生活更美好、旅游让未来更美好的夙愿。

2. 可持续旅游消费的主要特征

可持续旅游消费是一种新型的消费方式和消费理念,具有以下主要特征。

(1) 公平性

可持续旅游消费首先强调了消费的公平性,主张消费机会和消费权利的公平。公平性体现在代内公平和代际公平两方面。公平性的旅游消费是指人们在旅游消费活动中,不仅要考虑个人自身消费需求的满足,还必须考虑其消费行为对后代人及同代其他人的影响。任何国家和地区的旅游消费都必须考虑资源在不同代之间的合理分配,同时不能损害其他国家和地区旅游消费的发展。

(2) 适度性

适度性是衡量旅游消费是否可持续的一个重要标准。它包括旅游消费多少的适度性和消费损耗的适度性两个方面。对于旅游者来说,适度性旅游消费是指消费内容和消费量应以自身的旅游需求为出发点,以自身的健康生存为目的,而不是出自其他不科学的旅游消费动机。应该以精神消费为主,反对破坏自然生态环境、掠夺野生动植物的物质消费,杜绝低级趣味的色情、赌博等精神服务消费。从环境生态方面来说,适度性就是旅游消费不能超出生态环境的承载力,不能破坏旅游景点的人文遗迹和传统文化环境。

(3) 和谐性

可持续的旅游消费应该坚持消费关系的和谐性。旅游消费是消费主体在一定的消费环境下享用消费客体的过程。消费主体、消费客体和消费环境三者缺一不可,共同保证着旅游消费活动的开展。如果消费主体在消费过程中,破坏了与消费客体和消费环境的和谐关系,旅游消费将难以持续。消费客体是包括旅游景点、宾馆食宿、旅游交通等的综合旅游服务系统,旅游消费主体即游客应该保护好旅游景点等综合旅游服务环境。消费环境是由旅游行政部门、旅游开发商、旅游服务人员、当地居民等多主体共同参与、影响的综合旅游服务环境,也是旅游消费活动的基本保障。只有保证消费系统的和谐,才能实现可持续旅游消费。

(4) 观念性

谈到可持续旅游消费,我们通常一时难以将具体的消费过程逐项罗列。它的最大价值在于传达了一种消费观念,而不是哪些具体的消费方式。可持续旅游消费是可持续发展理念在旅游消费领域的体现,也是考察可持续发展的一种新角度。我们每一项具体的旅游消费都存在可持续或不可持续之分,在湿地观赏野生生物的时候,是否激起保护地球自然生态环境的志愿;在观赏不同民族舞蹈、品尝异地美食的时候,是否增强文化认同、尊重包容的人文情怀,等等。总体而言,可持续旅游消费行为离不开可持续旅游消费理念的强化和发展。

（5）高效性

旅游消费是一种社会现象,它遵循着社会经济运行规律。只有保证旅游消费的效率,才能实现旅游消费的可持续发展。旅游消费是旅游经济运行的核心环节。旅游消费会消耗掉一定的物质资源、生态资源和精神服务资源,只有当旅游消费带来的经济、社会、环境效益大于为此付出的成本,旅游消费活动才具有效率,旅游消费的效率越高,旅游消费的可持续性就越强。旅游消费作为一种以精神服务消费为主的消费类型,相对其他以物质性消费为主的消费类型而言,其投入产出的效率通常较高,也是社会经济转型升级的主流方向。可见,高效性是可持续旅游消费的内在要求。

3. 可持续旅游消费的必要性

（1）旅游经济可持续发展的必然要求

随着人类社会的不断发展与进步,旅游对社会经济的巨大带动作用已经成为共识。旅游经济的健康运行和持续发展离不开投入产出的最大效益原则。旅游经济运行的产、供、销分别对应了旅游资源的生产开发、旅游产品的服务供给、旅游消费活动的开展。我们知道,旅游资源的不合理开发造成旅游资源的破坏和浪费,旅游产品的服务供给也可能存在不可持续的方式。但总的来说,旅游消费环节的影响程度最深、最综合。可持续旅游消费是实现旅游经济可持续发展的关键环节,旅游经济的可持续发展离不开旅游者的健康消费观念,离不开负责任的可持续旅游消费行为。

（2）人类社会生活方式转型升级的必然要求

可持续旅游消费不仅是一种经济活动行为,更是一种社会

丹麦趣伏里公园休闲一角

活动现象。纵观几千年的人类文明发展史,不难看出,旅游一直是人类的一种向往和追求。如今,现代技术手段提高了人类创造财富的能力,随着物质生活的不断丰富和发展,旅游这种高级的精神消费活动已经逐渐走进寻常百姓家,成为现代人生活中不可或缺的一种重要消费内容,并逐渐演化为一种基本生活方式。人们对旅游消费的重视和热爱,决定了旅游型社会是一种理想的社会状态,也是人类社会生活方式转型升级的方向。可持续旅游消费是人们消费品质的一种客观反映,要实现社会生活向旅游休闲型的高级社会形态发展,必须加强可持续旅游消费的自律性,坚持可持续旅游消费。

（3）大自然与人类文明健康永续发展的必然要求

可持续旅游消费是一种在保护自然生态环境和保护人类文明理念指导下的健康消费方式。旅游消费的主体对象是旅游吸引物,也就是我们引以为豪的自然奇观或人文古迹,这些宝贵的自然和人文遗产是地球和前人留给当代人和后代人的宝贵财富,它们通常是不可再生的,是需要重点保护的。这就给旅游者提出了基本的消费行为准则：可持续旅游消费。可持续旅游消费,就是在开展旅游消费的过程中,肩负起保护自然遗产和人文遗产的重任;就是在开展旅游消费的过程中,尊重旅游地当地的人文、景观、风俗、信仰和土地,带着保护和发展当地文化的态度去观赏游历。

（4）当代人自我完善和发展的必然要求

作为旅游消费活动的主体,旅游者是一个宽泛的概念。任何人都可能成为旅游者,也都是现实的潜在游客。因此,我们每个人都应该了解可持续旅游消费的意义,培养可持续旅游消费行为习惯,强化可持续旅游消费的自律性。旅游消费本身是一种综合复杂的社会文化现象,也是未来的一种主流生活方式。旅游消费习惯的好坏、消费的是否可持续在很大程度上也反映了其他消费习惯的好坏。倡导可持续旅游消费,其实质也是在倡导健康的生活态度和行为准则。旅游即生活,只有坚持可持续旅游消费,努力做一名负责任的可持续旅游消费者,我们才能以实际行动不断促进自我的完善和发展。

二、可持续旅游消费伦理观

可持续旅游消费的开展离不开法律、法规、道德、伦理的多重保障。而消费伦理观则是决定旅游消费能否持续的内在因素。提高可持续旅游消费的伦理意识,遵守可持续旅游消费的伦理规范,是每位旅游者应尽的责任和义务。

1. 什么是旅游消费伦理

伦理是指在处理人与人、人与社会和人与自然之间相互关系时应遵循的道德准则和行为规范。这种行为规范不便明文规定,而是约定俗成的,并且随着道德标准的普遍上升而呈上升趋势。人们在旅游消费活动中所产生的一切伦理行为和所应遵循的伦理规范的总和称为"旅游消费伦理"。

旅游是一项历史悠久的人类活动,旅游消费活动中的伦理问题也和旅游发展的历史一样久远。然而,真正把旅游消费伦理作为一门学问给予关注和探讨,也就是近几十年来的事。20世纪80年代以来,大众旅游已经相当普及,西方旅游发达国家开始关注旅游产生的各种伦理问题。1985年,世界旅游组织制定了《旅游权利法案和旅游者守则》,该守则针对旅游目的地的政治、社会、宗教、法规以及道德等方面对旅游者提出了具体要求。1999年,世界旅游组织第十三届大会在智利首都圣地亚哥举办,大会制定并通过了《全球旅游伦理规范》,它也为旅游消费的伦理行为和伦理准则提供了一个基本框架。

从伦理的基本概念可知,旅游消费伦理通常包括旅游者与旅游地环境、旅游者与旅游地社会、旅游者与其他利益相关者三个方面的伦理关系。前两个方面主要强调了旅游消费者与被消费物之间的伦理关系,要求旅游者在消费过程中应保护旅游地的自然环境和文化传统,保护自然与人文旅游景点。第三个方面是从利益相关关系来看的,在旅游消费活动中,所涉及的旅游利益相关者较多,伦理关系也比较复杂,不仅包括旅游者与其他旅游者、旅游服务人员、旅游地居民之间相对直接的消费伦理关系,还包括旅游者与旅游政府部门及非政府组织、旅游开发商、旅游企业及其他相关企业、旅游媒体等之间相对间接的消费伦理关系。

在旅游消费活动中,旅游消费伦理的作用在于引导和规范旅游者的消费,使其更为合理、科学。它具有十分重要的现实意义,有助于旅游消费目的的实现,有助于旅游环境问题的解决,有助于旅游经济的可持续发展,有助于旅游地社会文化的进步,有助于旅游者道德修养的自我完善与发展。

总体来看,旅游消费伦理是实现可持续旅游消费的内在决定因素,有助于促进旅游者自身、旅游目的地及整个旅游产业经济系统的可持续发展。相对政治、经济、法律而言,旅游消费伦理从道德和精神层面对人的旅游消费活动进行感化和约束,是调节旅游消费利益冲突的不可或缺的重要手段,也是实现旅游可持续发展的重要目标和根本保障。

2. 可持续旅游消费的伦理问题与原则

(1) 主要伦理问题

尽管我们普遍认为旅游是一种健康高尚的精神消费活动,但旅游毕竟是一种无法脱离世俗的人类活动,在实际旅游消费中时常会出现一系列低俗的、突破道德底线的消费行为现象。这就是我们必须面对和解决的旅游消费伦理问题。事实表明,所有违背道德伦理的消费活动都具有社会危害性,都会影响旅游消费的可持续性。可持续旅游消费中伦理问题的表现形式繁多,主要集中在旅游者与旅游地环境、旅游地社会及其他利益相关者三个方面。

首先,在旅游者与旅游地环境之间,旅游者消费行为失范主要表现为破坏旅游地的生态环境和自然景点,造成环境污染、生态失衡等问题。由于生态伦理观念不强、环保意识淡薄,旅游者在游览过程中会随意丢弃各种垃圾废弃物,随意采摘、践踏、破坏花果植被,乱攀乱爬、乱刻乱画自然景物,肆意猎杀、危害野生动物等,损坏了景区环境和景观质量。另外,受从众心理、闲暇时间等因素影响,游客在节假日向少数著名景点的过度集聚,造成旅游景点的饱和与超载,也会严重污染和破坏旅游景点。

其次,在旅游者与旅游目的地社会之间,会出现文化冲突、畸形消费等有悖消费伦理的问题。从文化冲突产生的伦理问题来看,旅游是一种异地消费活动,旅游者自身的文化和目的地文化之间通常存在一定的差异性。旅游者对旅游目的地文化的了解程度,以及对文化认同和文化尊重所持的态度等,都会触及文化伦理问题。旅游者在旅游消费过程中,对旅游目的地的风俗习惯、宗教信仰、饮食禁忌、道德规范等缺乏了解,就极可能在消费过程中引起伦理冲突和误解。有些游客尽管熟悉目的地文化,却时常把自己优越的经济条件转化为文化优越感,对目的地文化持不认同、不尊重的态度,并试图将自我文化的优越感强加于旅游目的地。这些有悖文化伦理的消费态度和行为有时会让旅游地居民对本土文化产生怀疑、自卑或不认同,从而形成不和谐的复杂伦理文化关系,最终严重影响旅游目的地社会文化特色的完整性。从畸形消费的社会负面影响来看,旅游者离开原来熟悉的环境,前往异地新环境开展旅游消费,其伦理道德意识可能会弱化,正常的道德行为约束力下降,很容易做出违反道德道义甚至违反法律的行为,比如赌博、色情、吸毒等,有些甚至以儿童为性奴役对象,严重违背了人类伦理底线。另外,在享乐主义、消费主义影响下,有些旅游者缺乏节俭意识和消费理性,精神堕落、爱慕虚荣、炫耀攀比消费,贪图享乐、奢侈消费、铺张浪费社会资源。这些不良的消费行为会对旅游地居民的消费观念产生不良影响,同时会造成性病蔓延、人口流动、社会浮躁、资源浪费等诸多社会问题,扰乱旅游地正常的社会经济秩序。

保护生物之熊猫

最后，从微观层面上深入考察旅游消费者与其他利益相关者的不良伦理关系，无疑是发现和解决旅游消费伦理问题的关键。旅游消费者对旅游从业者和服务人员的低级色情性服务需求，对旅游地社会物质资源的浪费和占有欲，对旅游地社区文化和居民的不尊重，对旅游企业的有悖伦理道德的低级娱乐服务要求，对其他旅游消费者的不尊重和利益侵害等，以及对自身家庭责任的背离，都是一些严重的伦理问题。有悖伦理的旅游消费行为，不仅不利于社会伦理关系的和谐，影响旅游经济的健康发展，阻碍旅游资源的可持续开发与保护，而且对旅游服务人员、旅游企业、旅游地居民、其他旅游消费者以及旅游消费者自身等利益相关者都具有一定的危害性。

（2）伦理原则

分析上述旅游消费伦理问题不难发现，旅游消费者的自我道德修养不够、社会公德观念不强是导致旅游消费伦理问题出现的根本原因。若要实现可持续旅游消费，防止出现伦理问题，旅游消费者应坚持以下主要伦理原则。

第一，生态保护原则。旅游消费不能以损害旅游地的旅游资源和生态环境为代价。旅游消费者应有良好的环保意识，始终以负责任的、保护的态度去游览旅游景点，保护旅游地的寸草寸木、野生动物、景点景观、公共设施等，坚决抵制破坏旅游生态环境的不文明行为。当今，保护自然、人地和谐的生态伦理观已得到广泛认可和支持。景区超载会严重影响景区的生态环境，有些旅游消费者主动避开客流峰值，选择适当时机出游，既能保证自己的旅游消费质量，也反映出良好的生态伦理修养。

第二，文化尊重原则。文化没有优劣之分，只有尊重旅游地文化差异，才能有效防止文化伦理冲突。世界文化是多元的，文化差异性是一种普遍现象，不同种族、肤色、语言、饮食、习俗的人们之间通常都存在一定的文化差异性。旅游是一种跨文化消费行为。旅游者在消费体验异域文化时，一定要尊重和了解旅游地的特色文化，不能歧视旅游地文化，对旅游地文化的不了解和不尊重往往是旅游伦理问题的产生根源。

第三，适度消费原则。适度旅游消费主要体现在消费量的适度和消费内容的适度两个方面。旅游消费应该以实际需求为导向,消费量应与消费需求相平衡,反对虚荣和浪费,抵制消费主义和享乐主义,坚持理性消费和负责任的消费,将个人消费的负面影响降到最低。消费内容应该符合基本的消费伦理,追求陶冶情操、升华境界、锻炼意志的健康旅游消费,抵制违背伦理的低级物欲、色情消费。适度旅游消费不仅是实现个人健康旅游消费目的的需要,而且对其他游客、旅游地居民等旅游消费相关者也是一种良好的消费示范。

第四,自我完善原则。旅游消费不仅仅是消费者个人的问题,更会对他人及社会产生重要影响。旅游消费者具有基本的社会属性,应该遵守普适的社会公德。因此,在消费过程中,树立伦理观念,提高伦理意识,遵守伦理守则,是每个旅游者都应具有的基本素养。个人修养和自律程度是决定旅游消费伦理的内在因素。旅游者只有始终坚持不断追求自我完善,不断提高个人道德修养和社会公德意识,增强消费伦理自律性,才能从根本上预防旅游消费伦理问题的出现。

3. 可持续旅游消费伦理的建设路径

可持续旅游消费伦理建设是一项复杂的系统工程,离不开多方面的共同努力和全社会的支持推动。

(1) 树立旅游消费伦理观念

观念是行为的先导。树立旅游消费伦理观念是旅游消费伦理建设的首要任务和重要目标。一方面,应该宣传积极、健康、文明的旅游消费理念,否定、排斥不文明的旅游消费行为。旅游消费伦理观念的树立离不开规范制定、宣传教育、舆论监督、法律警示等多方面的推动。另一方面,个人和社会是个体和群体的关系,个人消费伦理观念的树立是社会伦理观念树立的基本保证,全社会旅游消费伦理观念的树立依赖于个人伦理观念的树立。只有个人认真学习、遵守社会认同的旅游消费伦理规范,以身作则,开展文明消费,才能不断促进个人及社会旅游消费伦理观念的巩固和发展。

(2) 制定旅游消费伦理规范

伦理道德的发展轨迹通常是从他律到自律的过程。旅游消费伦理也不例外,离不开旅游消费伦理规范的制定和宣传。由于旅游消费的利益关系十分复杂,旅游消费伦理规范的制定也是一个复杂的过程,需要在旅游消费伦理实践中不断细化和完善。关于旅游者行为规范,1985年世界旅游组织通过的《旅游权利法案和旅游者守则》,要求旅游消费者"应该尊重过境地和逗留地的政治、社会、道德和宗教,遵守当地的现行法律法规",并明确提出了5条具体要求,这些内容在1999年通过的《全球旅游伦理规范》中得到进一步充实。而每个国家、地区,甚至旅游景点,也都有责任针对旅游消费过程中已经出现和可能出现的伦理问题制定规范加以约束。

(3) 加强旅游消费伦理教育

教育是提高旅游消费伦理意识的重要途径。伦理规范为旅游消费行为指明了伦理方向,但伦理规范的传播效果,伦理观念的树立,以及伦理在消费实践中的具体应用等,都离不开伦理教育。伦理教育是全社会德育文明教育的重要内容。旅游消费伦理教育的途径包括社会教育、学校教育、家庭教育、自我教育等多个方面。

社会教育,就是动员全社会的力量,运用社会教育途径帮助人们了解、认识、关心旅游消费伦理问题。旅游已经慢慢成为一种基本生活方式和主流消费模式。在全社会加强文明旅游、绿色旅游等旅游伦理宣传教育,利用网络、电视、报刊、杂志等多种媒体加强舆论教育。学校教育方面,应该在大、中、小学校及幼儿园渗透旅游消费伦理教育,在学生旅游实践中科学引导学生的消费伦理观。家庭教育,父母的言行对子女起到言传身教、耳濡目染的教育功能。在家庭旅游中,父母要以身作则,养成热爱自然、保护环境、关心他人、洁身自爱的旅游道德习惯。父母是孩子提高旅游消费伦理修养的教育者。自我教育,是旅游消费者在社会、学校、家庭的多方教育影响下,不断加深对旅游消费伦理的认识,并自觉在消费过程中加强自我反省、反思教育,努力使个人旅游消费的负面影响降到最低。这也是旅游消费者不断追求自我完善、提高旅游消费伦理自律性的关键过程。

（4）完善旅游消费伦理监督

伦理监督是树立旅游消费伦理观念的必要举措。没有监督,伦理将丧失约束力,旅游消费中的伦理问题将会非常严重,必然导致违法事件的增长。伦理道德和旅游消费本来就是一种社会行为,其监督也是全社会性的、多方面的。旅游行政部门、旅游供应商、旅游消费

沙漠飘雪——迪拜世界最大的室内滑雪场

利益相关者,以及全社会的方方面面都是旅游消费伦理监督的重要力量。旅游行政部门利用旅游法规条例引导、管理旅游消费行为,旅游供应商可以通过制定旅游消费者行为守则和伦理规范来加强对游客消费的伦理约束,旅游利益相关者则可以运用利益原则监督旅游消费者,而社会力量则可以通过舆论、谴责等多种手段加强对旅游消费行为的伦理监督。只要全社会共同发挥监督作用,对于不遵守旅游伦理规范、无视旅游道德法规、破坏自然社会环境、损害他人利益的行为,积极采用媒体曝光、群众举报、公开谴责、法律警戒等多种监督手段,就可以有效防止旅游消费伦理问题的发生或激化。

（5）践行旅游消费伦理活动

作为一名新时代的旅游者,我们应以身作则,践行旅游消费伦理活动。旅游消费伦理是旅游者个人道德素养的反

与鱼共舞

映。在全社会建设富强、民主、文明、和谐社会的今天,负责任的伦理旅游消费者一方面应该恪守社会伦理和旅游消费伦理守则,用伦理规范约束和引导自己的旅游消费行为,不危害他人利益,积极推动自然保护与社会和谐进步,做一名合格的伦理旅游消费者。另一方面,应该勇于同违背消费伦理行为的人和事作斗争,对一切不文明旅游消费行为进行公开揭发、舆论谴责和批评引导,积极参与社会伦理讨论,努力促进旅游消费伦理的发展与进步。旅游景点赏析或观赏过程是旅游体验和旅游精神消费的过程,旅游消费伦理观本身也是一种审美标准,有助于引导旅游者获得更高尚的旅游精神体验。

参考文献

[1] 〔美〕摩尔(Moore, R. J.). 全球最美的自然景观[M]. 张华侨, 杨心鸽, 侯奇峰, 译. 北京:中国大百科全书出版社, 2009.

[2] 〔英〕理查德·泰勒. 发现教堂的艺术[M]. 李毓昭, 译. 北京:生活·读书·新知三联书店, 2010.

[3] 保继刚, 楚义芳. 旅游地理学(修订版)[M]. 北京:高等教育出版社, 1999.

[4] 曹林娣. 中国园林艺术论[M]. 太原:山西教育出版社, 2001.

[5] 陈传康, 刘振礼. 旅游资源鉴赏与开发[M]. 上海:同济大学出版社, 1990.

[6] 陈福义, 吴永江. 世界旅游地理[M]. 长沙:湖南大学出版社, 2005.

[7] 丁季华. 旅游资源学[M]. 上海:上海三联书店, 1999.

[8] 甘枝茂, 马耀峰. 旅游资源与开发[M]. 天津:南开大学出版社, 2000.

[9] 郭万平. 世界自然与文化遗产[M]. 杭州:浙江大学出版社, 2006.

[10] 郭跃, 张述林. 旅游资源概论[M]. 重庆:重庆大学出版社, 1998.

[11] 胡允桓, 邱秋娟. 世界遗产之旅:宗教圣地[M]. 北京:中国旅游出版社, 2005.

[12] 黄景略, 叶学明. 中国历代帝王陵墓[M]. 北京:商务印书馆, 1998.

[13] 黄续. 宗教建筑[M]. 北京:中国文联出版社, 2009.

[14] 黄咏梅. 中国旅游资源概论[M]. 重庆:重庆大学出版社,2009.

[15] 焦士兴,冯广平,刘艳菊等. 国家地质公园[M]. 北京:北京科学技术出版社,2008.

[16] 李辉. 旅游景观鉴赏[M]. 北京:民族出版社,2005.

[17] 李瑞,王义民. 旅游资源规划与开发[M]. 郑州:郑州大学出版社,2002.

[18] 梁思成. 中国建筑史[M]. 天津:百花文艺出版社,1998.

[19] 刘新静. 世界遗产教程[M]. 上海:上海交通大学出版社,2010.

[20] 刘燕华,周宏春. 中国资源环境形势与可持续发展[M]. 北京:经济科学出版社,2001.

[21] 柳正恒. 中国世界自然与文化遗产旅游:自然与文化双遗产[M]. 长沙:湖南地图出版社,2002.

[22] 马洪元. 世界旅游资源基础[M]. 天津:南开大学出版社,2008.

[23] 马洪元. 山岳旅游指南[M]. 天津:南开大学出版社,2010.

[24] 彭顺生. 世界遗产旅游概论[M]. 北京:中国旅游出版社,2008.

[25] 沈祖祥,李萌. 旅游宗教文化[M]. 北京:旅游教育出版社,2008.

[26] 苏文才,孙文昌. 旅游资源学[M]. 北京:高等教育出版社,1998.

[27] 孙克勤. 世界旅游文化[M]. 北京:北京大学出版社,2007.

[28] 孙玉琴,袁绍荣. 世界旅游经济地理[M]. 广州:华南理工大学出版社,2007.

[29] 陶伟. 中国"世界遗产"的可持续旅游发展研究[M]. 北京:中国旅游出版社,2001.

[30] 王德刚,焦连安,董宪军,等. 旅游资源开发与利用[M]. 济

南:山东大学出版社,1997.

[31] 吴殿廷.山岳景观旅游开发规划实务[M].北京:中国旅游出版社,2006.

[32] 吴国清.世界旅游地理[M].上海:上海人民出版社,2003.

[33] 吴国清.旅游资源学[M].北京:清华大学出版社,2009.

[34] 肖星,严江平.旅游资源与开发[M].北京:中国旅游出版社,2000.

[35] 肖星.中国旅游资源概论[M].北京:清华大学出版社,2006.

[36] 许晓光.世界旅游地理[M].天津:天津大学出版社,2010.

[37] 闫顺.亚洲大陆地理中心旅游资源与开发[M].乌鲁木齐:新疆美术摄影出版社,1994.

[38] 杨桂华,陶犁.旅游资源学[M].昆明:云南大学出版社,1994.

[39] 杨振之.旅游资源开发[M].成都:四川人民出版社,1996.

[40] 喻学才.旅游资源[M].北京:中国林业出版社,2002.

[41] 翟文明.世界国家地理[M].北京:光明日报出版社,2004.

[42] 张珺.地球烙印:中国的地质公园[M].北京:化学工业出版社,2007.

[43] 中国建筑史编写组.中国建筑史(第二版)[M].北京:中国建筑工业出版社,1986.

[44] 韦良玉,子园.中国旅游购物指南[M].北京:中国旅游出版社,1985.

[45] 钟林生,郑群明,刘敏.世界生态旅游地理[M].北京:中国林业出版社,2006.

[46] 周明,刘万青,宋德明.世界旅游资源概论[M].西安:陕西旅游出版社,1997.

[47] 周武忠.城市园林艺术[M].南京:东南大学出版社,2000.

[48] 朱耀廷,司美丽.欧美文化旅游[M].北京:北京大学出版社,2006.